Découvrez l'histoire par les archives de presse

RETRONEWS

Le site de presse de la BnF

www.retronews.fr

L'ANNÉE

PHILOSOPHIQUE

XXIV

L'ANNÉE

PHILOSOPHIQUE

PUBLIÉE SOUS LA DIRECTION

DE

F. PILLON

PARIS

LIBRAIRIE FÉLIX ALCAN,

108, BOULEVARD SAINT-GERMAIN, 108

1914

L'ANNÉE PHILOSOPHIQUE

1913

LE « COGITO » DE DESCARTES
ET LA PHILOSOPHIE DE LOCKE

L'opposition de Locke à Descartes est un lieu commun de l'histoire de la philosophie moderne. Voltaire et nos « philosophes » du xviiie siècle ont sans doute beaucoup contribué à l'accréditer. Non du reste sans quelque fondement. Mais il est d'autre part certain que Descartes a eu une assez grande influence sur la formation de l'esprit et la direction des études philosophiques de Locke. Voici en particulier ce que, dans son *Eloge de M. Locke,* rapporte Jean Le Clerc : « Les premiers livres qui donnèrent quelque goût de l'étude de la Philosophie à M. Locke, comme il l'a raconté lui-même, furent ceux de Descartes ; parce qu'encore qu'il ne goûtât pas tous ses sentiments, il trouvait qu'il écrivait avec beaucoup de clarté ; ce qui lui lui fit croire que s'il n'avait pas entendu d'autres livres philosophiques, c'était peut-être par la faute des auteurs, et non par la sienne [1]. » Après tout, si la manière dont Locke a conçu le problème de l'origine et de la portée de nos connaissances lui appartient bien en propre, l'idée d'un tel problème avait pour antécédent naturel et comme déterminant le dessein qu'avait rempli Descartes de ramener l'esprit à l'examen et au respect des conditions de toute connaissance certaine. Pour cela Descartes avait ramené l'esprit avant tout à lui-même. Il avait ainsi donné le modèle d'une sorte d'analyse introspective, dont après lui Locke avait pu s'avouer l'utilité et se représenter de nouveaux usages.

---

1. *Bibliothèque choisie,* année 1703, t. VI, p. 349.

Ce qui a d'ordinaire servi le plus à mettre Locke en antagonisme avec Descartes, c'est la négation des notions innées par laquelle débute l'*Essai sur l'entendement humain*. Mais dans cette attaque contre l'innéité, Descartes, qui a été parfois si mal atteint, a-t-il été en réalité expressément visé ? En raison même de l'appropriation souvent imparfaite des critiques de Locke aux formules et aux explications de Descartes, on a soutenu que la doctrine des notions innées combattue par le premier livre de l'*Essai*, était, non la doctrine cartésienne, mais plutôt la doctrine des philosophes platonisants de l'Ecole de Cambridge, Cudworth, Henry More, Samuel Parker, etc. En tout cas, pour achever de mettre Descartes hors de cause, on a essayé de montrer entre la philosophie de Descartes et celle de Locke d'étroits rapports de dépendance [1]. Mais il semble bien qu'on les ait plus d'une fois exagérés, en abusant parfois de coïncidences de vues dues à des influences communes ou même de simples analogies verbales. Comme aussi il y a lieu de présumer encore que si Locke dans sa polémique contre les partisans de l'innéité a pu songer à des philosophes de l'Ecole de Cambridge, il n'est pas sans avoir pensé également et peut-être, malgré tout, principalement à Descartes.

Sans vouloir reprendre dans son entier le problème de l'influence exercée par Descartes sur Locke, on peut sans doute estimer que certains courants de cartésianisme ont traversé l'œuvre de Locke, mais non sans s'altérer peu à peu en s'éloignant de la pureté de leur source et non sans se laisser troubler et refouler par des courants contraires ; et c'est ce que l'on peut essayer de faire voir en recherchant ce que devient dans l'*Essai* un ensemble de principes et d'affirmations qui chez Descartes se rattachent au *Cogito*. En développant le sens du *Cogito*, Descartes n'a pas seulement posé une première vérité certaine, il a fixé encore de quoi dépend une connaissance vraie, c'est-à-dire de la clarté et de la distinction des idées ; il a fait ressortir la nécessité de ne juger des choses que par les idées et le droit de n'en juger que par les idées claires et distinctes que nous en avons ; il a marqué que la connaissance de l'esprit est plus immédiate et plus certaine

1. Cf. Geil, *Ueber die Abhängigkeit Locke's von Descartes*, Strassburg, 1887, V. aussi R. Sommer, *Lockes Verhältniss zu Descartes*, Berlin, 1887. V. le compte rendu de ces deux livres par Benno Erdmann, *Archiv für Geschichte der Philosophie*, II (1882), p. 99-121.

que toute autre et qu'elle est supposée par toute autre ; il a soutenu que l'esprit est essentiellement distinct du corps, et puisque l'on doit définir les substances par leurs essences intelligibles et uniquement par elles, que l'esprit est une substance dont toute la nature est de penser, tandis que la matière est une substance dont toute la nature est d'être étendue.

Qu'est-il donc passé et que reste-t-il de ces diverses propositions dans la philosophie de Locke[1] ?

*
* *

La certitude de notre existence est impliquée dans tout exercice et toute modification de notre pensée : non-seulement Locke accepte cette thèse de Descartes, mais encore il l'énonce en des termes presque littéralement cartésiens : « Pour ce qui est de notre existence, nous l'apercevons avec tant d'évidence et de certitude, que la chose n'a pas besoin et n'est point capable d'être démontrée par aucune preuve. *Je pense, je raisonne, je sens du plaisir et de la douleur :* aucune de ces choses peut-elle m'être plus évidente que ma propre existence ? Si je doute de toute autre chose, ce doute même me convainc de ma propre existence et ne me permet pas d'en douter ; car si je connais que *je sens de la douleur,* il est évident que j'ai une perception aussi certaine de ma propre existence que de l'existence de la douleur que je sens ; ou si je connais que *je doute,* j'ai une perception aussi certaine de l'existence de la chose qui doute, que de cette pensée que j'appelle *doute.* C'est donc l'expérience qui nous convainc que *nous avons une connaissance intuitive de notre existence* et une infaillible perception intérieure que nous sommes quelque chose[2]. » A coup sûr Locke ne présente pas cette liaison immédiate de notre pensée et de notre existence comme la première vérité, puisqu'il ne s'avise de la reconnaître expressément qu'au chapitre IV du Livre IV de son *Essai* ; il ne prend ici le doute que comme un exemple sans l'avoir érigé en méthode préalable à toute affirmation ; il est allé d'emblée à ce problème : d'où viennent à l'homme ses idées, et de quelle connaissance le

----

1. Cf. Fr. Pillon, *L'évolution historique de l'idéalisme de Démocrite à Locke.* L'*Année philosophique,* 3ᵉ année (1893). F. Alcan, p. 188-212.

2. *An Essay concerning human understanding,* IV, IX, 3. Ed. Campbell Fraser. T. II, p. 304-305. — Je reproduis la traduction de Coste quand elle me paraît suffisamment exacte. — Cf. IV, x, 2 ; t. II, p. 307.

rendent-elles capables ? Mais la position de ce problème, en
ramenant l'esprit avant tout à la considération des idées, paraît
aussi lui faire accepter le type et les conditions de certitude
que Descartes avait dégagés du *Cogito*.

*
* *

Voici en effet une règle que Locke rappelle, et dont l'origine
cartésienne est manifeste : « Ne pas recevoir une proposition
avec plus d'assurance que les preuves sur lesquelles elle est
fondée ne le permettent »[1]. On n'affirme en connaissance de
cause que lorsqu'on affirme selon l'évidence. « Dans l'esprit la
lumière, la vraie lumière n'est ou ne peut être autre chose que
l'évidence de la vérité de quelque proposition que ce soit ; et
si ce n'est pas une proposition évidente par elle-même, toute
la lumière qu'elle peut avoir vient de la clarté et de la validité
des preuves sur lesquelles on la reçoit[2] ». Or la parfaite évidence, pour Locke comme pour Descartes, est dans l'intuition ;
par l'intuition l'esprit aperçoit la vérité, comme l'œil aperçoit
la lumière dès seulement qu'il est tourné vers elle. Ainsi
l'esprit voit que le blanc n'est pas noir, que le cercle n'est pas
un triangle, que $3 = 2 + 1$; et cette vision détermine en lui
une irrésistible certitude[3]. Ce qui fait la valeur souveraine
de la connaissance intuitive, c'est qu'elle s'accomplit sans
intermédiaires et qu'elle n'a pas à dominer les intervalles du
temps ; elle reste donc supérieure, ainsi que l'avait dit Descartes et par les caractères mêmes que Descartes avait signalés,
à la connaissance démonstrative. « Parce que le simple souvenir n'est pas toujours si clair que la perception actuelle, et
que par succession de temps elle déchoit plus ou moins dans
la plupart des hommes, c'est une raison, entre autres, qui fait
voir que la connaissance *démonstrative* est beaucoup plus
imparfaite que la connaissance *intuitive* »[4]. L'intuition n'est
pas d'ailleurs seulement le type de la connaissance certaine,
parce qu'immédiate ; elle est aussi le fondement de la connaissance certaine médiate, qui s'établit par démonstration ; car
elle seule découvre et peut découvrir les connexions qui lient

1. IV, XIX, 1 ; t. II, p. 429.
2. IV, XIX, 13 ; t. II, p. 437-438.
3. IV, II, 1 ; t. II, p. 176-178.
4. IV, I, 1 ; t. II, p. 175.

les idées éloignées au moyen des idées intermédiaires ; elle marque chacun des degrés de la déduction. Sans elle nous ne saurions donc jamais parvenir à aucune certitude[1].

*
* *

Or ce qui fait que l'intuition est possible, c'est que notre connaissance est toujours essentiellement une donnée de conscience et qu'elle suppose une appréhension directe de notre pensée par nous-mêmes. « Personne ne se peut croire capable d'une plus grande certitude que de connaître qu'une idée qu'il a dans l'esprit est telle qu'il l'aperçoit, et que deux idées entre lesquelles il voit de la différence sont différentes et ne sont pas précisément les mêmes »[2]. Aussi catégoriquement que Descartes, Locke admet qu'il ne saurait y avoir d'objet immédiat de notre connaissance, hors la pensée ou les idées. « Il est évident que l'esprit ne connaît pas les choses immédiatement, mais seulement par l'intervention des idées qu'il en a... l'esprit n'aperçoit rien que ses propres idées[3] ». « Je prends le nom d'idée, disait Descartes, pour tout ce qui est conçu immédiatement par l'esprit »[4]. C'est dans le même sens général que Locke prend le mot[5]; et il soutient non seulement que les idées sont les éléments premiers et indispensables de notre connaissance, mais que notre connaissance ne saurait les dépasser jamais[6]; c'est encore au moyen d'elles que nous pouvons conclure, quand il y a lieu, à d'autres existences que la nôtre[7].

Que l'on puisse et que l'on doive d'abord considérer les idées comme telles, abstraction faite des choses dont le réalisme vulgaire, plus ou moins consacré par la philosophie traditionnelle, les fait dériver, c'était là une conquête de l'analyse cartésienne. Locke se l'est simplement appropriée, et il a en conséquence estimé avec Descartes que la recherche philosophique consiste à procéder de la connaissance aux

---

1. IV, ii, 1-8 ; t. II, p. 176-182.
2. IV, ii, 1, t. II, p. 177-178.
3. IV, iv, 3 ; t. I, p. 228.
4. *Rép. aux 3es obj.*, éd. Adam-Tannery, IX, p. 141.
5. II, I, 1 ; t. I, p. 121, *Introduction*, 8 ; t. I, p. 32-33.
6. IV, xvii, 9 ; t. II, p. 405.
7. IV, x et xi, t. II, p. 306-340.

choses, non des choses à la connaissance. Seulement il n'a point su ou n'a point voulu se rendre compte de la portée de l'effort par lequel Descartes avait dû dégager la pensée des images sensibles pour ne retenir de ces images que leur qualité de modes de la pensée; il a pris ce résultat pour une donnée. Et ainsi, négligeant la priorité essentielle de la pensée pure dont Descartes avait fait dépendre la nouveauté et la force de ses positions, il a désigné la sensation comme la première source de nos idées.

*
* *

Mais la sensation n'en est pas la source unique; une autre source en est la réflexion. Par la réflexion l'âme prend connaissance des opérations qu'elle accomplit sur les idées qui lui viennent des sens, elle acquiert ainsi les idées de ce qu'on appelle *apercevoir, penser, douter, croire, raisonner, connaître, vouloir*[1].

En distinguant des idées des sens la connaissance que l'esprit a de lui-même, Locke paraît en quelque mesure assimiler à sa doctrine le dualisme cartésien des sens et de l'entendement. Sans doute il déclare que les idées des sens occupent l'homme dès l'abord et l'occupent longtemps seules, parce que les opérations de l'esprit, même réelles et fréquentes, ne font point encore [assez d'impression et n'apparaissent guère que comme des visions indécises, jusqu'au jour où l'entendement se replie sur lui-même et se propose lui-même comme objet de ses contemplations[2]. Mais Descartes avait aussi bien confessé que l'esprit, avant de se connaître, est occupé des préjugés des sens et de l'imagination. Et d'autre part, Locke semble bien suivre la direction de l'analyse de Descartes quand il constate qu'il faut une opération propre de l'esprit, même pour que la sensation soit donnée en nous[3], et surtout quand il montre que dans la sensation est impliquée une certitude de notre être spirituel très supérieure à celle des objets corporels représentés au dehors. « C'est faute de réflexion que nous sommes portés à croire que nos sens ne nous présentent que des choses matérielles. Chaque

<hr>

1. II, i, 4; t. I, p. 123-124.
2. II, i, 8; t. I, p. 126-127.
3. II, ix, 2; t. I, p. 183.

acte de sensation, à le considérer exactement, nous fait également envisager des choses corporelles et des choses spirituelles. Car dans le temps que voyant et entendant, etc... je connais qu'il y a quelque être corporel hors de moi qui est l'objet de cette sensation, je sais d'une manière encore plus certaine qu'il y a au dedans de moi quelque être spirituel qui voit et qui entend »[1]. C'est presque la reproduction des formules cartésiennes selon lesquelles la connaissance de l'esprit est plus immédiate et plus certaine que la connaissance des corps puisqu'elle est supposée par cette dernière. « Que prononcerai je, avait dit Descartes, de moi qui semble concevoir avec tant de netteté et de distinction ce morceau de cire ? Ne me connais-je pas moi-même, non seulement avec bien plus de vérité et de certitude, mais encore avec beaucoup plus de distinction et de netteté ? Car si je juge que la cire est, ou existe, de ce que je la vois, certes il suit bien plus évidemment que je suis, ou que j'existe moi-même, de ce que je la vois[2]. »

Mais là où Locke n'opère qu'une constatation de fait, si importante soit-elle, Descartes avait vu une condition de droit, faute de laquelle l'esprit, livré aux seules images sensibles, est incapable de concevoir même l'existence des choses corporelles. De cette fonction originale et supérieure Locke dépouille la réflexion en l'assimilant à un sens malgré la différence qu'elle a avec les sens, en l'appelant le « sens intime[3] ». Ce qu'il laisse tomber du cartésianisme, c'est la signification en quelque sorte métaphysique que Descartes avait assignée à l'omniprésence de la pensée dans la connaissance, c'est en somme la thèse selon laquelle la pensée est plus qu'une donnée parce que toute donnée ne peut être comprise que par elle, ou selon laquelle encore la pensée contient dans sa nature une affirmation idéale de la vérité, règle et, sous la caution de la véracité divine, principe de tout notre savoir.

*
* *

D'où résulte en effet dans la philosophie de Locke un tout autre rapport des idées à la vérité. Ce n'est pas sans motif que Locke considère les qualifications de « claires », de « dis-

---

1. II, xxiii, 15 ; t. I, p. 406.
2. *Seconde Méditation*, éd. Adam-Tannery, IX, p. 25-26.
3. II, i, 4 ; p. 123.

tinctes », d' « obscures », de « confuses », appliquées à nos idées, uniquement par rapport aux noms qui désignent ces idées, qu'il se refuse à y voir des expressions de marques proprement internes ; en elles-mêmes, dit-il, les idées sont distinctes, par le fait seul qu'une idée, en tant qu'aperçue, ne se confond avec aucune autre[1]. Aux épithètes de « claires » et de « distinctes » il déclare finalement préférer pour les idées l'épithète de « déterminées », laquelle convient mieux pour caratériser une idée bien présente à l'esprit et bien liée à un nom défini[2]. C'est qu'au fond il ramène toute la signification des idées à ce que la conscience en découvre, sans se demander si les idées n'ont point un contenu dont la valeur dérive de propriétés intrinsèques. Peut-être Descartes avait-il insuffisamment expliqué, à la lettre, ce qu'il entendait par la clarté et la distinction des idées[3] ; mais il avait en tout cas fortement fait ressortir que les idées claires et distinctes « ont leurs natures vraies et immuables[4] », et il expliquait au fond par là le droit de ces idées à représenter le vrai. Pour Locke, ce droit, qui reste malgré tout supposé, se perd dans le fait de conscience qu'est l'idée[5]. Certes, à lire les passages où Locke parle des démonstrations et de la certitude des mathématiques, on croirait suivre, ou peu s'en faut, les affirmations de quelque rationaliste cartésien ; mais Locke n'en présente pas moins comme des constructions « arbitraires » de l'esprit les idées entre lesquelles l'entendement découvre des rapports nécessaires de convenance[6] ; il ne paraît point soupçonner que l'indépendance de ces rapports à l'égard des états subjectifs ou même des opérations de l'entendement est un problème : juste le problème que Descartes résolvait en admettant cette innéité des idées, dont lui-même n'a jamais guère compris le sens.

1. II, xxix ; t. I, p. 486 sq.

2. *The Epistle to the reader* ; t. I, 22.

3. Leibniz avait critiqué et complété les définitions de Descartes dans ses *Meditationes de cognitione, veritate et ideis* que les *Acta eruditorum* avaient publiées en 1864. Il est extrêmement peu probable que Locke ait connu l'écrit de Leibniz.

4. *Cinquième Méditation*, éd. Adam-Tannery, IX, p. 51.

5. Dans son *Examen du sentiment du P. Malebranche*, Locke déclare ne point comprendre ce qu'est la réalité des idées au sens où l'entend Malebranche, ni la distinction de l'idée et du sentiment.

6. IV, iv, 6 ; t. II, p. 231 ; IV, XII, 7 ; t. II, p. 346 ; IV, XII, 15 ; t. II, p. 355.

*
* *

Mais si Locke n'a point songé à analyser dans les idées
vraies le rapport des idées à la vérité, il a du moins compris
que sa façon d'entendre les idées ne leur conférait aucune
puissance pour *déduire* ce que peut ou doit être dans son fond
la réalité extérieure. C'est pourquoi il n'a point mis la physique sous la dépendance stricte des mathématiques ; et il a
conclu de là que nous ne pouvions avoir en matière de physique aucune connaissance rigoureuse. S'il s'est rallié aux conceptions mécanistes générales qui avaient cours dans le
monde savant, il n'en a accepté ni la forme, ni la justification
cartésienne. A-t-il commis la méprise dans laquelle il se serait
obstiné malgré l'avertissement de son traducteur Coste, en
accusant les cartésiens de ne pouvoir imaginer aucune qualité
sensible que ce soit sans étendue, comme si Descartes n'avait
point reconnu que les couleurs, les sons, les goûts, les odeurs
n'existent que dans notre esprit ?[1]. Ce n'était peut-être point
là sa véritable pensée. Il voulait dire sans doute que l'étendue
ne saurait par elle seule rendre raison des qualités sensibles
dont les idées sont en nous sans leur ressembler. Car tout en
admettant, quant à lui, que ces dernières idées ont bien ce
caractère, il leur assignait un fondement réel dans les qualités secondes, qui sont dans les corps mêmes distinctes des
qualités premières. Selon lui, les qualités premières, comme
la solidité, l'étendue, la masse, la figure, le mouvement et le
repos, la contexture, sont inséparables des corps et déterminent l'apparition d'idées qui leur ressemblent ; tandis que
les qualités secondes, produites par la grandeur, la figure, le
mouvement et la contexture des parties insensibles des corps,
mais produites d'une façon telle que nous ne pouvons comprendre la façon dont elles dérivent des qualités premières,
excitent en nous des idées qui ne leur ressemblent pas, couleur, son, odeur, saveur, etc...[2]

Donc, tandis que Descartes croyait pouvoir déduire de

---

1. II, xiii, 25 ; t. I, p, 234. — Voir la note ajoutée par Coste à la traduction de ce passage.

2. II, viii, 9-26 ; t. I, p. 169-182. — II, xxi. 75 ; t. I, p. 373. — II, xxiii,
9 ; t. I, p. 399. — IV, iii, 11 ; t. II, p. 200. — IV, iii, 14 ; t. II, p. 202-204.
V. Clemens Baeumker *Ueber die Lockesche Lehre von den primären und
sekundären Qualitäten ; Philos. Jahrbuch*, XXI, 1908, p. 293-313.

l'étendue, essence des corps, les déterminations mécaniques particulières auxquelles correspondent parfois en nous des sensations qui ne leur ressemblent pas, Locke considère l'hétérogénéité de ces sensations par rapport aux qualités secondes qu'elles expriment comme la preuve que celles-ci sont impossibles à déduire des qualités premières. Au surplus, il n'admet point que l'étendue soit l'essence des corps, ni que l'essence des corps nous soit connaissable, et il regarde parmi les qualités premières la solidité comme beaucoup plus caractéristique des corps que l'étendue. En tout cas, constitution intime des corps, d'où dépendent les qualités premières ; action des particules insensibles, d'où dépendent les qualités secondes ; rapport des deux sortes de qualités : voilà ce qui nous échappe invinciblement. Aussi, tandis que les mathématiques peuvent progresser par le simple développement des relations entre les idées, la connaissance des corps ne peut faire de progrès que par l'expérience. Ici la marche est inverse. N'ayant aucune idée des essences réelles des corps, nous devons renoncer à consulter nos pensées, pour demander aux seules idées sensibles, c'est-à-dire à l'expérience, quelles choses sont et quelles qualités coexistent. Mais l'expérience est, aux yeux de Locke, une source de connaissance très imparfaite[1]. Et ainsi, complètement irréalisable pour l'explication de la nature matérielle, l'idéal cartésien de la connaissance déductive rigoureuse garde encore sa valeur, ne fût-ce que par l'infériorité à laquelle il condamne la seule physique maintenant jugée possible, la physique expérimentale.

*
* *

Même la pensée n'est plus considérée comme l'essence de l'âme. En soutenant que l'âme est un être dont toute la nature est de penser, les cartésiens ont été conduits à prétendre que l'âme pense toujours actuellement. Or c'est là une assertion que ne confirme pas, tant s'en faut, l'expérience. Le sommeil en particulier marque une interruption de notre pensée, et les rêves qui l'occupent, d'une façon d'ailleurs intermittente, sont souvent si singuliers et si déraisonnables qu'ils paraissent nous être entièrement étrangers. Mais surtout il est impossible de convaincre ceux qui dorment sans faire de songes qu'ils

____

1. IV, xii, 9 ; t. II, p. 347-349.

pensent pendant leur sommeil. Y aurait-il une pensée dont on a conscience et une pensée dont on n'a pas conscience ? Mais ce serait diviser un même être en deux personnes. En réalité on ne pense point quand on ne sent point que l'on pense; or, comment contester qu'il n'y ait dans notre vie de nombreux moments pendant lesquels ce sentiment de notre pensée nous manque? Il est donc illégitime de définir l'âme par la pensée; la pensée est une opération très importante de l'âme, mais n'en est qu'une opération. Il n'est pas plus nécessaire à l'âme de penser qu'au corps d'être toujours en mouvement[1].

Donc, tandis qu'en affirmant que l'âme pense toujours, Descartes avait en vue la vérité totale et essentielle de sa nature, Locke mesure la réalité et la portée de la pensée au fait, pour lui contingent, de la conscience. D'une façon générale, c'est par la conscience qu'il estime tout ce qui lui paraît connaissable et déterminable de notre être intérieur. C'est ainsi qu'il est amené à distinguer de l'identité de substance l'identité personnelle, et à soutenir que la première, qui nous échappe, n'est en aucune façon la condition de la seconde. La conscience de soi : voilà ce qui constitue véritablement l'identité personnelle. Aussi loin que cette conscience peut s'étendre sur les idées et les actions passées, aussi loin s'étend l'identité de la personne. D'autre part l'identité de la personne est si peu garantie par l'identité de substance, que l'on peut parfaitement concevoir une même personne formée de substances différentes et une même substance présente au fond de plusieurs personnes[2]. Affranchir ainsi la personne de la substance en l'identifiant à la conscience : cela pourrait paraître un progrès sur le réalisme cartésien de la substance pensante si, par la déchéance de la conception cartésienne de la pensée, cela ne s'était trouvé être finalement un recul[3].

.

C'est qu'en effet le réalisme cartésien de la substance pensante, comme celui de la substance étendue, n'est pas, en ce qu'il a de mieux défini, le réalisme de la substance en général,

1. II, 1, 9 sq. ; t. 1, p. 127 sq.

2. II, XXVII, 7 sq. ; t, I p. 444 sq.

3. V. F. Pillon. *La Critique de Bayle : critique du spiritualisme cartésien. L'Année philosophique*, 11ᵉ année (1900). Alcan, 1901; p. 127-131.

mais de la substance déterminée tout entière par un attribut qui la rend dans son fond pleinement intelligible. Descartes a pu accepter et reproduire des définitions scolastiques de la substance : mais elles n'ont été pour lui que la forme dans laquelle il a introduit, comme contenu, le rationalisme des idées claires et distinctes[1].

Or, d'après Locke, on ne conçoit jamais la substance que pour se représenter, par exemple, quelque chose de distinct de la pensée, ou de l'étendue, ou de toute autre opération ou qualité. La critique qu'il présente de la notion de substance ne saurait donc atteindre la doctrine purement cartésienne. Cette critique, d'ailleurs souvent pénétrante, vise à établir, non pas qu'il n'y a point de substances, mais qu'à la façon dont nous concevons les substances ne correspond en nous aucun moyen de les connaître. Si d'abord nous nous en tenons à la notion de la substance en général, ce n'est que la notion d'un sujet inconnu que l'on suppose être le soutien des qualités capables d'exciter des idées simples dans notre esprit; car l'esprit, quand il se représente ces qualités, ne comprend pas qu'elles puissent exister par elles-mêmes et qu'elles soient entre elles sans liens; il les rapporte donc à un sujet d'inhérence dont il en fait les accidents. De ce sujet il n'a aucune idée déterminée. Et il ne connaît pas mieux les substances d'espèces particulières qu'il ne connaît la substance en général; car il devrait pour cela connaître la constitution intime de la matière, d'où dérive l'union des qualités premières et leur puissance d'engendrer les qualités secondes; il devrait connaître pareillement la constitution intime de l'esprit, ce qui engendre nos diverses opérations et en fait le lien : connaissances qui nous manquent à jamais[2]. Sans doute Locke interprète sa critique en déclarant que s'il fallait conclure à la non existence de l'esprit du fait que nous ne connaissons pas la substance spirituelle, il faudrait tout autant et même davantage conclure à la non existence de la matière du fait que nous ne connaissons pas la substance matérielle[3]. N'importe. Quoique, sous l'influence de Descartes, il continue à tenir l'existence de l'esprit pour plus immédiatement et pour

---

1. V. Victor Delbos, *L'idéalisme et le réalisme dans la philosophie de Descartes. l'Année philosophique*, 22ᵉ année (1911), Alcan, 1912, p. 39-53.

2. II, xxiii; t. I, p. 390 sq.

3. II, xxiii, 5, t. I, p. 395-396.

plus complètement certaine que celle des corps, il use du caractère inconnaissable de la substance pour se demander si Dieu n'aurait pas pu conférer à la matière, disposée de telle façon, la faculté de penser[1]. Par là l'affaiblissement graduel des inspirations venues du *Cogito* aboutit à la négation de ce que le *Cogito* expliquait comme règle et condition de certitude. Rien ne peut, selon Descartes, se trouver dans l'être en contradiction avec la connaissance vraie que nous en avons. Le réalisme de Descartes, foncièrement rationaliste, exclut rigoureusement ce réalisme agnosticiste qui se permet, non pas seulement de limiter la pensée par l'incompréhensible, mais de lui faire violence par l'irrationnel[2].

⁎

Locke se trouve donc avoir retenu surtout du cartésianisme une méthode idéaliste générale, dont il s'est servi à sa façon pour une explication semi-psychologique, semi-constructive de l'esprit humain. Il y a associé pour une part les affirmations par lesquelles Descartes jugeait l'entendement capable de saisir la vérité des idées et de leurs rapports; mais ces affirmations, il les a prises sans les critiquer, et il les a laissé s'envelopper dans la conscience de la réalité de notre connaissance. Il a cru que la connaissance intuitive ou démonstrative est vraie parce qu'elle nous paraît telle, et sans se demander ce qui la rend réellement telle. Et cependant, n'ayant pas eu une notion très nette et très explicite de la transformation par laquelle il ramenait la vérité à certains caractères de données internes, il n'en a pas non plus développé les conséquences logiques : ces conséquences, ce sont Berkeley et surtout Hume qui les développeront, et leur œuvre consistera à éliminer les éléments réalistes en même temps que les procédés de construction qui chez Locke ont obstrué ou faussé l'analyse des relations psychologiques, naturelles ou habituelles : le résultat final en sera la constitution d'un idéalisme phénoméniste,

1. IV, iii. 6, t. II, p. 193.

2. On sait comment Descartes répond à ceux qui, comme Hobbes ou Gassendi, lui objectent sous des formes diverses que la substance de la pensée peut être d'une tout autre nature que la pensée telle que nous nous la représentons : nous ne pouvons, déclare-t-il hautement, juger de la réalité des choses que par les idées claires et distinctes que nous en avons.

aussi libéré de la notion de substance que de celle de vérité rationnelle. D'un autre côté, la méthode constructive de Locke qui n'avait point voulu s'embarrasser des idées innées, était resté embarrassée de facultés qui d'une autre façon restauraient l'innéité : ceux qui, suivant cette autre direction, opèreront le débarras, se seront Condillac et ses disciples : et leur œuvre sera l'idéologie.

Victor DELBOS,
de l'Institut.

UN SOLIPSISTE AU XVIII⁰ SIÈCLE

Dans les écrits philosophiques du xviii⁰ siècle, on trouve souvent mentionné le fait de certains penseurs professant le point de vue solipsiste, ou plutôt, comme on disait alors, « égoïste ». Ces mentions sont cependant si peu précises, parfois même si contradictoires, que les savants modernes ont cru pouvoir les considérer comme dénuées de tout fondement[1]. Un tel jugement toutefois, nous le verrons, ne répond pas à la réalité.

Il est facile d'abord de se convaincre que tout ce qui, dans les dits écrits, se rapporte aux « égoïstes » prend sa source dans une remarque qui se trouve à la fin d'une courte notice sur les *Principes* de Berkeley dans l'organe littéraire et scientifique des Jésuites, les *Mémoires de Trévoux*, année 1713, p. 922. On lit dans cette notice : « M. Berkeley, malebranchiste de bonne foi, a poussé sans ménagement les principes de sa secte fort au delà du sens commun ; et il en a conclu qu'il n'y a ni corps, ni matière, et que les esprits seuls existent... Un de nous connaît dans Paris un malebranchiste qui va plus loin que M. Berkeley ; il lui a soutenu fort sérieusement, dans une longue dispute, qu'il est très probable qu'il soit le seul être créé qui existe, et que non seulement il n'y ait point de corps, mais qu'il n'y ait point d'autre esprit créé que lui ; c'est à ceux qui croient que nous ne voyons qu'un monde intelligible à prouver qu'on porte trop loin leurs principes. »

Dans son livre : *Vernünftge Gedanken von Gott, der Welt und der Seele des Menschen*, publié en 1719, Wolff parle déjà de

---

1. Cf. principalement : Sir William Hamilton dans ses notes aux œuvres de Reid (*Th. Reid Works, ed. by Sir W. Hamilton, seventh ed.* Edimb., 1872. pp. 269, 293, 988) ; Janitsch, *Kants Urteile über Berkeley*, Strassb., 1879, p. 51 et suiv.

toute une secte d' « égoïstes », secte étonnante, niant l'existence de toute chose et admettant le seul « je suis ». Mais il est aisé de se rendre compte que c'est uniquement la notice des *Mémoires de Trévoux* qui sert à Wolff de source authentique ; car, dans tous ses écrits, il ne trouve rien de plus précis à dire de ces « égoïstes » que ce qui suit : *Fuit paucis abhinc annis assecla quidam Malebranchii Parisis, qui Egoismum professus (quod mirum videri poterat), asseclas et ipse nactus est.* (*Psychologia rationalis* § 38).

Ces assertions de Wolff devaient avoir d'autant plus de retentissement que dans sa classification des systèmes philosophiques, proposée pour la première fois dans la préface de la seconde édition des mêmes *Vernünftigen Gedanken*, classification qui joua un rôle considérable dans le développement de la nomenclature philosophique, il réserve aux « égoïstes » une place très en vue. Tous les philosophes sont classés par Wolff en sceptiques et dogmatiques, ces derniers en dualistes et monistes, les monistes en matérialistes et idéalistes, enfin les idéalistes en pluralistes et égoïstes, suivant qu'ils admettent l'existence de plusieurs êtres spirituels ou de leur seul « moi-même ».

Un article entier fut bientôt consacré à l'égoïsme par le professeur de théologie de Tubingue, Christoph Mathieu Pfaff. Cet article reproduit un discours, tenu à l'Université de Tubingué en 1722 et a pour titre : *De Egoismo, nova haeresi philosophica.* En partant de la classification des philosophes donnée par Wolff, Pfaff combat avant tout les deux espèces de monistes : matérialistes et idéalistes. Dans Descartes et surtout dans Malebranche (*fanaticorum nostri seculi philosophorum facile princeps*) il voit les précurseurs de l'idéalisme moderne ; tandis que comme vrais représentants de cet idéalisme il nomme : Michel-Ange Fardella, Berkeley et Collier [1]. A l'é-

---

1. Le cartésien italien Fardella, à proprement parler, n'était pas encore « idéaliste ». Il s'en tient à une conviction « morale » de l'existence du monde matériel, mais rejette les arguments de Descartes et même de Malebranche qui tendent à prouver cette existence. Dans un long appendice au premier volume (resté unique) de son *Universae philosophiae systema*, Lugd. Bat. (Venetiis), 1691, pp. 486-528, il s'efforce de prouver : premièrement, que l'inférence de l'existence d'un objet de son idée sensible n'est pas correcte ; secondement, contre Descartes, que la véracité de Dieu n'est nullement mise en jeu dans cette inférence ; troisièmement, contre Malebranche, que ce n'est pas la foi qui nous oblige à croire à l'existence des choses matérielles. Notre raison, déclare Fardella (*op. cit.*, p. 511), est d'une origine tout aussi divine que la foi ; *ergo si, ut iam invicte demons-*

goïsme proprement dit il ne consacre que peu de place dans son discours. Au début il affirme que c'est chez Wolff qu'apparaît pour la première fois le mot même « égoïsme » : *primus qui vocis hujus inter recentiores philosophos meminit, forsan et solus qui hoc termino usus est hactenus, est Christianus Wolffius*[1], tandis qu'à la fin de son discours il s'en réfère au même Malebranchiste » des *Mémoires de Trévoux: Et primum quidem observemus, egoistas libris editis sententiam nondum exposuisse. Malebranchistarum ille species est, quae per traditionem saltem sua propagat. Nec est, quicquam hactenus, quod de Egoistis legerimus, nisi quod Jesuitae Parisienses in Recensionibus Litterariis Trivoltiensibus anni hujus seculi decimi tertii mense majo, in novis litterariis sub finem additis memorant*, etc.

Pas plus que Wolff et Pfaff ne sont renseignés sur ces égoïstes les écrivains ultérieurs : J. Fr. Reimann qui, dans son *Historia universalis atheismi et atheorum*, Hildesh. 1725, p. 427, mentionne les égoïstes comme une secte athée ; I. Carpov, *Idealismus ex concessis explosus*, Weimar 1740, §§ 37, 42 ; Chr. Eschenbach, *Sammlung* (traduction des Dialogues de Berkeley et de la *Clavis Universalis* de Collier), Rostock 1756, *Anhang* §§ 2, 10, et 17 ; I. Chr. Hednings, *Geschichte von den Seelen der Menschen und Tiere*, Halle 1774, p. 145. (L'inexactitude qu'on trouve dans la mention de ce dernier suffit à caractériser tous ces racontars sur les égoïstes : *Man hat zwar sehr*

tratum est, ipsum rationis lumen, experientia nullo pacto repugnante, docet sensuum evidentiam esse fallacem, ut captiosum et non concludens sit enthymema, in quo ab idea sensibili ad rem in se spectatam arguitur, necesse est, quod ratio cum fide optime conjungatur, ut repugnet hanc Scripturarum testimonio contradicere. Et, s'il y a dans l'Ecriture, ajoute-t-il, des passages qui semblent en effet présupposer l'existence du monde corporel, il ne faut pas oublier que l'Ecriture ne s'adresse pas aux doctes seulement, *quod non homines logicam aut philosophiam, sed rectam et salutarem moralem docere praecipuus Scripturae scopus est.* Cette tendance idéaliste de la doctrine de Fardella est restée inaperçue des historiens modernes. Cf. p. ex. Bouillier, *Histoire de la philosophie cartésienne*, II, p. 511-522 et Vincenzo di Giovanni, *Storia della filosofia in Sicilia*, I, p. 260-273, les auteurs les plus explicites sur la philosophie de Fardella.

1. Cela n'est pas exact. Le mot « égoïsme » était connu déjà au xvii° siècle et s'employait dans un sens moral, quoique assez restreint. « MM. de Port-Royal », nous raconte la grande Encyclopédie, art. Egoïsme, « ont généralement banni de leurs écrits l'usage de parler d'eux-mêmes à la première personne, dans l'idée que cet usage, pour peu qu'il fût fréquent, ne procédait que d'un principe de vaine gloire et de trop bonne opinion de soi-même. Pour en marquer leur éloignement, ils l'ont tourné en ridicule sous le nom *d'égoïsme*, adopté depuis dans notre langue, et qui est une espèce de figure inconnue à tous les anciens rhéteurs ».

gezweifelt, ob dergleichen Egoisten in der welt vorhanden gewesen dennoch finden sich in den Mémoires de Trévoux verschiedene Erzählungen von solchen Menschen). Thomas Reid, qui dans ses ouvrages s'arrête à plusieurs reprises sur les égoïstes, reconnaît ignorer leurs écrits, si toutefois il en existe ; cependant il ne met pas en doute l'existence des égoïstes mêmes, « car beaucoup d'écrivains en parlent et quelques-uns, particulièrement Buffier, les combattent » (*Works*, p. 465). Or Buffier, à l'encontre de tous les autres auteurs, prétend être renseigné sur l'existence d'un égoïste *écossais* : « Un écrivain Ecossais a publié, dit-on, un ouvrage pour prouver qu'il n'avait aucune évidence de l'existence d'aucun autre être que lui ; et encore de lui en tant qu'esprit, mais non de lui en tant que corps: n'ayant aucune démonstration véritable de l'existence d'aucun corps ». (*Cours général et particulier des sciences*, Paris 1732, p. 924). Et c'est enfin Berkeley lui-même qui, dans la grande Encyclopédie, article Égoïste, figure comme principal représentant de l'égoïsme.

Quelque confus que soit le caractère de toutes ces indications, la source première d'où elles émanent, — la notice des *Mémoires de Trévoux*, — est en soi parfaitement véridique. A la fin du xviie et au commencement du xviiie siècle, il vivait en effet à Paris un penseur qui partageait le point de vue solipsiste. C'était Claude Brunet, médecin de profession et écrivain assez fécond en matière de science médicale [1]. Ses ouvrages parurent tous à Paris, le premier, *Journal de médecine*, portant la date de 1686, et le dernier *Ergo a diverso glandularum situ secretiones*, celle de 1737. Dans ces limites prennent place .une revue périodique, *Le progrès de la médecine*, pour les années 1697, 1698 et 1709, un *Traité raisonné sur la structure des organes deux sexes*, de 1696, et plusieurs thèses médicales, soutenues devant des assemblées savantes [2]. Mais c'est son

---

1. Déjà Sir Hamilton (*op. cit.*, p. 988) avait découvert l'existence de Claude Brunet, d'après une indication de Fuelleborn, *Beiträge zur Geschichte d. Philosophie*, Züllichau u. Freist., 1795, V, p. 143. La mort l'a empêché de vérifier cette indication.

2. Les données biographiques sur Claude Brunet manquent presque complètement. On ne connaît ni la date de sa naissance, ni celle de sa mort (approximativement nous pouvons les fixer à 1660 et 1740). D'après un indice dans le catalogue du *British Museum*, Claude Brunet était originaire de Lyon. Une notice biographique assez étendue, mais pauvre en données positives, signée Villiers, lui est consacrée dans le tome sixième de la *Biographie universelle*, Michaud, Paris, 1854.

œuvre philosophique, son *Projet d'une nouvelle métaphysique* publié à Paris chez la veuve Horthemels l'an 1703, in-12, qui surtout commande l'attention. Car c'est là précisément, à ce qu'il faut croire, que Brunet a développé sa doctrine solipsiste. Malheureusement, ce *Projet*, « brochure d'une extrême rareté » d'après l'indice de Quérard dans *La France littéraire*, que personne d'entre les bibliographes ultérieurs n'a pu découvrir, semble à l'heure présente être introuvable. Et certes, si l'on pouvait le retrouver, la réédition en serait accueillie avec un vif intérêt. En attendant, nous devons nous contenter de ce que rapporte sur le livre de Brunet Flachat de Saint-Sauveur, dans ses *Pièces fugitives d'histoire et de littérature* publiées à Paris l'an 1704. Voici en substance le récit que nous fait ce dernier (p. 356 et suivantes) : M. Brunet... nous propose en même temps une nouvelle espèce de philosophie ; il a porté, si on l'en veut croire, la métaphysique à un degré de sublimité, où elle n'était pas allée: son *Projet d'une nouvelle métaphysique* avait d'abord été proposé dans les conférences de M. l'abbé de Cordemoy, et imprimé ensuite chez la veuve Horthemels ; mais M. Brunet, n'étant pas content de quelqu'un des membres de cette assemblée, ni du peu de débit de son ouvrage, tente aujourd'hui de faire fortune à son système dans notre Journal. M. Brunet pose donc pour principe fondamental, que lui seul existe dans le monde ; que sa pensée est la cause de l'existence de toutes les créatures ; que quand, par malheur pour le genre humain, il cesse d'y penser elles sont anéanties. Ainsi ce nouveau créateur de rien fait toutes choses, et, quand elles sont faites, il les conserve ou les réduit au néant, selon qu'il lui plaît ; cette destruction totale lui est aisée, puisqu'il n'a qu'à ne plus penser aux choses pour qu'elles cessent d'exister. Nous avons donc tous, tant que nous sommes, un intérêt que le tout puissant M. Brunet pense toujours, et quand il commence à dormir, j'entre dans une appréhension mortelle que toute l'espèce des hommes et moi, qui en suis un des moindres individus, ne rentrions dans le néant... M. Brunet, qui le croirait, n'est pas même persuadé de l'existence de son corps, sa pensée est la seule chose qui existe véritablement. On lui a quelquefois demandé, que si on lui donnait des coups de bâton, s'il était persuadé par cette sensible expérience qu'il y aurait et des bâtons et des hommes qui existassent: il répond à cette accablante objection, que cette épreuve lui ferait beaucoup de mal ; mais

que les hommes et les bâtons n'existeraient pas pour cela,
parce que toutes ces choses n'existeraient qu'autant qu'il y
penserait. M. Brunet, comme on voit, est un homme à découvertes, et ce n'est pas un de ces philosophes ordinaires, qui
s'en tiennent aux principes communs et aux routes battues ;
il a également abjuré le Péripatétisme, le Cartésianisme et
la philosophie des Atomistes ; toutes les sectes l'ont voulu
avoir, mais, présumant assez de la fécondité de son génie, il
en voulut faire une à part ; il ne faut pas douter qu'il n'y
réussisse, puisque je ne sache pas qu'avant lui personne n'ait
avancé de telles opinions. Spinoza, à la vérité, ne reconnaissait qu'une substance dans la nature, mais dont il ne se
croyait qu'une modification, au lieu que le philosophe Brunet
se croit lui seul toute la nature. »

Mais il n'y a pas que les propos quelque peu légers de Flachat de Saint-Sauveur pour nous renseigner sur les idées
philosophiques de Claude Brunet. Il nous en fournit lui-même
un exposé très remarquable dans son premier ouvrage, le
Journal de médecine de 1686[1]. Ici déjà, un quart de siècle avant
Berkeley et un siècle avant les philosophes idéalistes allemands, Brunet, tout en enseignant les principes de l'idéalisme
moderne avec une netteté parfaite, se rapproche en même
temps du solipsisme. Car notre auteur, basant tout sur le
moi, paraît n'avoir pas encore suffisamment reconnu la différence entre le *moi* personnel, empirique, et le *moi* imperson-
nel, transcendental ; et c'est précisément là, faut-il croire, ce
qui a dû le conduire au solipsisme. Toute la seconde livrai-
son du *Journal de médecine* est consacrée à une étude originale et détaillée (285 pages in-12) sur les sens, intitulée :
*Nouvelles conjectures sur les organes des sens, où l'on propose
un nouveau Système d'Optique.* Dans le sixième article, où il
est traité de la vue, sous le sous-titre *Théorie particulière du
mouvement* (p. 209 et suivantes), notre philosophe s'exprime
comme suit :[2] « En considérant qu'aucune chose ne peut se
quitter et sortir d'elle-même, l'on reconnaît assez que notre
esprit n'imagine rien des substances qui diffèrent de lui, si
elles ne lui sont *inspiritualisées.* C'est pourquoi de tous les
âges des philosophes l'on a distingué le grand monde du petit,

1. Cet ouvrage, qui se trouve à la Bibliothèque Nationale, est resté inconnu
de Quérard et des bibliographes ultérieurs.

2. Nous modernisons ici l'orthographe, comme du reste, dans les autres
extraits.

que chaque particulier renferme, et qui est comme le miroir ou la copie du premier. Et parce qu'un être singulier et déterminé à toutes les circonstances actuelles ne se peut ni produire ni changer de lui-même, il a fallu supposer un Être souverain pour ordonnateur et pour moteur des créatures, qui composent le monde dont nous nous sentons partie, et qu'il est bien séant de mettre hors[1] de nous.

« Mais comme on ne conçoit que soi en soi, chacun doit chercher dans son fond la raison et la cause des apparences du monde imaginaire où il préside seul.

« C'est de cet univers fondé dans la nature de l'homme que selon cette admirable maxime des Péripatéticiens, *intellectus intelligendo fit omnia*, que *la pensée fait tout*, nous pourrions rapporter toute la variété à la diversité de nos propres modifications, et que, pour garder de la conviction et de l'évidence dans ses raisonnements, on n'en peut établir de principe plus simple, plus fécond, plus intime, et plus nécessaire que soi.

« Car en quelque état que l'on se trouve, l'on n'a que deux choses à remarquer, la conscience et l'expression de ce sentiment intérieur. La première est immuable, universelle, elle nous représente les mêmes partout; la seconde règle et détermine l'autre. Il n'y a rien dans un être tout connaissant qu'il ne sente et qu'il n'éclaire, et comme l'action de penser est distincte de cette lumière qui la produit, l'esprit peut immédiatement par lui-même apercevoir cette action et par une seconde réflexion ne cessant point de distinguer qu'il ne s'arrête dans une vue profonde de tous ses sentiments.

« Nous distinguons encore dans toutes nos pensées leur forme, ou la manière qui les spécifie, de la présence de cette manière à l'esprit. Ainsi le blanc, le rouge, le froid ou le chaud, de la douleur, de l'eau, une maison sont des termes de pensées nécessairement aperçus dans cette qualité à laquelle s'ajoute celle d'être simplement connus par quelque chose de différent qui aperçoit; comme l'être pensant n'est point cette persuasion que j'en ai quand je m'aperçois que je pense, quoiqu'elle en soit le sujet et la substance inséparable.

« Rien n'existe qu'avec la connaissance; je veux dire qu'il

---

1. « De croire extérieur » d'après les *Additions et corrections* à la fin du *Journal*.

y a contradiction que l'on puisse attribuer une existence positive à un être auquel on ne pense point[1]. Ainsi toutes choses
sont nécessairement connues. Il est très impossible qu'un
arbre ou une table, de la douleur, des couleurs comme tels
aient jamais la propriété de connaître. Mais parce que la
simple qualité de penser est en soi une notion vague qui a un
rapport essentiel à tout ce qui est connaissable, comme ce qui
peut être connu en a un à ce qui peut connaître, elle demande
pour subsister un objet particulier qui la forme et la fixe, et
réciproquement, tout objet n'a d'actualité que dans l'esprit :
la conscience se trouve généralement dans tous les pensants
qui ne peuvent être réellement distingués qu'en ce que l'un
voit une chose et l'autre une autre, l'un sent une admiration,
l'autre une douleur, un arbre, choses très différentes de la
conscience qui devient extérieure à elle-même au moment
qu'elle se conçoit, car tout terme est éloigné du principe de
l'action. Si l'on doit attribuer à une chose ce qu'elle représente formellement, on ne pourra pas dire à la rigueur que
les objets sont des modifications de la pensée, de même que
l'on ne voit point de pensée ou de conscience dans aucune des
déterminations de la pierre, une telle couleur n'exprime que
cette couleur. Mais parce que la douleur ou la joie ne sont
rien sans être aperçues et que la perception est un être
incomplet, sans la joie, sans la douleur, etc., qui l'individua-
lise, la pensée et ses objets constituent réellement une même
existence[2].

« Enfin, puisqu'on se répand en toutes choses et qu'on ne
s'en distingue point en les regardant d'une première et simple
vue ; qu'elles ne sont présentes que quand on y songe ; qu'on
les augmente et qu'on les diminue à l'infini selon que l'esprit
s'y applique ou s'en détache ; et qu'on ne découvre rien pour
différencier ses pensées sinon la différente formalité des
objets, lesquels s'offrant tout clairs et tout perceptibles ne
peuvent être représentés que par eux-mêmes, notre âme
semble par ses divers replis donner à ses connaissances toutes
leurs déterminations qu'on nomme en général *objets*, de cela
seulement qu'elles paraissent ; *imaginations* ou *idées*, lorsqu'on
se sent le maître de leur présence, et que l'entendement les

---

1. C'est bien ici que fut proclamée pour la première fois cette thèse capitale de l'idéalisme moderne.

2. Tout ce dernier alinéa se trouve dans les *Additions et corrections* à
la fin du livre.

tourne à sa disposition, et lorsqu'en pensant à de telles choses nous nous en représentons d'autres tout à fait semblables, moins vagues, plus extérieures, comme subsistant en elles-mêmes, mais qui passeraient encore pour les idées ou les images des idées ou des objets précédents auxquels seuls nous les verrions conformes, mais plus sujettes à notre action présente de penser, parce qu'ils sont conçus en eux-mêmes indépendants du sentiment que je m'en excite. Et l'on appelle passion ou affection les objets qui nous déterminent intérieurement, et qui nous changent avec des plaisirs ou des douleurs qui sont des mouvements de l'âme, lesquels diffèrent en ce que dans la douleur nous pensons principalement à l'objet d'où l'on s'éloigne et qui nous émeut, au lieu que dans le plaisir nous n'avons d'attention qu'à l'objet dont on approche et qui nous attire ; les deux passions générales semblent nous ôter de cette indifférence ou de cette situation paisible, où l'on se sent, lorsque, ignorant où l'on s'engagera, on se regarde tout prêt et en un plein pouvoir, mais qui répugne d'être jamais mis en acte, de faire à la fois des choses toutes diverses. Les choses passent pour genres et pour êtres de raison lorsqu'on ne les singularise pas de toutes les circonstances nécessaires, afin qu'elles existent différemment les unes des autres. Ainsi l'essence ou la réalité d'une maison est un assemblage indivisible de pierre, de bois, de plâtre, etc. Et tout homme se croit dans la vérité, lorsqu'il est fermement persuadé du sentiment de l'identification de tous les attributs d'un objet avec cet objet même, comme quand on assure que les choses sont ce qu'elles sont, que deux et deux sont deux et deux.

« Considérant donc les choses de la nature comme s'il ne pouvait y avoir que moi, je n'étendrai point au delà des bornes de mon imagination le jugement que j'en ferai.

« Diverses qualités assemblées représentent leur tout comme un individu très simple. Car tant soit peu qu'on en ôte ou qu'on y ajoute, ce n'est plus la même idée. Ainsi quelque indivisible que je me conçoive, mon essence peut être modifiée actuellement en des espèces toutes distinctes, dont chacune, étant regardée précisément comme séparée de toute autre chose, exprime encore l'unité.

« Parce que je pense tout d'un coup, et que toutes mes pensées ne s'excitent que par des impressions actuelles et consistantes, il semble qu'à mon égard il n'y a point de véritable succession, et que tout est d'un instant ; la priorité et la postériorité du temps ne seraient-elles pas des fictions de mon esprit, puisque les objets que je distingue en passés ou futurs existent uniquement comme manières de concevoir, qui sont aussi positives que ceux qui me paraissent les plus présents, comme les espaces éloignés sont aussi réels que le lieu que j'occupe. C'est peut-être que me reconnaissant au milieu d'une condition certaine et fixe de tous les êtres, et m'imaginant la même universalité des choses d'une autre manière et sous quelque apparence de réalité, mais incompatible avec le premier état, je regarde comme actuels ces objets que je sens et qui me modifient, et j'éloigne du présent les autres, que je juge avoir été ou devoir être. Un temps déterminé est donc une des plusieurs apparences du même objet, tellement disposées que d'une part elles s'unissent avec les sentiments ou les vues auxquelles je m'applique principalement, et que de l'autre elles vont toujours à la représenter plus clairement et en la place où il agit réellement. Mais ne pouvant attribuer à une seule chose une multitude d'impressions sans y mettre de la succession, je donne à celles qui me sont presque identifiées une existence aussi véritable que la mienne, et leurs comparant les autres, je conçois celles-ci comme passées, en ne faisant que les imaginer senties en elles-mêmes, ou comme futures, lorsque je m'en imagine le sentiment en idée ou dépendant de ma pensée actuelle. Mais toutes ces façons de concevoir, qui devraient se rapporter à autant de choses diverses qu'elles expriment la même en différentes circonstances, sont autant de présences ou d'actualités, puisqu'elles paraissent toutes à la fois, leur distinction est un effet de mon imagination qui les confond souvent ensemble, en m'offrant des choses passées comme si elles étaient présentes ou à venir, et au contraire. Car je puis penser toutes choses, à tous les temps. Je me forme plus aisément un grand âge d'un certain objet, en m'appliquant à d'autres objets d'un temps plus court, de même que l'on s'aide à concevoir une grande distance en se figurant entre deux objets plusieurs corps de quelque longueur.

« Cependant j'admets de l'ordre dans les choses, lorsqu'elles sont dans un arrangement agréable, et comme inséparablement attaché à ce que j'aperçois de la propre nature et des vertus essentielles de chacune. Et je dis qu'une chose est la cause d'une autre, lorsque dans celle-là qui est plus ancienne

je trouve les principes et les premiers délinéaments de celle-ci,
et que depuis ce fondement jusqu'à la perfection de cette dernière je vois un enchaînement d'idées qui la représente de
plus en plus vers le moment qu'elle existe dans toute sa grandeur. Ainsi l'oignon, la terre et le soleil sont la cause de la
tulipe, parce que je la vois en petit dans le germe de l'oignon,
et que le soleil me paraît détacher incessammeut de la terre
des corpuscules qui font éclore la tulipe en l'instant. A chaque
moment de ces causes partielles je découvre une tulipe différente, et telle qu'elle est au printemps, elle a pour véritable
cause l'oignon, le soleil et la terre, en ce qu'ils contribuent
dans cette saison à la former, et ce qu'ils ont donné jusque-là
qui subsiste sans eux ; c'est-à-dire qu'un effet ne dépend ou
n'est produit que de ce qui le constitue dans son état présent.

« Lorsque j'embrasse universellement et sans distinction
tous les objets de mes sens, et que je ne pense point aux qualités individuelles qui en font la différence, j'aperçois une
étendue immense, toute unie, n'ayant ni couleur, ni chaleur,
etc.; cette idée est comme la propriété naturelle de la substance sensitive, en quoi toutes ses facultés se produisent et se
font paraître. C'est dans la grandeur en général que toutes les
sensations conviennent, parce qu'elles consistent également
dans le plus et le moins, et qu'étant capables d'augmenter ou
de diminuer par degrés à l'infini, elles forment un continu
qui n'est grand que par le nombre de ses atômes, distincts et
extérieurs les uns aux autres.

« Les sensations particulières déterminent l'extension de
tous les êtres que j'appelle corps, qui sont colorés ou trans-
parents, chauds ou froids, ronds ou carrés.

« Les diverses combinaisons d'odeurs, de chaleurs, de couleurs nous donnent pour les corps toutes les émotions et tous
les sentiments dont nous sommes capables. On pourrait bien
établir des règles pour faire à notre avantage toutes ces compositions. Mais je dépouille ici les êtres matériels de ces sortes
de qualités, et je ne leur laisse que celles qu'ils ont comme
étendue. »

Ensuite notre auteur en vient à parler de l'étendue divisée
et du mouvement « qui lui est essentiel », et à définir le mouvement, qu'il décrit comme un être, « dont toutes les parties
existent à la fois, et qu'on s'en forme l'idée en rapportant à
un seul corps plusieurs espèces de figures ou de corps semblables, appliqués les uns proches des autres depuis un point

fixé dans l'étendue immobile, duquel, comme d'un centre, je m'imagine que commence une suite de places, dont les unes me paraissent depuis plus longtemps désertes que les autres, à proportion qu'elles viennent à s'unir au corps que je juge exister seul à l'instant présent dans un lieu que je conçois vide, en l'unissant au temps que ce corps me semble en quelque place des précédents, que je n'envisage plus que comme ses images et ses ombres, qui me le représentent appliqué à tous ces lieux en différents moments. »

On peut conclure de tout ce qui précède qu'en effet, comme le disait la notice des *Mémoires de Trévoux*, Claude Brunet est allé plus loin que Berkeley ; et non seulement dans la voie du solipsisme, mais dans celle de l'idéalisme aussi. Car, en proclamant avec vigueur l'autonomie de la pensée, la puissance créatrice du *moi*, en essayant de déduire du connaissant le connaissable, il se rapproche bien plus d'un Fichte que de l'évêque de Cloyne. Il est vrai que, contrairement à ce que disait la notice de l'organe littéraire des Jésuites, Claude Brunet, dans ses écrits, ne nous apparaît nullement comme « Malebranchiste » ; pas plus d'ailleurs que Berkeley, « Malebranchiste de bonne foi », aux termes de cette même notice. Il est clair, du reste, que sous la plume des pères Jésuites la désignation de « Malebranchiste » doit être prise *cum grano salis*. Certes, si nous voulions approfondir l'origine des idées idéalistes et solipsistes de Claude Brunet, nous ne pourrions nous arrêter que sur le maître de Malebranche lui-même. Car véritablement toutes ces idées, comme presque toutes les idées philosophiques des temps modernes, se trouvent déjà ébauchées dans Descartes : le penseur, dont le point de départ est non seulement un « idéalisme », mais aussi un « solipsisme problématique[1]. Mais encore que, sans doute, il lui doive beaucoup, Brunet ne veut pas pour cela se déclarer cartésien.

---

1. Cf. par exemple *Discours de la méthode*, IV : « puisque je connaissais quelques perfections que je n'avais point, je n'étais pas *le seul être qui existât*... car si j'eusse été le seul et indépendant de tout autre... j'eusse pu avoir de moi, par même raison, tout le surplus que je connaissais me manquer ». *Méditations*, II : « je me suis persuadé qu'il n'y avait rien du tout dans le monde, qu'il n'y avait aucun ciel, aucune terre, *aucuns esprits ni aucuns corps* ; ne me suis-je donc pas aussi persuadé que je n'étais point ? Tant s'en faut ; j'étais sans doute, si je me suis persuadé ou seulement si j'ai pensé quelque chose ».

Sur les idées voisines du solipsisme dans l'école cartésienne, surtout chez l'abbé Lanion (un vrai Malebranchiste celui-là), cf. F. Pillon, *L'évolution de l'idéalisme au XVIII* siècle. *L'Année Philosophique*, 1895.

Comme l'en raillait Flachat de Saint-Sauveur, il se tenait en effet en dehors de toutes les sectes, ne voulait jurer ni sur Aristote, ni sur Descartes ou Gassendi. C'est ce qu'il fait ressortir lui-même dès le début de son premier ouvrage, en désignant sa place vis-à-vis des systèmes contemporains. « Deux Systèmes », dit-il, « partagent tous les savants. Les uns ont avancé, que les *objets, ébranlant immédiatement les organes, se faisaient connaître par eux-mêmes, et que des espèces réelles s'en étant détachées pour se répandre de toute part, notre âme, qui veille soigneusement à son corps, s'apercevait aussitôt de celles qui s'y étaient intimement unies, et tournait sa réflexion sur ce qu'elles représentaient.* Les autres, qui voient un grand embarras dans la distribution de ces images errantes et beaucoup de disproportion entre ce que l'on peut concevoir des corps et les traces qu'ils laissent sur l'organe, les jugeant d'ailleurs trop grossiers pour être intelligibles de leur essence, soutiennent, *qu'en général les choses de dehors, excitant simplement chez nous des mouvements différents entre eux, donnent occasion à l'âme de penser à des causes par des effets qui ne les expriment point.*

« Je ne me déclare pas aujourd'hui », poursuit Brunet, « sur la disposition de l'entendement aux connaissances matérielles, ou sur les lois, suivant lesquelles nous nous trouvons en diverses passions de plaisir et de douleur à la présence et à l'absence de certains objets. Mais je m'attache uniquement à considérer comment le corps se prépare à exposer à l'esprit l'idée tranquille de l'étendue. Et sans m'engager dans la discussion de l'Hypothèse des Gassendistes ou des Cartésiens, me réservant à les examiner une autre fois sur quelques vues métaphysiques, j'espère, par des preuves de fait, persuader contre ceux-ci, que *les impressions ressemblent parfaitement à leurs objets,* et contre les premiers, que *nous ne voyons véritablement que les parties de notre corps et par ses modifications.*

« Ainsi chacun renferme en soi ce qu'il croit de plus différent de soi, et nous ne distinguerons les êtres étrangers qu'en consultant intérieurement le nôtre, qui devient semblable à ce qu'il connaît [1].

1. Dans son ouvrage ultérieur (*Le progrès de la médecine,* Paris chez Laurent d'Houry, 1709, p. 51), Brunet se prononce également contre la théorie de Leibniz (qu'il entend comme une théorie dualiste, où l'âme et le corps sont « deux automates de divers genres ») ; parce que cette théorie, comme celle des occasionalistes, ne nous apprend « ni par quel concours

Même en physique, où Descartes régnait presque sans partage, Brunet ne veut pas le suivre. Il rejette toutes ses lois du mouvement. « M. Descartes », déclare-t-il dans *Le progrès de la Médecine* de 1709, p. 93, « est le premier qui par son admirable esprit de clarté et de méthode se soit avisé d'inventer des règles du mouvement, mais il a eu le malheur de les faire toutes fausses et le blâme de les avoir opiniâtrement retenues. » La grande loi cartésienne sur la conservation dans l'univers de la même quantité du mouvement lui semble une « prétention ridicule », aussi ridicule « que de vouloir qu'il s'y conserve toujours les mêmes figures en pareil nombre, ces dernières modifications n'étant pas plus accidentelles au corps que le mouvement » (*ibid.*)

Mais c'est surtout en psychologie que Brunet, en proclamant l'activité de l'âme, en prenant pour point de départ l'idée du *moi*, comme créateur de tout ce monde, du « monde imaginaire, se sépare de Descartes et des occasionalistes. Cette idée maîtresse de son œuvre philosophique, que nous avons trouvée dans l'exposé précité du *Journal de Médecine*, et qui assurément se trouvait développée dans le *Projet d'une nouvelle métaphysique*, est encore une fois condensée dans une définition de l'âme qu'il a donnée dans la préface de son écrit de 1709. L'âme ou le moi, dit-il, doit être considérée « comme une lumière d'intelligence et de sentiment, qui s'éclaire intimement elle-même et qui, connaissant par conscience tout ce qu'elle est, tout ce qu'elle opère et tout ce qui se passe en elle, se rend toutes choses intelligibles et sensibles dans les idées et les modifications qu'elle se donne par tous ces actes directs et réfléchis, émanés d'elle vers elle-même, suivant les diverses impressions qui se font dans sa propre essence, toute apercevante et toute aperçue ; s'apercevant à l'infini, en qui seule, comme individuelle, elle borne toutes ses vues et ses désirs, et trouve sa vérité et son bien, parce qu'elle est entièrement semblable à elle seule pour pouvoir s'y représenter absolument, s'y conformer ou s'y identifier, et parfaitement proportionnée pour s'y accommoder, y convenir et s'y

d'intelligences une âme est toujours prête de se produire et d'être infuse dans un corps qui s'engendre, ni comment les pensées s'étendent, se dégagent et s'assurent toutes les fois que les parties organiques se grossissent, se débarrassent et fortifient ; ni par quelle nécessité les figures spirituelles ou idéales et intelligibles s'éclaircissent, s'embrouillent, se rectifient de même que les matérielles... si l'esprit et la matière ne s'entre-communiquent par rien d'essentiel, qui s'identifie en tous les deux ».

complaire uniquement » (*Le progrès de la Médecine*, p. 3).

Brunet lui-même, d'ailleurs, se rendait bien compte de tout ce que ses vues philosophiques avaient d'original. Il va presque jusqu'à s'en excuser à la fin de son premier ouvrage. « J'entrerais avec plaisir », lisons-nous là, « dans le détail de toutes ces choses et je donnerais des explications bien extraordinaires des plus beaux phénomènes de la Nature, si je n'appréhendais, et avec sujet, que tous ces systèmes, qui me paraissent fort plausibles et dont je me crois le premier inventeur, ne soient des productions d'une imagination qui, s'étant lassée à s'agiter et se tourner sans rien trouver de solide, a pris enfin ses propres idées pour seules réalités. Aussi, quoique en plusieurs endroits de ce traité il semble que je parle d'une manière un peu décisive, je ne me fais pas garant de tout ce que j'y ai avancé. On s'échauffe toujours trop sur des questions difficiles, et l'on ne se tient jamais dans les justes bornes : plusieurs opinions que j'ai suivies, aux premières lueurs paraîtront outrées ou ridicules à ceux qui les regarderont de sang-froid. Mais il est du devoir de tout homme qui veut se conduire par sa raison et faire un progrès assuré dans ses études, d'essayer toutes ses forces à rencontrer de l'évidence et de la conviction dans les premiers principes qu'on n'a pas encore assez bien éclaircis.

« Étant donc persuadé que dans ces matières, les plus obscures de toutes, on me pardonnera quelques égarements, sans mépriser ce que j'aurai apporté de vraisemblable, je propose ces conjectures avec toute la docilité d'un Académicien : qu'on les examine, et qu'on m'instruise avec le désintéressement d'un Philosophe » (*Journal de Médecine*, pp. 284-5).

Brunet, nous le voyons, n'appartenait à aucune secte, aucune école, aucune de ces communautés de gens de science, qui s'entr'aident et s'entraînent mutuellement vers le succès et la gloire. Il n'avait garde de lier suffisamment, même en polémique, ses idées si témérairement neuves à celles de son temps. Il débitait ses théories philosophiques au hasard, dans des revues de médecine, qu'il éditait de ses propres soins, sans avoir plus de succès auprès des philosophes que des médecins. Il écrivait d'un style bizarre, lourd et peu soigné ; un style, d'ailleurs, qui se rapproche, comme ses idées, de celui des idéalistes allemands ultérieurs. Ceux qui, parmi ses contemporains furent, en très petit nombre, initiés à ses conceptions philosophiques ne les prenaient pas au sérieux, le

traitaient comme un mauvais plaisant ou comme un fou. Lui-
même, nous l'avons vu, se trouvait presque intimidé en
présence de la nouveauté et la hardiesse de ses idées. On comprend après cela que Claude Brunet, penseur original et autrement considérable que maints épigones figurant en bonne
place dans l'histoire de la philosophie, soit resté complètement inconnu. Tout lui a manqué pour arriver à la gloire,
excepté le génie.

LEWIS ROBINSON.

LES
ANTINOMIES MATHÉMATIQUES DE KANT
ET L'IDÉE DE TEMPS

Les antinomies kantiennes et, en particulier, les antinomies mathématiques ont été l'objet d'un grand nombre d'études, et, cependant, on ne paraît pas avoir remarqué la manière peu correcte dont Kant a posé les questions en jeu. La première antinomie se divise en deux branches, relatives, l'une à la limite du monde dans l'espace, l'autre, au commencement du monde dans le temps. Au contraire, la seconde examine le problème de la divisibilité de la substance dans l'espace[1], mais il n'est point fait mention de la question, tout à fait analogue du devenir dans le Temps ; l'antinomie se réduit ici à une branche unique et la symétrie avec la première est complètement rompue. Pourquoi il en est ainsi, Kant ne l'explique pas. Dans le chapitre intitulé système des Idées cosmologiques[2], où il tente de justifier le nombre des antinomies admises par lui et de prouver qu'il n'en existe pas d'autres, il passe simplement la difficulté sous silence ; pour lui, elle ne paraît pas exister, et il n'éprouve nullement le besoin de se poser pour le devenir la question qu'il a traitée dans la deuxième antinomie en ce qui concerne la matière dans l'espace : le changement se fait-il par addition de modifications

---

1. L'énoncé même de l'antinomie, telle qu'elle est formulée par Kant, n'implique pas qu'il s'agisse de la composition spatiale plutôt que de toute autre, mais la démonstration de l'antithèse, tirée de l'incompatibilité de la simplicité et de l'étendue, impose cette interprétation.

2. *Critique de la Raison Pure.* Trad. Tramesaygues et Pacaud. 3ᵉ éd., p. 377-384.

discrètes ou en vertu d'une progression continue ? La vérité est, d'ailleurs, que son opinion était déjà faite et que, à deux reprises au cours de l'Analytique Transcendentale, il avait nettement conclu en faveur de la continuité du changement. « Puisque tous les phénomènes, dit-il, considérés aussi bien extensivement qu'intensivement, sont des grandeurs continues, la proposition que tout changement (Veränderung) (passage d'une chose d'un état à un autre) est aussi continu, pourrait être prouvée ici facilement et avec une évidence mathématique, si la causalité d'un changement (Veränderung) en général n'était pas en dehors des limites d'une philosophie transcendentale et ne supposait pas des principes empiriques[1] ». La restriction finale contenue dans ce passage ne semble pas avoir arrêté longtemps Kant, car, dès le chapitre des analogies de l'Expérience, qui vient immédiatement après, il s'exprime sous une forme encore plus décidée : « On demande comment une chose passe d'un état a à un autre b. Entre deux moments, il y a toujours un temps, et, entre deux états dans ces moments, il y a toujours une différence qui a une grandeur (car toutes les parties des phénomènes sont toujours à leur tour des grandeurs). Tout passage d'un état à un autre a donc lieu dans un temps contenu entre deux moments dont le premier détermine l'état d'où sort la chose et le second celui où elle arrive. Tous deux forment donc des limites du Temps d'un changement, par conséquent de l'état intermédiaire entre deux états, et ils font partie, comme tels, du changement tout entier. Or tout changement a une cause qui prouve sa causalité dans tout le temps où s'opère ce changement. Cette cause ne produit donc pas son changement tout d'un coup (en une fois ou en un moment), mais dans un temps, de sorte que, tout comme le temps croît d'un moment a jusqu'à son accomplissement en b, de même la grandeur de la réalité (b-a) est produite *par tous les degrés inférieurs* contenus entre le premier et le dernier. Tout changement n'est donc possible que par une action continue de la causalité qui, en tant qu'elle est uniforme, s'appelle un moment. Ces moments ne constituent pas le changement, mais ils le produisent à titre d'effet.

Telle est donc la loi de la continuité de tout changement ; le principe en est que ni le temps ni même le phénomène

____

1. *Ibid.*, p. 198.

dans le temps ne se composent de parties qui soient les plus petites possible et que, pourtant, la chose en changeant d'état, n'arrive à son deuxième état qu'en passant par toutes ces parties, comme par autant d'éléments. Il n'y a aucune différence du réel dans le phénomène, tout comme il n'y a aucune différence dans la grandeur des temps, qui soit la plus petite. Le nouvel état de réalité part du premier où la réalité n'était pas, pour s'accroître en passant par tous les degrés infinis de cette même réalité, entre lesquels les différences sont toutes plus petites qu'entre 0 et a[1]. »

Ainsi donc, pour Kant, la loi de continuité de tout changement est un principe *a priori* de la connaissance que l'on ne peut mettre en doute. Mais on ne voit pas que cette remarque le justifie de n'avoir pas donné place, dans sa Dialectique transcendentale, à une seconde branche de la deuxième antinomie. Il n'admet pas en effet, et c'est comme on le verra plus loin la démonstration de sa première thèse, qu'une série infinie écoulée dans le monde soit possible. Mais alors, l'antinomie du changement est inévitable, car, pour passer d'un état à un autre, la chose qui change doit parcourir les degrés en nombre infini qui séparent les deux états successifs. Kant ne peut pas admettre, d'une part, l'impossibilité de l'infinité *a parte ante* du monde sensible, de l'autre, la possibilité d'intercaler une série sans terme d'états distincts entre deux phénomènes donnés dans la succession empirique ; la seconde hypothèse est plus absurde encore que la première et l'on ne voit pas ce que Kant aurait à répondre au contradicteur qui lui dirait : « Vous avez établi dans votre première antinomie l'impossibilité pour une série infinie de s'épuiser successivement ; j'ai donc le droit de vous dire que tout changement se fait par progression discrète. Mais, d'autre part, vous avez démontré dans l'Analytique transcendentale que le devenir est nécessairement continu. La première proposition est la thèse et la seconde l'antithèse d'une antinomie que vous avez laissée de côté sans motif plausible. » Kant, il est vrai, essayerait peut-être de se retrancher derrière un argument assez bizarre qui se trouve dans ses remarques sur la thèse de la deuxième antinomie et qu'il a lui-même présenté de la manière suivante : « Ce qui n'appartient qu'à l'état d'une substance, bien qu'ayant une quantité (v. g. le chan-

---

1. *Critique de la Raison Pure*, p. 224-225.

PILLON. — Année philos. 1913.   3

gement), ne se compose pas du simple, c'est-à-dire qu'un certain degré de changement ne résulte pas d'une addition de plusieurs changements simples. Notre conclusion du composé au simple ne vaut que des choses subsistant par elles-mêmes[1]. » Cette distinction entre les substances et leurs accidents paraît ici complètement vide de sens et ne fait nullement évanouir le problème, car il n'est pas à supposer que Kant entende restreindre aux substances l'application du principe d'identité et permettre aux accidents de réunir les contradictoires, ce qui serait cependant nécessaire, de son propre aveu, pour rendre possible une série infinie de changements empiriques. D'ailleurs, si la question du commencement du Monde n'est pas, d'après la Critique de la Raison Pure, indigne de la Dialectique, il n'y a vraiment aucune raison d'en exclure celle, non moins irritante, de l'accomplissement du devenir. Substance ou accident, le changement apparaît comme une violation formelle du principe de contradiction et, à ce titre, il ne saurait être passé sous silence. Kant a limité arbitrairement son problème en éliminant la question du continu temporel, et, pour être complet, il aurait dû reconnaître quatre antinomies mathématiques, qu'il aurait formulées ainsi qu'il suit :

PREMIÈRE ANTINOMIE

Thèse : *Le monde a un commencement dans le Temps.*
Antithèse : *Le monde n'a pas de commencement dans le Temps.*

DEUXIÈME ANTINOMIE

Thèse : *Le monde est limité dans l'espace.*
Antithèse : *Le monde n'a pas de limite dans l'espace.*

TROISIÈME ANTINOMIE

Thèse : *Tout changement, dans le monde, se fait par addition d'états discrets.*
Antithèse : *Tout changement, dans le monde, se fait suivant la loi de continuité.*

____

1. *Ibid.*, p. 398.

QUATRIÈME ANTINOMIE

Thèse : *Toute substance composée, dans le monde, se compose de parties simples.*

Antithèse : *Aucune chose composée, dans le monde, n'est formée de parties simples.*

Cette façon de procéder aurait eu l'avantage de soumettre plus complètement à l'examen les problèmes de l'infini et du continu, et, cependant, elle n'a été adoptée, à notre connaissance, dans toute l'histoire de la philosophie, que par Cournot [1]. Le cadre de cet article ne comporte pas l'examen détaillé des quatre antinomies ainsi dégagées, mais seulement de celles inscrites sous les numéros 1 et 3 et qui concernent le commencement du monde dans le temps et la continuité du devenir sensible [2].

Le commencement du monde dans le Temps. — La thèse de la première antinomie est démontrée par Kant en quelques mots : « Si l'on admet, dit-il, que le monde n'ait pas de commencement dans le temps, il y a une éternité écoulée à chaque moment donné, et, par suite, une série infinie d'états successifs des choses dans le monde. Or l'infinité d'une série consiste précisément en ce que cette série ne peut jamais être achevée par une synthèse successive. Donc une série infinie écoulée dans le monde est impossible, partant un commencement du monde est une condition nécessaire de son existence, ce qu'il fallait démontrer [3]. »

Plus loin, dans sa remarque sur la thèse, Kant revient sur

---

1. Cournot. *Traité de l'enchaînement des idées fondamentales* (Ire éd. t. Ier, p. 292-300) et *Matérialisme, Vitalisme, Rationalisme,* (p. 69-86). L'attitude de Cournot devant ces quatre problèmes est assez particulière. Infinitiste plus résolu que Kant, il admet, tout au moins dans la dernière phase de sa philosophie, que le monde est infini dans le temps et dans l'espace et que tout changement se fait par progrès continu, mais il repousse l'infiniment petit dans l'espace et enseigne « qu'il y a un point de départ, un commencement dans la petitesse au point de vue de la structure du monde et de l'échafaudage des phénomènes cosmiques les uns sur les autres ». (*Traité* T. Ier, p. 294 ; *Matérialisme,* etc., p. 75). Ces opinions ont fait l'objet d'une étude complète de la part de Renouvier (*Critique philosophique,* Anc. Série. t. XI, p. 260 et suiv.). Elles sont à rapprocher de celles de Boscowich, qui niait le continu de matière, tout en reconnaissant celui de changement.

2. En outre, il y a lieu de traiter les questions d'Infinité et de Continuité du Temps lui-même indépendamment du changement. L'on verra, par la la suite, que le Temps se distingue nettement de l'Espace à ce point de vue.

3. *Critique de la Raison Pure,* p. 388.

ce sujet pour déclarer : « Le vrai concept transcendental de l'infinité, c'est que la synthèse successive de l'unité dans la mesure d'un quantum ne puisse jamais être achevée (il contient ainsi une multitude, relativement à l'unité donnée qui est plus grande que tout nombre, ce qui est le concept mathématique de l'infini). Il suit de là très certainement qu'il ne peut pas s'être écoulé une éternité d'états réels qui se succèdent les uns aux autres jusqu'à un moment donné (le moment présent) et que, par suite, le monde doit avoir un commencement[1]. »

Après cette démonstration péremptoire, Kant oppose en faveur de l'antithèse, que le monde n'a pas eu de commencement, car autrement, il aurait été précédé d'un temps vide et « dans un temps vide, il n'y a pas de naissance possible de quelque chose, parce qu'aucune partie de ce temps n'a en soi plutôt qu'une autre une condition distinctive de l'existence, plutôt que de la non-existence[2]. » Puis il conclut, non pas en montrant, comme il l'annonce, le paralogisme commun sur lequel reposent les deux propositions opposées, mais en acceptant l'antithèse et en cherchant une conception du monde qui permette d'éviter la contradiction démontrée dans la thèse entre la réalité et l'infinité de la série des phénomènes successifs.

Le point de départ du raisonnement, c'est-à-dire l'impossibilité de l'infinité *a parte ante* du monde réel, n'a pas été sans soulever des objections célèbres de la part de certains philosophes ; en France, notamment, des critiques ont été présentées par M. Couturat, dans sa thèse sur *L'Infini mathématique*[3] et par M. Gaston Milhaud, dans son *Essai sur la certitude logique*[4]. « Pour démontrer que le monde a dû commencer dans le temps, observe M. Couturat[5], Kant s'appuie

---

1. *Ibid.*, p. 392.

2. *Ibid.*, p. 389. Comme on le voit, l'antinomie, suivant la remarque de Renouvier (*Critique de la doctrine de Kant*, p. 29-30), met en balance une proposition basée sur le principe de contradiction et une autre qui s'appuye sur des raisons étrangères à ce principe ; il est cependant impossible de leur accorder une valeur égale et l'on ne peut s'empêcher de conclure avec M. Lechalas (*Étude sur l'Espace et le Temps*, 2ᵉ éd., p. 257) que « pour nous incliner devant une exigence de la Raison, nous ne devons pas attendre d'avoir trouvé la solution d'objections qui n'ont d'autre fondement que des préjugés reposant sur notre sensibilité et notre imagination ».

3. *De l'Infini mathématique*, Paris, Alcan, 1896, 1 vol. gd in-8.

4. *Essai sur les conditions et les limites de la certitude logique*. Paris, Alcan, 2ᵉ éd., 1898, 1 vol. in-12.

5. *De l'Infini mathématique*, p. 572.

sur ce fait que la série des conditions du phénomène présent
(c'est-à-dire des phénomènes passés) est nécessairement successive. Or, « l'infinité d'une série consiste justement en ce
qu'elle ne peut jamais être achevée par une synthèse successive ». Il en conclut, *avec quelque vraisemblance*, qu'une série
infinie écoulée (ou réalisée) est impossible, et, par conséquent, que le monde a eu un commencement..... On aperçoit
maintenant le défaut de l'argumentation de Kant : il consiste à
considérer la synthèse d'une série infinie comme *empirique*, et,
par suite, comme *nécessairement successive*. Or, nous avons suffisamment montré que l'on peut effectuer la synthèse, non pas
empirique, mais rationnelle, d'une série infinie, qu'une telle
synthèse n'est pas nécessairement successive, et que l'on peut
penser dans sa totalité une suite infinie de termes, grâce á la
loi de formation qui les engendre et les résume tous. » Nous
avouons ne pas saisir très bien cette critique, qui nous semble
déplacer complètement la question. Kant, à la différence des
néo-criticistes français, ne nie pas *a priori* l'impossibilité des
infinis en général, et il s'en explique même avec une netteté
parfaite dans sa remarque sur la thèse de la première antinomie [1] : mais il prétend, et M Couturat est le premier à l'en
approuver, qu'une série empirique successive ne peut pas
être infinie et réelle à la fois. A quoi, le contradicteur se
borne à répondre que la difficulté sera levée en envisageant
une série rationnelle et par conséquent simultanée ; mais
cette réponse laisse sans solution le problème dont il s'agit ;
ce que Kant recherche, c'est uniquement de savoir si, oui ou
non, le monde a passé, pour arriver à son état actuel, par
une série infinie d'états distincts et cependant tous réels. Or,
cette série est, quoi qu'on en dise, nécessairement empirique,
puisqu'il s'agit de faits historiques, et nécessairement successive, puisqu'ils se sont déroulés dans le temps. Le défaut de
l'argumentation de Kant, s'il existait, consisterait à avoir
supposé que le temps est une succession et que le passé *a
précédé* le présent ; mais ce défaut est l'énoncé même du problème, si l'on veut bien le poser sans idées préconçues, et,

1. *Critique de la Raison pure*, p. 390. Dans ce passage, Kant, combat la
théorie finitiste « qu'aucun nombre n'est le plus grand, donc qu'une grandeur infinie donnée est impossible, et par suite aussi un monde infini » ;
il y voit « une conception vicieuse de l'infinité d'une grandeur donnée... qui
ne s'accorde pas avec ce que l'on entend par un tout infini ». Cette remarque
fait saisir immédiatement combien sa pensée est loin de celle de Renouvier.

pour réfuter la thèse, M. Couturat est amené à supposer une synthèse rationnelle simultanée de l'histoire du monde, où il est impossible de ne pas voir une contradiction.

De son côté, M. Milhaud a contesté qu'un monde sans commencement fût inintelligible. Il a attaqué la solution néo-criticiste des antinomies sans marquer la différence qui existe à ce sujet entre Kant et ses disciples français et qui résulte du passage que nous avons cité tout à l'heure. Quoi qu'il en soit, il commence par poser en principe que « dans la formation des nombres abstraits par l'esprit, chacun a pour définition d'être un symbole succédant au dernier auquel l'esprit s'est arrêté et précédant celui qui suivra. D'après cette définition même, la création d'un nombre nouveau n'implique jamais aucune impossibilité, il ne saurait donc exister un nombre plus grand que tout nombre assignable, en d'autres termes, un nombre infini. Qui dit nombre dit nombre fini, ou plutôt ces deux mots réunis ne signifient rien de plus que le premier tout seul[1]. » M. Milhaud n'a pas de peine à établir ensuite que le passé n'est pas la somme d'un nombre infini d'événements, mais il refuse d'en déduire que le monde ait commencé[2]; cette conclusion, dit-il, n'est pas la conséquence rigoureuse de ce qui précède, car il peut se faire que le monde n'ait pas de nombre, ou, en d'autres termes, puisque la série des nombres abstraits est interminable, que celle des phénomènes concrets se continue indéfiniment dans un parallélisme parfait avec la première[3]. Tout nombre est évidemment fini, mais, si la série des états passés du monde n'est pas un nombre, elle échappe également et du même coup à la loi de la limite. « Les hommes vivant à la surface du globe, remarque-t-il encore, forment une collection que nous pouvons bien appeler nombre; chacun d'eux est donné et leur ensemble l'est aussi, car l'épaisseur d'espace qui les contient nous est connue. Mais les hommes vivant actuellement *n'importe où dans l'espace* vont-ils former une collection donnée identique au nombre? Chacun d'eux est donné, dans ce sens qu'il existe et qu'il est distinct, cela est clair, mais leur ensemble n'est-il pas une chimère?... Qu'on y réfléchisse, le tout n'est pas donné, les parties seules sont définies. Il ne suffit pas de

1. *Essai*, p. 168.
2. *Ibid.*, p. 169.
3. *Ibid.*, p. 171.

déclarer que toute collection d'objets est un nombre, nous demandons pourquoi au nom du principe de contradiction, bien entendu, dès qu'une partie quelconque est donnée, il y a collection, et il faut bien avouer qu'on ne nous répond pas [1]. » La conclusion du raisonnement est formulée par M. Milhaud lui-même dans les termes suivants : « En dehors des cas où un ensemble est donné, ainsi que ses parties, le principe de contradiction ne nous empêche pas d'envisager et de définir des individus sans concevoir leur ensemble ou de considérer un tout décomposable en éléments sans concevoir un nombre déterminé dont il soit la somme ;... c'est donc à tort que le néo-criticisme a cru pouvoir résoudre les antinomies de Kant au nom du principe de contradictions ; l'antithèse n'est pas contradictoire [2]. »

Cette argumentation subtile nous laisse à son tour incrédule. M. Milhaud a beau dissocier les idées de collection et de nombre, de pluralité et de totalité, il ne parvient pas à éviter la contradiction ; la somme des abstraits et celle des concrets peuvent, à ses yeux, se poursuivre parallèlement, c'est-à-dire, qu'à chaque terme de l'une des séries doit correspondre un terme, et un seul de l'autre. Comment dès lors, cette condition pourrait-elle être remplie quand il s'agit de deux séries, celle des nombres abstraits et celle des événements passés, dans la définition desquelles il entre, pour la première, que ses termes ne peuvent jamais être réalisés tous en même temps, et, pour la seconde, que tous les siens sont également et actuellement réels. Le parallélisme prétendu est une simple métaphore et le raisonnement aboutit à nier à la fin ce qu'il accorde au début. Et puis, admettons même pour un instant la possibilité de concevoir dans le réel des séries indéfiniment ouvertes, le problème du premier commencement en sera-t-il rendu plus intelligible ? Nous ne le voyons pas le moins du monde ; l'argumentation de Kant, encore une fois, malgré une analogie apparente, n'est pas une simple application de la loi du nombre de Renouvier, et, à supposer que l'infini actuel puisse exister, l'antithèse de la première antinomie se heurterait toujours à la même objection capitale : une série infinie de termes ne peut, sans contradiction, s'épuiser successivement. Si M. Milhaud avait raison, il devrait être possible,

1. *Ibid.*, p. 177-178.
2. *Ibid.*, p. 197-198.

d'établir comme il le prétend, une correspondance rigoureuse entre la série infinie des nombres et celle des événements actuellement écoulés ; or cette correspondance n'existe pas. Supposons en effet que l'on désigne le moment présent par 1, le précédent par 2, puis par 3, puis par 4, et ainsi de suite en remontant ; comme la série des nombres est inépuisable et qu'à chacun correspond un événement historique réel, il y aura nécessairement des évènements tels que a, b, c .. n, auxquels il sera impossible d'arriver par régression successive, la totalisation des antécédents demeurant toujours inachevée ; et cependant, puisqu'il s'agit d'états antérieurs du monde et que le présent n'est rien de plus que l'aboutissement du passé, le monde a dû nécessairement, en partant de a, de b, ou de tout autre terme quelconque, parvenir à son état actuel ; l'intervalle, qui est infranchissable dans un sens, s'épuise dans l'autre, on ne va pas de 1 à a, mais on va de a à 1, c'est-à-dire que la série des nombres n'est pas apte à représenter correctement la succession des événements antérieurs et que le vice de l'argument de M. Milhaud apparaît en pleine lumière.

Le raisonnement de Kant conserve ainsi toute sa rigueur, et, cependant, il a lui-même refusé de conclure en faveur du finitisme et a cru qu'il suffisait pour conserver la possibilité d'un regressus in indefinitum des phénomènes de nier la réalité du monde et de reprendre la théorie de l'Idéalisme transcendental déjà exposée dans la première partie de la Critique. C'est à un *Infinitisme idéaliste* qu'il aboutit ainsi, comme devait le faire après lui Schopenhauer, dont la filiation kantienne est sur ce point incontestable. « Les objets de l'expérience, enseigne Kant, ne sont jamais donnés en eux-mêmes, mais seulement dans l'expérience, et ils n'ont aucune existence en dehors d'elle... Avant la perception, nommer un phénomène une chose réelle, ou cela signifie que, dans le progrès de l'expérience, nous pourrons arriver à une telle perception, ou cela n'a pas de signification... les choses réelles du temps passé ne sont des objets pour moi et elles ne sont réelles dans le temps passé qu'en tant que je me représente qu'une série régressive de perceptions possibles (soit suivant le fil de l'histoire, soit suivant la trame des causes et des effets), en vertu de lois empiriques, ou qu'en un mot le cours du monde conduit à une série de temps écoulé, comme à la condition du temps présent. Cette série n'est cependant représentée comme réelle que dans l'enchaînement d'une expérience possible et non en soi, de telle sorte que tous les événements écoulés depuis un temps inconcevable, antérieurement à mon existence, ne signifient pas autre chose que la possibilité de prolonger la chaîne de l'expérience, *en remontant de la perception présente jusqu'aux conditions qui la déterminent dans le temps.* [1] » Schopenhauer n'est pas moins formel : « L'infinité des séries, affirmée par l'antithèse... ne peut être réelle que si l'on opère le regressus, indépendamment de quoi cette infinité n'existe point. Car. si, d'une manière générale, l'objet suppose le sujet, il va de soi qu'un objet se composant d'une chaîne infinie de conditions suppose dans le sujet un mode de connaissance correspondant, c'est-à-dire un dénombrement infini des anneaux de cette chaîne. Or, c'est précisément là ce que Kant nous dit et répète si souvent pour résoudre le conflit : l'infinie grandeur du monde n'existe que par le regressus et non antérieurement à lui... Celui-là ne se comprend pas lui-même, qui s'imagine concevoir l'infini comme une chose objectivement réelle et donnée, indépendamment de tout regressus [2] ». La pensée de ces philosophes est très facile à saisir. Comme M. Milhaud, ils transforment la série écoulée des états cosmiques en une suite de termes que nous alignons à mesure que nous remontons du moment présent dans l'histoire, et cette suite est infiniment ouverte, puisqu'elle se moule sur celle des nombres abstraits ; l'origine du monde se trouve ainsi reportée à l'infini, mais, comme le passé n'existe, pour l'Idéalisme transcendental, qu'en tant que l'esprit l'évoque, Kant et Schopenhauer échappent à l'argument que nous avons opposé à M. Milhaud. On ne peut leur objecter que le monde a franchi l'intervalle qu'ils supposent infranchissable, puisque le monde n'est rien en dehors de la conscience que nous en prenons et que le regressus est, en réalité, un progressus qui revêt l'apparence contraire par une illusion fondamentale engendrée elle-même par la forme de notre sensibilité.

Est-ce à dire que cette doctrine nous satisfasse ? En aucune façon ; plus insidieuse que celle des réalistes, elle est cependant basée sur une interprétation inexacte des principes idéalistes. On a beau réduire le monde à l'ensemble de nos représenta-

---

1. *Critique sur la Raison Pure*, p. 430, 431 et 432.

2. *Le Monde comme volonté et comme représentation*. Trad. Burdeau, t. 2, p. 99-100.

tions, ou mieux à l'ensemble des représentations des êtres
conscients, on n'enlève pas ainsi toute réalité aux phénomènes ;
c'est ce que le philosophe russe African Spir a montré en
excellents termes : « Pour Kant, remarque-t-il, le mot phénomène était synonyme du mot idée; aussi regardait-il les phénomènes comme de fausses représentations des choses en soi,
des idées de ces dernières qui ne s'accordaient pas avec leur
essence. Mais cette théorie est inadmissible. En effet, le monde
de l'expérience ne consiste pas seulement en idées, il contient
aussi des objets. Au phénomène ne correspond pas seulement
un sujet, mais aussi un objet ;... j'ai montré que la nature de
l'idée elle-même garantit l'existence d'un objet qui lui correspond, qu'en fait, *nos impressions sensibles, nos sentiments, doivent
être considérés comme des objets réels, différents de leurs idées,
bien qu'ils ne soient pas des choses en soi, des objets inconditionn-
nés ou des substances*... Kant explique comme une pure forme
subjective de l'intuition la succession, le changement des
phénomènes et cherche en même temps dans la nature du sujet
connaissant la raison de la relativité des phénomènes, de leur
liaison suivant des lois... Mais ces opinions de Kant... ne sont
pas soutenables. La relativité essentielle des phénomènes, aussi
bien que leurs successions, sont indubitablement des faits
objectifs. S'il y a là quelque chose d'étranger à l'être des choses
en soi, cet élément étranger est dans les objets donnés eux-
mêmes et non dans la connaissance seulement que nous en
avons[1]. On aurait pu croire que Kant, qui attribuait une si
grande importance à la distinction de la chose en soi et du
phénomène, avait compris clairement ce qu'il entendait par
phénomène et quelle réalité il attribuait au Monde des phénomènes. Mais il n'en est rien. Partout il entend par phénomènes
de simples idées, mais sans distinguer ces deux choses si hété-
rogènes : « être une idée », et « être simplement représenté »
ou « exister simplement dans les idées ». *Il n'a pas distingué
l'idée elle-même, comme fait objectif, de ce qui est représenté en
elle.* Il ne reconnut donc que deux sortes de choses : 1° la chose
en soi, tout à fait indépendante de l'idée, et 2° des objets qui
n'existent que dans l'idée et qui n'ont pas d'existence objective.
Il ne comprit pas que, outre les choses en soi et les choses pour
nous, qui existent dans la seule idée, il y a encore une troisième sorte de choses, distinctes des autres, qui existent réel-

---

1. Spir. *Pensée et Réalité*, trad. Penjon. Lille et Paris, 1896, p. 234-235.

lement, et non, cependant, comme choses en soi, à savoir *nous, le sujet connaissant, nos idées*[1]. » Si l'on applique cette théorie au problème du Temps et de la succession, que Spir traite, d'ailleurs, expressément, l'explication de Kant et de Schopenhauer apparaît comme inadmissible. Les représentations existent à titre de faits, quelle que soit la valeur qu'on attribue à leurs objets vrais ou faux ; elles se succèdent dans la conscience, et, fussent-elles trompeuses, comme dans le cas des rêves ou des hallucinations, elles sont et déroulent dans le temps la série de leur apparition. Dès lors, il n'est pas vrai de dire que le regressus, lorsque nous remontons la chaîne des antécédents, crée les phénomènes au fur et à mesure que nous les évoquons ; si je pars du moment actuel, je commencerai par reparcourir mes états de conscience antérieurs jusqu'à ma naissance, dans la mesure où ma mémoire me les présente et les faits historiques qui en ont été contemporains ; cette série est nécessairement finie, puisqu'elle commence avec moi ; je ne la crée pas, je la reproduis une seconde fois, ce qui n'est pas du tout la même chose ; en remontant, je retrouverai les phénomènes qui ont été perçus par les générations antérieures, et ceux-là sont aussi en nombre déterminé ; les esprits qui les ont connus sont ou ont été réels et distincts, au moins en tant que sujets de conscience ; ils sont donc finis en nombre et il faut de toute nécessité que j'arrive à un premier d'entre eux. Et avant, dira-t-on ? Mais avant ne signifie plus rien ici ; si le monde n'est autre chose que l'ensemble des représentations, il commence avec l'éveil de la conscience, et, antérieurement, il n'existait pas à titre de réalité. Ce que Kant et Schopenhauer imaginent, c'est que le premier être connaissant, dont la connaissance précisément, vient, en s'épanouissant, d'engendrer le monde sensible, s'il réfléchit sur lui-même, ou si nous réfléchissons sur lui, s'apparaît ou nous apparaît comme précédé par un monde matériel, monde fictif et purement subjectif, auquel nulle conscience n'a jamais servi de support et qui est engendré par l'objectivation des concepts de matière et de devenir physique. Mais cette affirmation est manifestement une erreur. L'idéalisme, s'il veut rester conséquent avec lui-même, n'est nullement tenu d'admettre que les corps, la matière et le mouvement, le monde extérieur, en un mot, ne soient rien ; il lui

---

1. *Ibid.*, p. 166.

est toujours loisible de croire, sans contradiction, qu'à chaque
état du monde correspond un état de conscience, que le fondement des sensations et de l'espace où elles se rangent est un
ensemble de monades psychiques, que, par suite, la conscience,
encore qu'obscure ou dégradée, est coextensive à la réalité et
forme un univers spirituel qui ne peut pas être infini dans le
temps; Kant et son disciple réduisent la perception à une
pure fantasmagorie et supposent une chronologie fantaisiste
où, à un moment donné, le monde de la Conscience vient se
superposer à celui de la simple apparence et du Nihilisme
cosmique qui existait ou, mieux encore, qui nous paraît aujourd'hui avoir seul existé jusque-là. Espèrent-ils donc échapper ainsi à la difficulté? Croient-ils sérieusement que l'on ne
fera pas de différence entre ces deux époques, et qu'on ne
placera pas avec raison le premier et réel commencement des
choses à l'heure où la conscience est apparue pour la première
fois. Si je rêve aujourd'hui que j'existais déjà au temps de
Louis XIV ou de Charlemagne et si je crois me rémémorer ce
que j'aurais vu à leur Cour, est-ce que j'assimilerai, à mon
réveil, ces pseudo-souvenirs à la mémoire sincère que j'ai
gardée des événements de ma réelle enfance, pour leur attribuer la même valeur, et faire entrer cette existence apparente
dans la durée de mon moi ; ou bien au contraire, est-ce que
je n'y verrai pas une simple illusion? Est-ce que je ne conti-
nuerai pas à dire : j'ai commencé de vivre au xix⁰ siècle, au jour
où je suis né? Ce qui est singulier, c'est que Schopenhauer a
aperçu la difficulté; dans un passage de son grand ouvrage, il
s'objecte à lui-même que « la matière primitive a dû subir une
longue série de transformations avant que le premier œil ait
pu s'ouvrir. Pourtant, c'est bien de ce premier œil une fois
ouvert (fût-ce celui d'un insecte) que tout l'univers tient sa
réalité; cet œil était en effet l'intermédiaire indispensable de
la connaissance pour laquelle et dans laquelle seule le monde
existe, sans laquelle même il est impossible de le concevoir;
nous voyons donc que, d'une part, l'existence du monde
entier dépend *du premier être pensant*, quelque imparfait
qu'ait été cet être; d'autre part, il n'est pas moins évident
que ce premier animal suppose nécessairement avant lui
une longue chaîne de causes et d'effets dont il forme lui-
même un petit anneau. Ces deux résultats contradictoires,
auxquels nous sommes forcément amenés, pourraient être
regardés comme une antinomie de notre faculté de con-

naître[1] ». Après avoir ainsi exposé la contradiction, Schopenhauer, se hâte d'appeler à son aide la Volonté nouménale dont l'existence inconsciente et intemporelle est chargée d'expliquer la conscience et la succession, ce qui est proprement ajouter un problème inintelligible à une difficulté insoluble, mais il laisse, en passant, échapper cet aveu : *Le monde comme représentation, le seul qui nous occupe ici, n'existe, à proprement parler, que du jour où s'ouvre le premier œil*[2]. Comme le monde phénoménal est aussi le seul dont on puisse raisonnablement se demander s'il a commencé ou non, puisqu'il est le seul qui ait rapport au temps, Schopenhauer malgré ses préventions, tranchait au fond l'antinomie en faveur de la thèse.

La conclusion est en effet inévitable ; dès l'instant où, avec Spir, on reconnaît l'impossibilité du point de vue purement nihiliste en cosmologie, on retombe forcément sous le coup de la formule de Kant : l'existence même du présent implique un commencement du monde.

La continuité du devenir. — L'antinomie du devenir, que Kant n'a pas traitée, mais qu'il aurait dû logiquement examiner, se résout dans le même sens que la précédente et par le même argument: si, pour passer d'un état a à un état b, ce qui change doit parcourir une infinité de termes, b n'arrivera jamais à l'existence, la série des intermédiaires étant inépuisable par définition. Cette conclusion ne pourrait être critiquée que par ceux qui refusent d'identifier les notions de continuité ou d'ensemble non dénombrable et d'infinité proprement dite ou dénombrable, mais la distinction qu'ils proposent est évidemment illusoire, et, si la continuité est plus que la simple divisibilité à l'infini, elle la comprend, en tous cas, à titre d'attribut nécessaire, en sorte que l'impossibilité de l'infini entraîne celle du continu ; suivant la remarque pénétrante d'un philosophe contemporain « un ensemble non dénombrable se compose forcément d'un ensemble infini dénombrable plus quelque chose : la première partie étant impossible, le tout l'est forcément[3] ».

Pourquoi Kant a-t-il refusé de se rendre à ce raisonnement si clair ; pourquoi même a-t-il négligé l'antinomie du changement? La véritable raison est sans doute qu'il sentait l'impos-

---

1. *Le monde*, etc., trad. Burdeau, t. Ier, p. 32 et 33.
2. *Ibid.*, p. 33.
3. Lechalas. *Étude sur l'espace et le temps*, 2e éd., p. 239.

sibilité de la résoudre par sa théorie de l'Idéalisme transcendental, qui est en effet radicalement impuissante à fournir ici jusqu'à l'apparence d'une solution. Que l'on prenne comme sujet du changement un simple phénomène de conscience, par exemple, la perception d'un papier photographique qui noircit au soleil ; si cette perception doit se faire par une suite infinie d'états distincts, elle ne parviendra jamais à se réaliser ; le moi ne peut pas plus totaliser successivement une continuité subjective que le Monde une continuité objective et l'appel à l'illusionisme ne peut être d'aucun secours. Renouvier l'a bien compris, et, dans une note curieuse de son étude sur la perception et la force qui fait suite au Personnalisme, il marque nettement la difficulté : « Il est remarquable, dit-il, que l'imagination de la continuité, inhérente à la représentation géométrique (divisibilité indéfinie de l'étendue linéaire) et qui se transporte si aisément de l'étendue au temps à la faveur de la mesure que l'espace prête au temps, nous permette le concept de la continuité et de l'infinité des moments du temps à venir et des moments du temps passé, mais que nous ne trouvions pas la même facilité à placer ce concept entre deux moments de notre conscience discursive. Nous éprouvons, au contraire, une résistance invincible de notre pensée à la supposition que des événements successifs *sans nombre* puissent trouver place dans l'intervalle qui sépare deux de nos perceptions[1] ». La raison, peut-on ajouter, est facile à comprendre : l'espace dès qu'on en fait la simple forme de la sensibilité, n'a plus qu'une existence purement apparente où le tout, c'est-à-dire le continu, peut exister sans ses éléments ; par un paralogisme assez habile, Kant et Schopenhauer en disent autant du passé ; mais, quand il s'agit de notre conscience propre, la contradiction frappe à la fois l'objet et le sujet de la pensée, le phénomène en tant que réalité empirique, d'où résulte l'impossibilité du devenir continu.

Les successeurs allemands de Kant n'ont pas négligé la question, et ils ont eu recours, pour la résoudre, à une distinction intéressante, au moins au point de vue de l'histoire des doctrines ; Fichte et Schelling, pour expliquer l'existence du continu de changement auquel, depuis l'École éléatique, on a coutume d'opposer l'impossibilité de terminer l'interminable, se retranchent derrière l'antagonisme de deux facultés

---

1. *Le Personnalisme*, p. 454.

distinctes de connaissance ; le changement, d'après eux, est discret en apparence pour la réflexion, mais il est continu en réalité pour la perception ou pour l'intuition. « Le moi réel, actif et sentant, dit Fichte, décrit, en agissant, une ligne continue où il n'y a ni arrêt ni rien de semblable, où l'on passe insensiblement d'un contraire à l'autre. Le moi réfléchissant embrasse arbitrairement telles ou telles parties de cette ligne progressive et en fait des moments isolés. De là naît pour nous une série composée de points situés à l'extérieur les uns des autres. La réflexion marche, en quelque sorte, par secousses discrètes ; la perception est continue[1]. » De son côté, Schelling enseigne : « L'infini empirique est un devenir infini. La série originairement infinie (l'Idéal de toutes les séries infinies) est celle où notre infinité intellectuelle se déroule : le Temps. L'activité qui soutient cette série est la même qui soutient notre conscience, mais la conscience est continue ; le Temps, comme évolution de cette activité, ne peut être le produit d'une synthèse de parties. Puisque toutes les autres séries infinies sont des imitations de la série originairement infinie, c'est-à-dire du Temps, une série infinie ne peut être que continue. Ce qui arrête le cours de l'évolution (ce sans quoi elle aurait lieu avec une rapidité infinie), n'est autre que la réflexion originaire. La continuité absolue n'existe donc que pour l'intuition et non pour la réflexion. Intuition et réflexion sont opposées l'une à l'autre ; la série infinie est continue pour l'intuition productive, mais discrète et synthétique pour la réflexion. Cette contradiction entre l'intuition et la réflexion sert de base à ces sophismes par lesquels on conteste la possibilité du mouvement et que l'intuition productive résout à chaque instant. En opposant ainsi la réflexion et la productivité de l'intuition, nous n'avons visé qu'à déduire un principe, à savoir qu'il y a continuité absolue dans toute productivité et seulement en elle... Au point de vue de la Réflexion, au contraire, tout, dans la Nature, doit paraître discret, discontinu et simplement juxtaposé[2] ».

Ces opinions de Fichte et de Schelling ont été, de nos jours, reprises et développées en France par M. Bergson, qui, à son

1. Fichte. *Système de la Morale* (1798). A. W. éd. Medicus, t. 2, p. 493-494.

2. Schelling. *Introduction à l'Esquisse d'un système de philosophie de la Nature* (1799). A. W. éd. O. Weiss, t. Ier, p. 695-698.

tour, a soutenu la possibilité de concilier la continuité et la discontinuité du changement en attribuant la première à l'intuition, la seconde à l'intelligence, et en subordonnant comme le faisaient déjà ses précurseurs allemands, celle-ci à celle-là. Malgré le succès obtenu par cette solution auprès d'un grand nombre de personnes, elle n'apparaît nullement comme sans défauts ; il ne suffit pas ici en effet de montrer que l'expérience interne peut offrir des objets dont l'intelligence ne rend pas complètement compte, thèse qui serait parfaitement acceptable ; il faut encore admettre, ce qui est singulièrement plus scabreux, que l'intuition nous présente comme existant réellement des êtres ou des états dont l'intelligence a démontré l'impossibilité parce qu'ils sont contradictoires. C'est une philosophie aussi anti-intellectualiste que possible qui se trouve proposée à notre assentiment, et, pour être conséquente, elle devrait se résumer dans des affirmations au lieu de se démontrer dans des raisonnements qui s'appuyent sur l'intelligence au moment même où l'on prétend en infirmer d'avance les conclusions [1]. Mais, en réalité, il ne faut pas être trop dupe des déclarations des philosophes, qui valent, en pareille matière, exactement autant que celles des théologiens ; les uns posent l'infériorité de la Raison par rapport à la Foi, les autres, celle de l'Intelligence par rapport à l'intuition ; mais, ensuite, tous s'empressent à l'envi d'oublier leur principe et d'écrire des volumes pour établir que leurs opinions ne sont pas, au fond, contraires à la Logique ; Bayle l'avait déjà remarqué et en concluait que même aux yeux de l'Église « tout dogme qui n'est point homologué, pour ainsi dire, vérifié et enregistré au Parlement suprême de la Raison ne peut être que d'une autorité chancelante et fragile comme le verre [2] ».

Il ne faut donc pas s'étonner de voir M. Bergson aborder les problèmes philosophiques par la seule méthode qui leur convienne, c'est-à-dire par l'analyse rationnelle et c'est sur ce terrain également que doit porter la critique. A ce sujet, le Bergsonisme, non seulement ne résout pas le problème du continu, mais encore, quand il l'envisage de près, paraît amené à se contredire. D'une part il affirme que l'intuition

<hr>

1. Voir à ce sujet l'ouvrage de M. René Berthelot : *Un romantisme utilitaire. Le Pragmatisme chez Bergson* (Alcan, 1913), p. 318-319.

2. *Commentaire philosophique* (éd. de 1713), t. I, p. 140.

nous montre le Moi dans son devenir continu, au sens rigoureux du mot. « Il n'y a pas de différence essentielle entre passer d'un état à un autre et persister dans le même état. Si l'état qui reste le même est plus varié qu'on ne le croit, inversement, le passage d'un état à un autre ressemble plus qu'on ne se l'imagine à un même état qui se prolonge : *La transition est continue*. Mais précisément parce que nous fermons les yeux sur l'incessante variation de chaque état psychologique, nous sommes obligés, *quand la variation est devenue si considérable qu'elle s'impose à notre attention, de parler comme si un nouvel état s'était juxtaposé au précédent*. De celui-ci, nous supposons qu'il demeure invariable à son tour, et ainsi de suite indéfiniment. *L'apparente discontinuité de la vie psychologique tient donc à ce que notre attention se fixe sur elle par une série d'actes discontinus* [1]. Il est vrai que notre vie psychologique est pleine d'imprévu. Mille incidents surgissent, qui semblent trancher sur ce qui les précède, ne point se rattacher à ce qui les suit ; mais la discontinuité de leurs apparitions se détache sur la continuité d'un fond où ils se dessinent et auquel ils doivent les intervalles mêmes qui les séparent. Des états ainsi définis, on peut dire qu'ils ne sont pas des éléments distincts ; *ils se continuent les uns les autres en un écoulement sans fin* [2]. De même, on lit dans la thèse sur les Données immédiates de la Conscience : « Le moi intérieur, celui qui sent et se passionne, celui qui délibère et se décide, est une force dont les états et modifications se pénètrent intimement et subissent une altération dès qu'on les sépare les uns des autres pour les dérouler dans l'Espace. Mais, comme le moi plus profond ne fait qu'une seule et même personne avec le moi superficiel, ils paraissent nécessairement durer de la même manière. Et, comme la représentation constante d'un phénomène objectif identique qui se répète découpe notre vie psychique superficielle en parties extérieures les unes aux autres, les moments ainsi déterminés déterminent, à leur tour, des segments distincts dans le progrès dynamique et indivisé de nos états de conscience plus personnels. Petit à petit, nos sensations se détachent les unes des

---

1. On remarquera la similitude de cette explication et de celle de Fichte donnée plus haut. Ce n'est pas sans raison que certains critiques et notamment M. Berthelot ont rattaché la philosophie de M. Bergson à l'influence de l'Absolutisme allemand.

2. *L'Évolution créatrice*, 2ᵉ éd., p. 3.

autres[1] ». Après des déclarations aussi nettes en faveur de la continuité des phénomènes psychiques, on est étonné de trouver chez le même auteur une opinion diamétralement opposée. Dans son ouvrage intitulé Matière et Mémoire, M. Bergson explique la subjectivité des qualités secondes en supposant que la Conscience contracte les ébranlements élémentaires existant au sein de la Nature, et il écrit : « La durée vécue par notre conscience est une durée au rythme déterminé, bien différente de ce Temps dont parle le Physicien et qui peut emmagasiner, dans un intervalle donné, un nombre aussi grand qu'on voudra de phénomènes. Le plus petit intervalle de Temps vide, dont nous ayons conscience est égal, d'après Exner à deux millièmes de seconde..... Dans notre durée, celle que notre conscience perçoit, *un intervalle donné ne peut contenir qu'un nombre limité de phénomènes conscients*. Concevons-nous que ce contenu augmente, et, quand nous parlons d'un temps indéfiniment divisible, est-ce bien à cette durée que nous pensons? Tant qu'il s'agit d'espace, on peut pousser la division aussi loin qu'on veut. Mais il en est tout autrement de la durée. Les parties de notre durée coïncident avec les moments successifs de l'acte qui les divise ; autant nous y fixons d'instants, autant elle a de parties ; *et si notre conscience ne peut démêler dans un intervalle qu'un nombre déterminé d'actes élémentaires, si elle arrête quelque part la division, là s'arrête aussi la divisibilité. En vain notre imagination s'efforce de passer outre, de diviser les dernières parties à leur tour, et d'activer, en quelque sorte, la circulation de nos phénomènes intérieurs ; le même effort, par lequel nous voudrions pousser plus loin la division de notre durée, allongerait cette durée d'autant*[2]. » Il est impossible, à notre avis, de nier la contradiction qui existe entre cette théorie et celle de l'Essai ou de l'Evolution créatrice ; si nous avions l'intuition d'un devenir continu, nous ne manquerions jamais d'intervalle pour y situer les changements, quelque nombreux qu'on les suppose ; la continuité impliquant, comme on l'a vu, la divisibilité, et s'il s'agit de changements réels, la division actuelle à l'infini, supposer des phénomènes trop nombreux pour la Conscience, c'est nier la Continuité du devenir conscient[3] ; c'est précisément

---

1. *Essai sur les Données immédiates de la Conscience.* 1re éd., p. 94-95.

2. *Matière et Mémoire.* 1re éd., p. 229-230.

3. Pour échapper à cette objection, M. Berthelot, cependant peu favorable, en général, aux opinions bergsoniennes, a proposé de reconnaître un

ce que fait M. Bergson, avec raison, selon nous, mais c'est aussi ce que ses affirmations habituelles lui interdisaient de faire ; la Logique reprend ici ses droits et la philosophie anti-intellectualiste est obligée de se rendre à la contradiction. Aussi bien, en dehors de l'objection générale que l'on peut adresser à tous les partisans du continu réel de durée, M. Bergson se trouve-t-il aux prises avec une difficulté propre à son système et qui aurait dû lui rendre cette doctrine encore plus suspecte : d'après l'Essai sur les données immédiates, les changements internes sont purement qualitatifs, et, d'autre part, la qualité ne comporte pas de degrés ; entre deux qualités quelconques, il y a hétérogéinité de nature et non de quantité seulement ; cette théorie, qui n'est d'ailleurs pas nouvelle et a été présentée pour la première fois, à notre connaissance, par M. Pillon[1], occupe une place fondamentale dans la philosophie bergsonienne dont elle forme en quelque sorte la clef de voûte ; elle est cependant incompatible avec celle de la Conscience continue : quand on dit que les états psychiques se modifient insensiblement et que, au bout d'un certain temps, leur différence est devenue si considérable qu'elle s'impose à notre attention (ce qui est la propre expression de M. Bergson), on conçoit forcément une variation d'intensité qui progresse par quantités croissantes à la façon d'un mobile qui s'éloigne du point d'origine du mouvement, car, autrement, les états seraient immédiatement distincts et ne le deviendraient pas ; la continuité suppose à la fois une différenciation infinie et une différenciation progressive, ou, en d'autres termes, une échelle des changements qualitatifs que le Bergsonisme ne saurait admettre sans contradiction[2].

continu non mathématique qui ne supposerait pas la divisibilité infinie (*op. cit.*, p. 353-354) ; mais la nature de ce concept ambigu, auquel on laisse le nom de Continu tout en lui en refusant les propriétés essentielles, nous échappe quelque peu. D'ailleurs M. Bergson ne souscrirait évidemment pas à cette transaction, car il entend maintenir l'infinité rigoureuse du changement ; les passages de l'Essai et de l'Evolution Créatrice cités plus haut et la discussion des arguments éléatiques, où il se rencontre avec Schelling, ne laissent aucun doute à ce sujet. M. Benda, dans son court, mais très intéressant ouvrage, *le Bergsonisme ou une philosophie de la Mobilité,* nous paraît avoir fort nettement exposé la question de la Continuité du Moi et en avoir fait une critique décisive (3ᵉ éd., p. 82 et suiv.).

1. *Critique philosophique* (Anc. série), t. XX, p. 42 ; t. XIX, p. 388 ; t. XXIV, p. 18.

2. Kant, logicien plus rigoureux, reconnaissait, en même temps que la

Ainsi, malgré toutes les tentatives faites pour lever la difficulté, celle-ci reparaît toujours ; l'antinomie du changement, comme celle du commencement du monde, se résout par l'affirmation de la thèse et il faut bien accorder en fin de compte, à Renouvier que « des évènements successifs sans nombre ne peuvent trouver place dans l'intervalle qui sépare deux de nos perceptions ».

L'Idée de Temps. — Nous sommes arrivés, par la discussion des antinomies de Kant, correctement développées, à deux conclusions positives : Le Monde a eu un commencement ; le changement est discontinu par essence. Ces propositions ne vont pas, cependant, sans soulever des difficultés, dont la principale est la suivante : le raisonnement s'applique au Temps lui-même comme aux choses qui y passent ; par suite le Temps doit avoir commencé et ne peut être continu, ce qui paraît évidemment absurde.

Pour comprendre complètement et surtout pour résoudre cette double objection, il faut commencer par rappeler comment le plus célèbre des finitistes contemporains, c'est-à-dire Renouvier, expliquait l'existence du devenir. D'après lui, ce concept constitue une catégorie de la représentation distincte du Temps, car il implique le changement, au lieu que le Temps, ou, comme il aimait à dire, la succession « s'assujettit aussi les phénomènes les plus invariables et les plus homogènes[1] ». D'autre part, le devenir se fait par progression discrète : « On dit que le changement a lieu dans le Temps ; mais comment ? Par degrés, ce n'est rien dire, car il n'y a pas une infinité de ces degrés, le principe du nombre s'y oppose[2]..... Quel que soit un phénomène, il doit s'étendre sans variation sur une durée, si petite qu'on voudra, car la durée est la synthèse qui, seule, à l'exclusion de ses termes composants antithétiques : l'instant et l'intervalle indéfini du temps, puisse s'unir à la représentation d'un concret quelconque. Il est clair que rien ne serait enfermé rigoureusement dans l'instant, qui ne fût une négation au même titre qu'une affirmation. La limite du temps est

Continuité du devenir, l'existence de grandeurs intensives au sein des phénomènes ; la théorie des anticipations de la Perception est consacrée à en établir la réalité et Kant s'en sert pour réfuter les arguments de Mendelssohn en faveur de l'immortalité de l'âme (voir à ce sujet les art. de M. Pillon, *Année Philos.*, 1900, p. 123-124 et *Année Philos.*, 1910, p. 94-100).

1. *Essais de Critique générale. Logique.* 2ᵉ éd., t. 2 ,p. 257.

2. *Ibid.*, p. 260.

donc une limite aussi pour le devenir ; elle joint et sépare ce qui finit et ce qui commence, exactement comme fait le point géométrique, limite commune de deux lignes mises bout à bout, et dont l'existence concrète, si elle était admise, amènerait des difficultés inextricables. On voit en quel sens le changement est confiné à l'instant, sans pouvoir être dit *avoir lieu dans l'instant*[1]..... Sous le point de vue physique, il faut se représenter le devenir comme un fait intermittent, continu sans doute dans le sens imaginatif, mais non dans le sens mathématique et absolu du mot. Il faut imaginer une suite de moments d'exertion de ce qui change, de la manière suivante : maintenant a, phénomène déterminé, existe ; puis une durée est affectée à a par relation à d'autres phénomènes ; puis, une limite se place ; maintenant a n'est plus, mais c'est $a + e$, par exemple, ou $a - e$, qui existe à sa place ; une nouvelle durée est affectée au phénomène altéré, et ainsi de suite[2]..... Le principe de contradiction demande qu'un intervalle déterminé soit rapporté au moindre élément de phénomène effectif ; que tout intervalle, au contraire, soit exclu du fait même que l'élément paraît ou s'évanouit[3] ». Plus tard, dans sa Nouvelle Monadologie, publiée en collaboration avec M. Louis Prat, Renouvier est revenu aux mêmes idées et a donné un exposé résumé de sa thèse : « L'idée du changement suppose que le phénomène, qui se présentait, à un moment, sous certaines relations, est remplacé, au moment qui suit, par un autre phénomène ;... la différence des moments est ce qui rend possible sans contradiction le concept du devenir. Il faut dire ici des moments, et non pas des instants. L'instant, d'après nos définitions, n'est que la limite du Temps ; au lieu que le moment peut signifier une durée élémentaire entre deux instants ;... mais l'acte du devenir élémentaire doit être instantané ; s'il ne l'était pas, il y aurait continuité effective dans l'activité de l'agent ou dans les états de la chose qui change, c'est-à-dire composition infinie actuelle, contradiction[4] ».

---

1. *Ibid.*, p. 259-260.

2. *Ibid.*, p. 264.

3. *Ibid.*, p. 263. Ni ce passage, ni les deux précédents, ne figurent dans la 1re édition de la Logique ; le chapitre porte, d'ailleurs la trace d'un remaniement profond entre les deux éditions. Renouvier semble s'être rendu compte que sa théorie du changement ne s'accordait pas, au fond, avec sa conception du Temps, telle qu'il l'avait reçue de Kant.

4. *La Nouvelle Monadologie*, p. 106.

Ainsi, tout changement est une simple juxtaposition d'états élémentaires en nombre fini dont chacun possède une durée propre pendant laquelle il demeure inchangé; il n'y a pas, à proprement parler, d'altération, au sein du phénomène, mais un second succède au premier, et la naissance de l'un est instantanée, comme la disparition de l'autre. Le néo-criticisme s'oppose par là aussi nettement que possible au Kantisme orthodoxe; mais est-ce à dire qu'il soit complètement satisfaisant pour la Raison? Nous croyons qu'il est permis d'en douter sérieusement. Pour Renouvier, un changement continu serait contradictoire au lieu qu'une permanence continue ne le serait pas; cette distinction, qui est à la base de toute sa théorie, paraît aussi arbitraire qu'illogique dans sa philosophie; pendant que les phénomènes durent et restent immuables, le Temps, d'après lui, ne cesse pas de s'écouler, et ce Temps est continu. « Dans l'intervalle défini de deux instants quelconques, d'autres instants se placent arbitrairement et indéfiniment, sans quoi l'instant serait autre chose qu'une limite et le Temps autre chose qu'un intervalle... Telle est la continuité de la durée... qui nous apparaît comme sa divisibilité indéfinie[1]. » Le Temps qui est une forme de la sensibilité[2] et qui, comme on l'a déjà vu, s'assujettit à ce titre les permanents, sous-tend le devenir de la même façon que l'Espace sous-tend les corps étendus, et divise, par suite, les états élémentaires ou les moments du changement, que ceux-ci soient ou non posés comme variables; cette division de la matière du devenir devant évidemment se faire suivant la même raison que celle du Temps qu'elle recouvre, c'est-à-dire suivant la loi de continuité mathématique, la violation du principe du nombre se trouve inévitable et la logique finitiste paraît impuissante à rendre compte de la Réalité. Pour éviter cette conclusion, Renouvier, après Kant, invoque, il est vrai, au début de sa Logique, que le Temps est une pure représentation, dont les parties existent en puissance seulement[3], mais cette explication est manifestement insuffisante et nous l'avons déjà signalé à propos de Kant lui-même; oui ou non, quand un phénomène de conscience dure, sa durée est-elle réelle ou imaginaire; et, si elle est réelle, ses

1. *Logique*, 2ᵉ éd., t. I, p. 339-340.
2. *Ibid.*, t. I, p. 342.
3. *Ibid.*, p. 59-60.

parties peuvent-elles ne pas l'être à leur tour ? supposer, comme on nous y invite, un Temps immobile dans lequel l'esprit découpe à posteriori des instants, c'est nier la succession sous prétexte de l'expliquer, car, pour engendrer une durée, le passé doit forcément précéder le présent.

Aussi bien Renouvier n'est-il pas sans se démentir quelque peu à ce sujet. Il a toujours refusé d'admettre qu'une éternité actuellement écoulée fût pensable, cette éternité fût-elle celle d'un Être immobile et permanent et il en donnait pour raison que « le nombre des durées, dès que nous les posons distinctes, ce nombre sans fin, actuellement écoulé, nombré, fini, est une contradiction palpable alors même que nous envisagerions dans ces durées successives un contenu toujours le même[1]. » Cette solution est en opposition avec celle que l'auteur des *Essais de Critique générale* donnait au problème du devenir ; nous ne pouvons que répéter ce que nous avons déjà dit à plusieurs reprises ; le continu suppose l'infini ; si donc l'on admet la réalité du premier, l'on reconnaît implicitement celle du second ; les moments élémentaires étant continus et réels à la fois parce qu'ils sont immuables, une éternité écoulée sans changement, ne peut être contradictoire non plus[2]. Renouvier paraît avoir hésité entre deux théories inconciliables, et avoir condamné dans sa conception du Temps ce qu'il avait admis dans celle du devenir[3]. Aussi ne doit-on pas être surpris d'avoir vu, après lui, ses continuateurs reprendre son œuvre sur ce point. Sans parler d'Evellin, pour qui le Temps se résout en instants réels indivisibles dépourvus de durée[4] et dont Renouvier lui-même a réfuté en quelques mots la thèse en remarquant que « des instants accumulés ne forment jamais un temps défini, non plus que des points

1. *Logique*, 2ᵉ éd., t. 3, p. 186, passage cité par M. Pillon (*Année Philos.*, 1912, p. 81 et 94).

2. Cf. *op. cit.*, *Année Philos.*, 1912, l'article de M. Pillon intitulé : La 4ᵉ antinomie de Kant et l'idée du premier commencement, où cette thèse est exposée avec une grande rigueur logique.

3. L'embarras de la pensée de Renouvier se traduit dans certains passages de ses écrits. Ainsi, il semble admettre la continuité du mouvement, dans sa critique des arguments éléatiques (Logique, t. 1ᵉʳ, p. 67 et suiv.), au lieu qu'il fait le changement en général discontinu. De même dans son ouvrage posthume sur Kant (p. 318), il paraît refuser aux moments du devenir la continuité qu'il leur reconnaissait dans les Essais et la Nouvelle Monadologie, mais, quelques lignes plus haut, il enseigne que « le moment est un *Temps* » c'est-à-dire, suivant ses principes, un continu.

4. *Infini et quantité* (Paris, 1880), p. 78-82.

une ligne, des zéros, un nombre, des négations, une affirmation[1] », deux néo-cristicistes contemporains, MM. Hamelin et Pillon, ont modifié en sens inverse la doctrine des Essais. Pour Hamelin, le Temps est continu et le devenir l'est aussi[2]; pour M. Pillon, au contraire, succession et changement sont également discrets[3]. Tous deux sont d'accord, d'ailleurs, pour faire du Temps un concept et non une forme de la sensibilité et, chose curieuse, Hamelin s'appuye, pour lui donner ce caractère, sur sa continuité essentielle : « C'est parce que le Temps est un concept, dit-il, qu'il peut être une abstraction, et c'est parce qu'il est chose abstraite que la continuité n'entraîne pas en lui de contradiction. Un temps rempli, ou même un temps qu'on suppose découpé en parties par un acte de l'esprit, est quelque chose de concret et de déterminé. Aussi considéré sous cet aspect et non comme temps pris en lui-même, n'est-ce plus rien d'infini. Dès qu'on en revient, au contraire, par l'abstraction de toute limite effective, à ne plus voir dans le temps que le temps en lui-même, c'est-à-dire en général, il ne reste que l'idée de limites abstraites, mais non assignées, et d'intervalles abstraits, c'est-à-dire quelconques[4]. » Cette démonstration nous paraît de tous points excellente, mais nous nous croyons obligé de rejeter l'opinion du même auteur en ce qui concerne le changement continu. L'on a beau dire que rien « n'empêche la qualité de suivre docilement le Temps et l'Espace dans leur divisibilité indéfinie[5], » il est trop visible que l'on confond ainsi le devenir ou changement qualitatif et le concept de ce changement, ce qui est tout différent. Quand j'ai conscience de mes états internes, est-ce que je les perçois comme réels ou est-ce que je les conçois comme possibles, et d'ailleurs, M. Hamelin ne disait-il pas lui-même tout-à-l'heure que le temps rempli cesse par là d'être infini, ce qui contredit singulièrement sa thèse de la continuité concrète?

En réalité, il paraît impossible de sortir de ces difficultés si l'on persiste à identifier le Temps et le changement dans le temps. Les successions réelles sont discrètes, et, sur ce point,

---

1. *Logique*, 2ᵉ éd., t. II, p. 260.

2. *Essai sur les éléments principaux de la Représentation* (Paris, 1907), p. 65-67 et p. 162.

3. *Année Philos.*, 1890, p. 140 et suiv.

4. *Essai sur les éléments*, etc., p. 66.

5. *Ibid.*, p. 162.

Renouvier à raison ; mais le Temps est un concept abstrait
dont il est possible de reconnaître la continuité sans contradiction, et Hamelin l'a fort justement établi. Reste à savoir
comment ces deux thèses se concilient ensemble et comment
nous passons du discret de l'intuition à la continuité du concept. Il nous paraît, comme à M. Pillon, que c'est par l'intermédiaire de la notion d'espace. Les changements qui s'effec-
tuent dans la conscience nous sont donnés en nombre limité,
et, entre chacun d'eux, l'état psychique dure sans modification ; c'est cette durée que Renouvier ne pouvait expliquer
sans supposer implicitement la loi du nombre en défaut, parce
qu'il l'imaginait comme sous-tendue par un temps-intuition
dont il avait emprunté la conception à Kant et, par suite,
comme engendrée par la répétition successive d'états identiques en nombre illimité. Pour nous, au contraire, qui faisons du temps un concept dérivé, l'objection ne nous touche
pas, et nous nous contentons de dire que, par rapport au
temps simplement conçu, les moments élémentaires paraissent continus ; en fait et primitivement, ils ne le sont pas,
et, contrairement à l'opinion de Renouvier, nous estimons
que la succession du même au même, qui sert de fondement
à l'intuition prétendue du Temps vide, est une idole de
l'imagination et rien de plus. Nous ne la saisissons jamais
directement et une durée sans changement est un objet
d'expérience impossible et parfaitement chimérique. Seulement, comme un philosophe l'a remarqué avec une profonde
justesse, la durée concrète enveloppe un rapport de simulta-
néité avec le successif : « une chose dure quand elle est simultanée à des choses successives ; elle reste la même pendant
que les autres changent. Nous sommes incapables de mesurer
une durée quelconque si elle n'a pas coexisté avec une série
de successions. Nous distinguons alors dans son identité des
moments distincts dont chacun a coexisté avec un des changements de la série, et, par cet artifice, nous introduisons de
nouveau la multiplicité et la succession dans l'unité de la
durée[1]. » C'est par comparaison que nous saisissons les états
statiques de la Conscience, qui, joints aux changements, et,
comme eux, en nombre limité, constituent l'essence de la
durée primitivement perçue. Mais nous n'en restons pas là ;
comme cette durée est, par elle-même, impossible à mesurer,

---

1. Boirac. *L'idée du phénomène* (Paris, Alcan. 1894), p. 129.

nous lui conférons la mesure par l'intermédiaire de l'Espace, c'est-à-dire de la forme continue et intuitive de la Sensibilité, en nous servant, dans ce but, de la notion du mouvement uniforme, suivant un procédé trop connu pour être exposé à nouveau. Seulement, en lui imposant ainsi un nouveau caractère, nous modifions profondément la durée ; le mouvement qui parcourt l'espace continu est conçu, à son tour, comme continu, et cette continuité passe au temps qu'il mesure ; à chaque point de l'Espace (et il y en a une infinité), correspond, *dans notre idée*, une position du mobile, et, à chaque position, un instant du Temps. Nous arrivons à concevoir, mais non à nous représenter, comme le voudraient Kant et Renouvier, un temps continu bien différent de celui donné par la Conscience primitive ; enfin, par une dernière transposition, nous réintégrons ce concept au sein de notre vie intérieure, et, de même que nous rapportions tout à l'heure nos durées élémentaires et immuables aux changements contemporains de nos successions concrètes et discontinues, nous les rapportons maintenant aux changements imaginaires du schème de la succession idéale ; nous concevons que, pendant la durée du moment, il aurait pu se produire un nombre quelconque de changements, au lieu du nombre fini qui, en fait, nous a été donné, et c'est cette conception qui engendre l'illusion du devenir continu de conscience, et transforme en même temps d'une façon purement subjective la durée en répétition indéfinie de phénomènes identiques[1]. Cette illusion est, d'ailleurs singulièrement renforcée par cette circonstance que notre conscience, à chaque instant, est faite surtout de souvenirs et de

1. Avant nous, M. Boirac (l'*Idée du phénomène*, p. 131) avait dit : « Un phénomène dure ; nous mesurons sa durée en l'égalant à celle d'un certain nombre de phénomènes successifs avec lesquels il a coexisté ; nous la considérons par cela même comme une somme de durées successives. Si nous imaginons que le nombre de ces phénomènes coexistants eût pu être double, triple, quadruple, etc., chacune de ces durées partielles devient deux, trois, quatre fois plus petite. *Nous en concluons que la durée totale du phénomène équivaut à un nombre infiniment grand de durées infiniment petites ou d'instants successifs.* Mais tout cela n'est qu'un jeu de l'imagination dans le pur possible : le réel n'en est même pas effleuré. » Nous sommes parfaitement d'accord avec cet auteur, bien que nous expliquions autrement que lui l'origine de la notion de continuité temporelle, qui provient, à nos yeux, de l'imagination spatiale, mais nous cessons de partager son sentiment quand il semble, dans un passage voisin, considérer la théorie de la succession du même au même comme plus conforme que celle de la durée indivisée aux exigences du phénoménisme et du finitisme. Nous croyons avoir établi, au contraire, que Renouvier, en l'acceptant, a manqué de rigueur dans l'application de la loi du nombre.

prévisions, et que, le passé et le futur nous étant donnés
sous la forme de simples concepts, nous n'éprouvons aucune
difficulté, suivant la remarque ingénieuse de Renouvier que
l'on a vue plus haut, à leur étendre l'imagination de la còn-
tinuité ; seule, la perception présente y répugne, mais, en
raison même de sa disproportion numérique avec le contenu
total de la Conscience, cette différence tend à s'effacer et
l'illusion à envahir le champ intégral de la perception intérieure.

Notre théorie permet d'aborder maintenant les problèmes
de l'origine et de la continuité du temps. Si le temps est le
simple schéma idéal des successions empiriques, il a, en réalité, commencé avec elles, et la durée vide que nous imaginons antérieurement se réduit à la possibilité de supposer
d'autres événements en nombre supérieur dans la série des
phénomènes écoulés ; si, d'un autre côté, il est un concept et
non une intuition, la continuité qui lui est inhérente n'entraîne
nullement celle du devenir, à la différence de l'espace, dont
la divisibilité infinie se communique nécessairement à l'étendue des corps qui y sont contenus. Enfin, nous apercevons
l'équivoque trop souvent renfermée dans l'expression d'idéalisme ; on a une tendance naturelle à y voir, avec Kant et
Schopenhauer, une réduction en idées de toutes les données
de la connaissance, qui occuperaient ainsi le même rang[1] ;
il n'en est rien ; même si l'on bannit les choses en soi de
la philosophie pour n'admettre que des représentations, il
faut encore distinguer parmi elles plusieurs degrés de réalité ;
d'abord, les faits de conscience et le devenir discret ; ce sont
des éléments parfaitement réels, comme Renouvier et Spir
ont eu raison de le soutenir contre Kant ; ensuite, l'espace,
forme de la sensibilité, dont toute l'essence est d'être un
objet d'intuition ; en troisième lieu, le temps, concept tiré à
la fois du devenir et de l'espace, et qui se réduit à une abstraction sans intuition correspondante ; enfin, le devenir continu, où viennent se fondre tous les autres éléments, et qui,
loin d'être, comme on l'a parfois soutenu, la Réalité la plus
immédiatement perçue, n'est qu'un produit factice de l'imagination. Les antinomies et l'illusionisme où elles tendent

1. Encore Schopenhauer ne réussit-il pas à maintenir ferme son opinion,
car la distinction sur laquelle il insiste fréquemment entre la connaissance
intuitive et la connaissance abstraite est, au fond, un aveu d'impuissance
de l'illusionisme absolu.

sont nés de la confusion de ces différents degrés au sein de la Conscience, et cette confusion a été elle-même, sinon engendrée, du moins, grandement facilitée, par la théorie de l'Esthétique Transcendentale, qui fait du Temps une forme de la sensibilité, analogue à l'Espace[1]. Le vice de cette assimilation reconnu, les difficultés s'atténuent et la doctrine criticiste parvient, une fois de plus, à appliquer son précepte fondamental : éviter la contradiction.

CH. MAILLARD.

1. On peut toutefois se demander si Kant n'a pas lui-même abandonné dans l'Analytique Transcendentale sa théorie de l'Esthétique. Au chapitre des analogies de l'expérience, il répète constamment que le Temps est quelque chose qui ne peut être perçu ; mais alors, il est impossible de comprendre comment il peut être une forme de la sensibilité, c'est-à-dire une intuition. Kant se défendrait peut-être en invoquant que, sans les analogies, le Temps peut bien être senti, mais non perçu (*Critique de la Raison Pure*, p. 202) ; seulement, il n'explique nulle part pourquoi il n'en est pas de même de l'Espace, comme l'exigerait cependant le parallélisme rigoureux des deux formes sensibles.

LES ANNÉES DE MATURITÉ
D'EUGÈNE FROMENTIN

Dans l'*Année Philosophique* de 1911, nous avons étudié les années d'apprentissage d'Eugène Fromentin, d'après un volume publié par M. Pierre Blanchon (Jacques-André Mérys).

Aujourd'hui, nous nous proposons de compléter cette étude par celle des années de maturité, d'après un autre volume de M. Pierre Blanchon[1]. Il y a deux ans, nous avons vu comment, après l'épisode sentimental auquel nous devons *Dominique*, Fromentin vécut dans l'intimité de la famille de son ami Armand du Mesnil, comprenant, outre celui-ci et sa mère, une petite-fille de celle-ci, une orpheline nommée Marie de Beaumont. Nous avons vu aussi se développer chez Fromentin une tendre affection pour cette jeune fille, qui n'était d'abord qu'une enfant. Nous avons dit qu'il l'épousa en 1852; mais nous n'avions pu donner aucun détail sur les circonstances qui précédèrent immédiatement le mariage. Les détails sur ce sujet ne se trouvent en effet que dans le second volume de M. Blanchon, et cela nous oblige à revenir quelque peu sur ce que nous avons appelé les Années d'apprentissage.

La première fois que Fromentin s'ouvrit à sa famille au sujet de ses projets matrimoniaux, ce fut dans une lettre à sa mère du 10 octobre 1851. Nous regrettons de ne pouvoir la reproduire intégralement, mais nous tenons à en donner d'importantes citations. «... J'ai toujours évité de te parler d'elle, précisément parce que je n'en pouvais parler d'une façon indifférente; j'ai même diminué son âge, amoindri son importance dans la maison; je l'ai toujours, devant toi,

1. *Correspondances et Fragments inédits d'Eugène Fromentin*, un vol. in-16 de 452 p., Plon-Nourrit, Paris, 1912.

traitée en petite fille, toujours pour les mêmes raisons, afin
d'éviter chez toi des soupçons anticipés, me réservant, le jour
où je pourrais avouer l'affection que j'ai pour elle, de lui restituer, à cette chère enfant, son caractère, ses qualités rares
et ses vingt et un ans[1]. » Fromentin rappelle que Mlle Marie
passa deux ans à Rouen, alors que lui-même passait quatorze
mois en Algérie; puis il dit comment, sans fortune, elle se
préparait aux fonctions de sous-maîtresse. « Quelque déplaisir
que j'eusse déjà à me sentir toujours séparé par des nécessités
imaginaires d'une enfant qu'il m'était si intéressant d'étudier,
de connaître, de voir de près et de surveiller dans tous les
replis de son caractère et de son cœur, je souffrais surtout
d'abord de la voir visiblement malheureuse, comprimée,
inquiète au dernier point de sa position présente et de son
avenir que n'embellissait point cette perspective de devenir
même maîtresse d'institution ; je souffrais aussi de penser
que son éducation ne serait que spéciale, c'est-à-dire prodi-
gieusement insuffisante pour faire ce que je souhaitais qu'elle
pût devenir : une femme de ménage d'abord, ensuite une
femme sociable, enfin un esprit suffisamment lettré. Aussi,
avec trente-six raisons pour déguiser les véritables, j'ai pesé
fortement dans les décisions de la maison, et j'ai enfin contribué à faire résoudre par Mme du Mesnil qu'elle la retirerait
de pension et la garderait chez elle...

« Elle avait deux raisons pour rester loin opiniâtrément,
obstinément, et pour se cramponner comme elle le faisait à
toute idée extrême et définitive de se faire sous-maîtresse,
sinon religieuse. La première, je la savais et j'en souffrais
cruellement sans pouvoir l'en blâmer, c'était de n'être point
à la charge de son oncle et de sa grand'mère. La seconde, la
véritable, la plus redoutable, je devais l'apprendre plus tard,
c'était d'échapper à ce supplice de se trouver en tête à tête
avec moi. Elle m'aimait. Je n'écris ce mot là, qui est le secret
d'une femme, qu'avec une extrême confusion, mais je n'en
puis trouver d'autre. Elle m'aimait depuis des années, de
près, de loin, toujours et toujours, sans que personne, pas
même une amie intime, ait jamais entrevu même l'apparence
de son secret. Elle n'espérait point, m'a-t-elle dit depuis, que
jamais je pusse avoir pour elle autre chose que de l'intérêt...
C'est quelques jours après sa rentrée dans la maison que, la

____

1. Fromentin en avait lui-même 31.

voyant décidément malade, et sentant alors, pour la première
fois, quelque chose de particulier d'elle à moi, je provoquai
une explication. »

Après avoir indiqué tout ce qu'il avait fait pour s'assurer
préalablement de ses véritables sentiments, Fromentin continue en ces termes : « Il m'était doux de penser que mon
premier aveu serait bientôt suivi d'effet. J'étais sûr que d'ici
là, par mes soins, mon intimité plus grande et les épreuves
mêmes de mon affection, je pourrais me faire aimer, car, loin
que nous fussions antipathiques, il y avait de grandes sympathies naturelles entre nous. Mais l'événement m'a surpris,
et dans cette explication, qui fut un spasme nerveux chez
cette pauvre enfant, je compris par des sanglots ce qu'elle
avait à me dire et je lui fis comprendre d'un mot que nous
étions exaucés, elle et moi...

« Je suis assuré qu'avec la petite dot que me donnera mon
père, les quelques petites rentes que pourra avoir Mlle Marie
et le revenu de mon travail, nous pourrons vivre modeste-
ment, ne changeant point de manière d'être, modifiant aussi
peu que possible nos habitudes, qui nous sont chères, et con-
servant, elle et moi, après notre mariage, les goûts modestes
et les besoins si simples dans lesquels nous avons toujours
vécu. Que nous manquera-t-il donc pour être heureux ?

« Je ne désire rien au delà ; faire le bonheur de cette chère
enfant, à qui *je suis indispensable*, je le dis avec certitude ; lui
remettre le soin de faire à tout jamais le mien. » A des questions posées par son père il répond en évaluant à 6000 francs
son budget, en recettes et en dépenses.

On peut prévoir quelles étaient ses idées sur les artistes et le
mariage. Dans sa lettre déjà citée à sa mère, il dit : « J'avais,
j'ai toujours eu, tu le sais, le plus vif désir de me marier ; par
principe et par tempérament de cœur, je condamne et déplore
le célibat », mais c'est dans une lettre à son père du 14 novembre 1851 qu'il traite la question pour ainsi dire *ex professo* :
« Je sais que certaines gens prétendent qu'un artiste ne doit
pas se marier, ou ne doit se marier que tard. Je l'entends dire
souvent autour de moi et mettre en avant comme un principe. Ce principe est faux en tant que règle générale ; excep-
tionnellement, il peut correspondre à certaines natures et
convenir à certains caractères. Encore faut-il dire, pour la
condamnation de leur système, que bien peu de ces partisans
du célibat se condamnent à l'adopter rigoureusement ; ils

ont des maîtresses au lieu de femmes, c'est-à-dire qu'ils n'ont du mariage que les charges et qu'ils n'ont ni le bénéfice moral, ni la dignité, ni tout ce qui donne à l'homme sa consistance et sa véritable assiette dans le monde. Quant à moi, je suis d'un avis tout contraire, et c'est pourquoi j'ai vécu seul jusqu'au jour où il devait m'être donné de m'acccorder les joies et l'appui moral du mariage. Je n'ai supporté jusqu'à présent la solitude à laquelle je m'étais condamné par devoir que dans l'intérêt même de mon bonheur futur, afin d'y employer temps, forces et courage, et pour être plus tôt maître d'en fixer le moment. Je trouverai dans le mariage, accompli sous les garanties qui me sont si heureusement données par une jeune fille aimante et dévouée à toutes épreuves, des consolations pour tous mes moments d'ennui, un appui contre tous mes découragements, un obstacle à tout oubli de mes devoirs, une continuelle recommandation de travailler, d'utiliser et, si je puis, d'honorer ma vie... »

Après deux mois et demi de pourparlers, les parents de Fromentin se décident à donner leur consentement, et leur fils les en remercie avec effusion. Mais il ne s'explique pas qu'ils persistent à reculer la cérémonie jusqu'en mai, au lieu de la fixer au mois de mars. Au fond, les parents sont inquiets : ils redoutent quelque entreprise de la famille du Mesnil, et ils le laissent voir à leur fils qui s'indigne. Une chose l'émeut entre toutes : « Ce que je ne puis comprendre et ce qui me remplit de larmes, c'est que cet hiver, où un intérêt si puissant vous y appelle, où j'ai besoin de ma mère, *ma mère* n'ait pas besoin de venir passer avant mon mariage quelque temps ici, qu'elle me laisse épouser une jeune fille qu'elle n'aura pas vue, que je ne puisse la lui faire aimer, qu'elle lui refuse, à celle qui sera ma femme, le moyen de se faire aimer d'elle ; qu'enfin, ce qui jamais n'a lieu, ma mère ne soit pas heureuse de m'aider dans mes préparatifs, de me diriger dans mes achats, de m'assister enfin dans un moment où, soit bonheur, soit besoin, on ne peut guère se passer de sa mère. »

Au moment du jour de l'an, une détente se produit, et une lettre d'Eugène, en date du 6 janvier 1852, débute ainsi : « Chère bien-aimée mère, je rentre de mon atelier ; c'est véritablement les yeux en larmes et le cœur plein de tendresse, de reconnaissance, que j'achève la lettre qu'on vient de me remettre à l'instant. » Bref, Eugène cède sur la question de date, et Mme Fromentin vient à Paris au mois de février, et

des liens de sympathie, puis d'affection, se forment entre elle
et la famille du Mesnil, liens qui iront toujours se resserrant.

Le mariage eut lieu le 18 mai 1852. Les jeunes gens par-
tirent le soir même pour Fontainebleau, d'où ils gagnèrent
Saint-Raphaël. Aussitôt arrivé, Fromentin se met au travail :
« Je m'aperçois trop, écrit-il à Armand du Mesnil, avec la
nature sous les yeux, que je pêche par toutes les bases : dessin,
couleur, exactitude, franchise de tons, et je suis dans un
pays, heureusement, qui me donne à la fois toutes ces leçons ;
je ne le quitterai pas sans en avoir profité. Mais l'étude n'est
pas le tableau, et le besoin de renseignements, cette curiosité
récente chez moi de surprendre, de saisir la chose exacte et
de l'exprimer, s'ils me font faire de bonnes études, ne me
feront pas faire de bons tableaux... Ma chère Marie est partout
avec moi ; elle se lève maintenant à six heures ; toujours de
bonne humeur, la pauvre enfant, elle me suit avec un bagage
fort compliqué : un livre, quelquefois deux, son travail
d'aiguille, du papier, un tabouret et la bouteille d'*abondance.* »

Cependant les ressources s'épuisent. Fromentin, déçu, sentant qu'il ne tirera décidément pas grand profit de la Pro-
vence, forme le projet de retourner encore une fois en Afrique.
Là seulement l'inspiration reviendra, l'artiste pourra se renouveler ; là seulement, il retrouvera ce qui, aux yeux prévenus
du public, fait le prix de sa signature : la vie arabe. Mais où
trouver les fonds nécessaires à un pareil voyage entrepris
à deux ? Ainsi qu'il l'expose dans une lettre à son ami Bataillard, il ne peut plus se contenter des aperçus, des aspects,
des fonds, des fourmis en fait de figures qu'il a rapportés de
ses précédents voyages en Algérie. « Il faut, dit-il, que j'aille
plus loin, que je resserre mes cadres et que, dans ces multitudes de points animés, je choisisse et exprime une action
simple par des figures étudiées. Je suis arrivé, par un progrès
régulier, à exprimer à peu près le geste ; il faut dorénavant
qu'à ces têtes je mette des yeux, à ces jambes des rotules et
des chevilles, à ces figures des physionomies. Le paysage y
disparaîtra, et c'est un bonheur, car je tourne à la figure, et
c'est une loi démontrée pour moi, de m'abandonner au penchant qui me détourne du paysage pur pour m'entraîner vers
la figure humaine. »

Cependant Fromentin obtient d'abord le passage gratuit

pour l'Algérie, puis une commande de l'Etat, grâce aux démarches d'Armand du Mesnil, et, le 5 novembre 1852, Eugène et sa femme s'embarquent pour Alger. Ils s'installent dans une maisonnette, à Mustapha d'Alger. Il dessine, il peint toute la journée, entassant cette moisson de documents qu'il ne cessera de mettre en œuvre jusqu'à la fin de sa vie.

Le printemps le retrouve démuni de ressources, mais, au commencement de mai, du Mesnil arrive porteur d'une somme dont Bataillard fait l'avance. Et, le 14 mai, Fromentin, sa femme et du Mesnil partent d'Alger ; ils traversent Blidah et arrivent à Médéah. Là, du Mesnil et sa nièce quittent le peintre pour retourner à Blidah, où Mme Fromentin attendra son mari dans la famille de Charles Labbé. Nous ne suivrons pas Fromentin à Laghouat et Aïn-Mahdy, car le souvenir en est pour toujours conservé par *Un Été dans le Sahara*. Notons seulement que, dès ce moment, Fromentin voit clairement qu'il y a lieu de tirer parti de ce voyage par la plume en même temps que par le pinceau.

Nous voyons que, le 4 août, il était de retour à Blidah. Sur son état d'âme à ce moment, le passage suivant d'une lettre à du Mesnil est caractéristique : « Je ne voulais pas te le dire, en somme il faut que tu le saches : si je ne m'abuse, mes dessins et mes études de Laghouat, tout cela sent la sueur et l'épuisement et est du dernier faible. C'est fichu ! il faut avoir la tête en état quand on veut s'en servir et travailler sous 70° de soleil (le chiffre est exact) au moins... Tu verras que mes souvenirs valent mieux et, en somme, c'est toujours avec mes souvenirs beaucoup plus qu'avec mes notes que j'ai produit... Le travail de plume que je fais résume tout cela et je me prépare à en tirer un autre parti. »

Cependant le grand travail à Blidah fut la rédaction des notes de voyage, c'est-à-dire d'*Un Été dans le Sahara*. Il les envoie à du Mesnil et lui écrit : « Une fois pour toutes, je n'ai ni avis, ni ordre à te donner : fais-en, nous en ferons ce que tu pourras, ce que tu voudras ». Fromentin rentre en France avec sa femme au commencement d'octobre.

« Les années 1852-1853 sont, a dit Gonse, la genèse de la virilité d'Eugène Fromentin comme peintre et comme écrivain... » Cela est sans doute vrai au fond, mais on doit reconnaître que, précisément à ce moment, le peintre traversa une crise terrible. Malgré la joie apportée au foyer par la naissance d'une fille en 1854, Fromentin et sa femme connurent

des heures sombres : des nécessités pécuniaires les contrai-
gnirent à vivre dans une dépendance étroite et pénible vis-à-
vis des parents d'Eugène. C'est ainsi que, en 1854, ils sont à
la Rochelle sans prévoir le moment où il leur sera permis de
s'installer à Paris. En outre, Fromentin souffre des yeux et
tombe dans une de ces crises de découragement qui anni-
hilent ses efforts. Dans une lettre de septembre 1854, du
Mesnil le morigène en ami clairvoyant et dévoué : « Depuis
un an, depuis ton retour d'Afrique, tu t'es donné une peine
infinie pour *anéantir chez toi toute initiative*. Toi, l'être pri-
mesautier par excellence, tu as pris à tâche, sous prétexte de
te compléter, de cesser d'être, et, parce que tu changeais de
place une fois par semaine, tu as cru parfois que tu te trans-
formais. L'histoire de ces incarnations serait curieuse à étudier. A tes débuts, tu as été amoureux de Diaz, de Cabat, de
Decamps ou de Delacroix (peu importent les noms). Ces gens-
là ont passé. Aujourd'hui, c'est le tour du Louvre et de Gustave Moreau. Tu prétends n'étudier que les procédés ; mais,
comme tu es sans mesure dans tes sympathies, il t'arrivera
qu'au lieu de t'approprier ce que les anciens ont de beau,
d'ingénieux, de charmant, tu en viendras sans y prendre
garde à ne copier *que leur métier...* » La lettre est longue et
vaut d'être lue tout entière (pp. 83 à 86). La crise passée, l'artiste s'efforce d'affirmer sa personnalité et d'arriver coûte que
coûte. Mais il ne retrouve pas auprès du public l'accueil qu'il
était en droit d'espérer, et alors nous le voyons, en 1856, préparer la publication d'*Un Été dans le Sahara*. L'œuvre paraît
avec succès dans la *Revue de Paris*, puis en librairie, en janvier 1857. Le succès est sérieux et Fromentin, resté à Saint-
Maurice, près la Rochelle, fait part à du Mesnil d'une démarche
de la *Revue des Deux Mondes* pour s'assurer la publication
d'un second volume, s'il en écrit un. Dans l'*Artiste*, Théophile
Gautier célèbre un chef-d'œuvre de style que les plus illustres
seraient fiers de signer. Chez Lamartine, on lit *Un Été dans le
Sahara* en entier et tout haut, aux applaudissements du maître.
Cabat, son ancien maître, auquel Fromentin a envoyé son
livre, lui écrit aussitôt : « Mon cœur en avait besoin. Ce
silence qui s'était fait entre nous m'était dur et je ne pouvais
me résigner à l'accepter... Je lirai avec un vif intérêt votre
livre qui s'est placé d'un seul bond au premier rang de la
littérature française. » George Sand, âgée de cinquante-trois
ans et en pleine gloire, lui écrit qu'elle n'a jamais rien lu de

plus *artiste* et de plus *maître* ; puis elle publie, dans la *Presse*, un compte rendu très élogieux. Son ami Gustave Moreau lui écrit : « Ce petit livre est vous tout entier, sensibilité, cœur et intelligence. » En même temps, il le félicite de ses progrès en peinture, mais l'engage à pousser davantage au fini. Dès 1857 du reste, le tirage du volume s'épuise et il est question d'une seconde édition.

Cependant il n'oublie pas la peinture et il envoie six tableaux au Salon de 1857, mais le succès fut douteux. Notons toutefois que du Mesnil se montre content d'un tableau qui, du reste, ne devait être exposé qu'en 1859, le *Siroco* ou le *Simoun*. « C'est bien rendu, lui écrit celui-ci. Et c'est pour moi une joie de penser, une joie énorme, qu'à l'heure qu'il est tu as trois cents tableaux en portefeuille. Je me dis... qu'étant plus sûr de toi comme tu l'es et ne cherchant plus la petite bête, tu peux désormais marcher devant toi avec moins de fatigue... Il y a progrès, et progrès non seulement parce que tu as appris, mais parce que tu as plus de sécurité, plus de confiance. »

Durant l'hiver 1857-1858, Fromentin fut assez gravement malade. Aussitôt rétabli, il se remit à écrire *Une année dans le Sahel*, commencée l'hiver précédent à la Rochelle, mais qu'il remania de fond en comble. La première partie avait paru dans *l'Artiste* durant l'été de 1857. Le texte définitif et complet devait paraître dans la *Presse*, mais une rechute de Fromentin y mit obstacle, et la publication eut lieu dans la *Revue des Deux Mondes* à la fin de 1858. Le succès, pour n'être pas teinté de surprise comme celui du *Sahara*, n'en fut guère moins vif. George Sand est ravie, mais elle n'est pas d'avis que la *Seine* ne soit qu'un *fleuve*, allusion à une théorie de Cabat, adoptée par Fromentin (*La Plaine*, septembre) ; est-il besoin d'ajouter que ni Cabat ni Fromentin n'a dit que la Seine n'est qu'un fleuve ? Tous deux, dans le passage en question, l'élèvent à la dignité de fleuve. Puis George Sand donne un article à la *Presse* du 10 mars. Elle y traite Fromentin de vrai poète ; elle lui écrit qu'il a fait un pas immense du *Sahara* au *Sahel*. Elle l'autorise à reproduire son article en guise de préface, mais il refuse, tout en se montrant très reconnaissant : « Je n'oserais plus donner mon volume à personne, dit-il, par la même raison que les lettres que vous avez bien voulu m'écrire n'ont été lues par personne en dehors de mon intimité de famille et que je rougirais de penser qu'elles ont

pu passer sous des yeux indifférents... Je ne dois qu'à vous
seule, Madame, l'explication d'un scrupule que vous seule
aussi saurez admettre. Il est à peine discutable, mais il est
sincère et me paraît raisonnable puisque je l'éprouve. Et je
préfère sacrifier toutes les satisfactions d'amour-propre les
plus enviables, que de souffrir d'une continuelle blessure
faite à certains côtés de ma nature qui sont les plus obscurs,
mais les plus sensibles. » Fromentin revint ensuite sur son
scrupule, mais le premier tirage parut sans la préface. Le
succès fut d'ailleurs grand, et, un mois après la publication,
il fallut procéder à un second tirage.

Au Salon de 1859 Fromentin envoya cinq tableaux, dont le
Simoun, dont nous avons déjà parlé et qui est resté le plus
célèbre d'entre eux. Mais voici Fromentin en proie à une nouvelle crise de défiance de lui-même : « Je n'ai pas cessé une
seule minute d'être inquiet, écrit-il en avril 1859 à son ami
Gaston Romieux, mécontent ou navré du triste résultat de tant
d'efforts. Je sors à peine de cette crise haletante, qui a duré
quatre mois, j'étais dans de détestables dispositions d'esprit.
Je jouais une partie des plus sérieuses. L'ai-je gagnée ? Je ne
le crois pas. Il s'agissait, après le succès de mon *Sahel*, de
paraître au Salon de manière à soutenir le nom du peintre à
côté du nom de l'homme de lettres ; ai-je réussi ? Je ne suis
allé qu'une fois à l'Exposition, encore en courant. J'ai été
consterné de l'effet que m'ont produit mes tableaux, et cependant je m'aperçois qu'ils sont mieux accueillis que je ne l'es-
pérais. » Les inquiétudes d'argent étaient du reste loin d'avoir
disparu, et on le concevra sans peine si l'on sait qu'en 1858,
à une vente, le *Simoun* n'avait atteint que 595 francs. Cependant ce Salon de 1859, qui satisfaisait si peu Fromentin, lui
apporta une première médaille et la croix de la Légion d'honneur.

George Sand, qui enfin l'a vu et a vu de sa peinture, lui
écrit que celle-ci est aussi belle que ses écrits, et elle est heureuse de voir combien Delacroix apprécie Fromentin qui
venait seulement de faire sa connaissance.

Sur les instances de Buloz, Fromentin se met à écrire un
roman (*Dominique*), à peine installé à Saint-Maurice, en septembre 1859 ; mais son achèvement est encore lointain. Entre
temps, nous voyons Fromentin collaborer avec Ludovic
Halévy pour la composition d'une pièce à grand spectacle :
Meça-Oudah, qui, à peine ébauchée, fut précipitée dans les

oubliettes d'un tiroir. Le voici qui met son influence au service de confrères méconnus : Vautelet et Charles Busson sont chaudement patronnés par lui. Au Salon de 1861, il obtient un réel succès avec six tableaux que vante Théophile Gautier ; puis, l'été venu, il s'installe à Fontainebleau pour peindre et travailler à *Dominique*. Mais des dispositions d'esprit détestables, écrit-il à Bataillard, lui font se demander s'il en viendra jamais à bout. En janvier 1862, l'œuvre n'est pas encore sur pied, mais elle paraît dans la *Revue* du 15 avril au 15 mai de cette année.

L'ouvrage semble long au vicomte de Mars, qui recevait les manuscrits à la Revue. Le grand public demeure indifférent en présence de cette œuvre qui a jailli des profondeurs du passé de Fromentin; mais Flaubert lui écrit : « Je viens de lire *Dominique* d'un seul coup. J'ai commencé à huit heures du soir et j'ai fini à deux heures du matin. Je brûle de l'envie de vous voir pour en causer et pour vous féliciter. » Quant à George Sand, elle ne tarit pas d'éloges. Toutefois, la troisième partie parue, elle fait une réserve : « C'est tout près d'être un chef-d'œuvre, dit-elle, mais il y a une lacune. Quelque chose manque, ou n'est pas assez clairement dit. Quelques pages de plus entre le dernier adieu de Madeleine et le mariage de Dominique, et le chef-d'œuvre y est. » Elle conclut en l'invitant à venir causer avec elle à Nohant.

Très touché, Fromentin se montre prêt à suivre les conseils si aimablement donnés, et d'autre part il prie son ami Romieux de noter les passages à châtier. Le 12 juin, il part pour Nohant, d'où il écrit à sa femme : « Belle maison, jolie vie, simple, unie, cordiale, indépendante pour chacun, d'un ton de bonne compagnie qui ne ressemble guère à ce qu'on peut imaginer dans un certain monde. Bref, je suis très heureux d'être venu voir de près dans sa vie de travail et de famille un grand esprit et un excellentissime cœur. » Fromentin quitte Nohant le 17 juin, rapportant une série de notes prises sous la dictée, pour ainsi dire, de George Sand. M. Blanchon les reproduit, en indiquant en notes la suite donnée ou non par Fromentin lors de la publication en volume. On peut dire qu'il s'est en général conformé aux observations de pur détail, mais qu'il a maintenu son texte primitif là où sa pensée ou ses sentiments se trouvaient en cause. Notamment, il n'a pas fait l'addition demandée dès l'abord par George Sand et dont elle lui avait donné tout un schéma. Il faut lire cette description du désespoir de Dominique après le dernier adieu de Madeleine et ses quasi-regrets de l'avoir respectée pour comprendre combien nous aurions perdu si Fromentin avait consenti à passer la plume à la grande romancière. De même, on ne saurait trop se féliciter de ce qu'il s'est refusé à faire le portrait de la future Mme de Bray et à la faire apparaître dans son récit.

A un mot de Fromentin écrit sur la route du retour à son foyer, George Sand répondit entre autres choses : « il y en a (des amitiés) qui viennent tard dans la vie et qui prennent tout de suite la part qu'elles doivent prendre, parce qu'elles sont toutes de choix et de convenances réciproques. Il faut donc les pousser vite à leur état normal pour réparer le temps perdu, comme disait Montaigne en parlant de La Boétie. » Et elle concluait qu'il fallait revenir la voir et amener Mme Fromentin. Mais celle-ci, bien que très fière du témoignage que George Sand rendait à son mari, s'effarouchait un peu de la liberté d'allures qu'elle supposait aux familiers de Nohant, et elle resta sur la réserve, malgré l'enthousiasme qu'exprime Fromentin au nom de sa femme comme au sien propre.

Dominique valut à son auteur l'amitié d'Edmond Schérer qui en fit le plus vif éloge dans le *Temps*. « L'originalité, disait-il, en réside surtout dans le contraste entre l'observation précise et le contour vague, la subtilité et l'ardeur, la rêverie et l'éloquence. C'est une œuvre exquise, distinguée, sans une note fausse, une œuvre comparable à *la Princesse de Clèves*. Et puis a-t-on jamais mieux indiqué les harmonies secrètes de la nature et de l'humanité? Derrière les personnages, on entrevoit l'homme, tout l'homme avec ses aspirations vers l'infini. Ce livre est destiné à éveiller des échos dans les profondeurs de l'âme humaine, à rencontrer des amis secrets partout où il y a des cœurs blessés et des esprits délicats. » Fromentin se montra très touché de cet article de Schérer. Malgré l'accueil froid fait par le public à cette nouvelle œuvre, Buloz le poussait à écrire encore pour la *Revue*, mais en cherchant à l'orienter vers la littérature d'art.

Au mois d'août, nous le voyons écrire à son ami Busson qu'il a encore traversé une crise d'idées noires et a détruit un tableau presque achevé. Ayant imprudemment promis une préface à Armand Silvestre, alors inconnu, il s'excuse ensuite : « Je suis, lui écrit-il, un chaste en art, et je me trouve horriblement gêné pour parler de vers aussi audacieusement passionnés. » Ce fut donc George Sand qui écrivit la préface.

Cependant Fromentin préparait la publication de *Dominique* en librairie et il sentait combien était délicate sa situation à l'égard de celle-ci. Aussi lui écrivait-il, le 9 novembre 1862 : « J'ai sur ma table une lettre que je vous écrivais, il y a trois semaines, pour vous parler de mon *Dominique* et pour vous dire, chose à peine avouable, que je n'ai jamais pu y faire les changements convenus. Après je ne sais combien de luttes, d'efforts inutiles et de gémissements, j'ai pris le parti de l'envoyer à l'imprimerie tel quel, ou à peu près. Vous l'offrir dans cet état me paraissait absurde après ce que vous m'aviez conseillé et ce que j'avais promis. » Puis il lui parle de son projet d'étude sur l'île de Ré, étude qu'il n'acheva pas, mais dont Gonse a publié ce qui était à peu près rédigé. M. Blanchon nous donne les simples notes, restées inédites. On lui doit une grande reconnaissance pour cette publication.

Le 9 janvier 1863, Fromentin, après un vif éloge du *Plutus* de George Sand, lui annonce que *Dominique* paraîtra le lendemain. Si les lecteurs de la *Revue des Deux Mondes* l'avaient trouvé si languissant qu'elle s'était demandé si elle irait jusqu'au bout de la publication, on ne doit pas s'étonner de ce que ce volume fut peu lu : aussi voyons-nous Fromentin corriger les épreuves de la seconde édition de *Dominique* seulement en juillet 1876, un mois avant sa mort. On s'est rattrapé depuis, car M. Blanchon indique que cet ouvrage était parvenu en 1911 à sa 37e édition, non compris les tirages de luxe. Pour le consoler de cet échec devant le grand public, Fromentin avait le témoignage d'hommes tels que Schérer, Ludovic Halévy et Sainte-Beuve : celui-ci ne consacrait-il pas à l'œuvre littéraire du peintre deux articles recueillis dans les *Nouveaux Lundis*, tome VII ? Quant à George Sand, elle ne tint pas rigueur à Fromentin pour n'avoir pas tenu compte de ses avis. Manceau, ami de Maurice Sand, qui vécut au foyer de sa mère dès avant 1857 et jusqu'à sa mort, écrivait à Fromentin, le 24 juin après avoir relu *Dominique* pour la quatrième fois à George Sand : « Je ne vous écris pas le succès de cette nouvelle lecture auprès de la chère madame ; il était de toutes les phrases, de tous les alinéas. Vous n'avez rien changé, vous avez bien fait. C'est admirable comme ça ! »

Au Salon de 1863, trois toiles de Fromentin obtinrent un succès mérité : le *Bivouac arabe au lever du jour*, le *Fauconnier arabe* et la *Curée*. Celle-ci, aujourd'hui au Louvre, fut achetée 10.000 francs par l'État. En 1864, le 1er mars, il assiste avec sa femme à la première, triomphale, du *Marquis de Villemer* à l'Odéon, et, la nuit même, en leurs noms à tous deux, il adresse des félicitations à l'illustre auteur.

Cependant les idées politiques de Fromentin avaient évolué; aussi fréquentait-il parfois les Tuileries, où il lui arrivait de grouper les personnages de quelque tableau vivant, et nous le voyons, en novembre 1864, figurer parmi les invités à Compiègne. Dans une assez longue lettre, il fait part de ses impressions à sa femme, et il semble bien qu'il n'était point encore, si peu que ce fût, un habitué de la Cour. Assez amusante d'ailleurs, cette lettre ne contient qu'une observation notable, d'ordre météorologique : il fait un froid horrible. « Malgré le feu battant, dit Fromentin, je n'avais pas plus d'un ou deux degrés cette nuit dans ma chambre. » Et, à propos d'Augier, qui est dans le corridor des ministres, il dit : « A-t-il plus chaud? voilà la seule question grave ici et dont on s'occupe. C'est évidemment une température exceptionnelle dans la première quinzaine de novembre. »

De cette même année 1864 date le *Programme de critique* qu'a publié Gonse, dans son livre sur *Eugène Fromentin*, programme à la suite duquel Fromentin avait jeté sur le papier une note que M. Blanchon publie pour la première fois, ainsi que deux autres notes de date inconnue, plus développées, où M. Blanchon voit comme une préparation aux *Maîtres d'autrefois*, mais où nous voyons surtout des phrases presque littéralement empruntées au *Sahel*. Quoi qu'il en soit, il y a là quelques indications inédites fort intéressantes.

A propos de son tableau les *Voleurs de nuit dans le Sahara*, peint dans l'hiver 1864-1865, nous noterons un détail d'autant plus remarquable, comme révélateur de sa conscience, qu'il attachait moins d'importance aux détails purement matériels : on a retrouvé une lettre de remerciements à Le Verrier pour l'envoi d'une carte céleste destinée à la préparation de ce tableau. Ajoutons que celui-ci figura au Salon de 1865, ainsi que la *Chasse au héron* du Musée Condé, qui obtint un éclatant succès.

Notons ici que, si nous n'aurons plus à citer de lettres échangées entre Fromentin et George Sand, ce n'est pas signe d'un refroidissement de leurs sentiments, mais la conséquence de ce que celle-ci était venue se fixer à Palaiseau en 1864, puis peu après à Paris. Des sentiments de George Sand dans ses dernières années nous avons comme témoignage ces lignes qu'elle écrivait à Jules Claretie : « Il jouit, disait-elle de Fromentin, d'une considération méritée, sa vie étant, comme son esprit, un modèle de délicatesse, de goût, de persévérance, de distinction... Heureux ceux qui peuvent vivre dans l'intimité de cet homme exquis à tous égards. »

Cependant les rapports de Fromentin avec son père, octogénaire et devenu très fier de son fils, ne laissaient plus rien à désirer, mais l'installation matérielle à Saint-Maurice n'était pas favorable au travail ; aussi voyons-nous Fromentin, en 1866, acheter une « baraque » voisine et la surélever d'un étage destiné à recevoir un atelier. Aussi se trouve-t-il encore dans les embarras d'argent, bien que ses tableaux atteignent des prix plus rémunérateurs : nous le voyons refuser 8.000 francs pour un tableau dont il voudrait obtenir 10.000; mais une autre fois il accepte 4.000 francs pour un tableau valant plus à son avis,

A l'Exposition de 1867, Fromentin obtint une première médaille ; mais sa promotion dans la Légion d'honneur fut ajournée par suite d'une brouille avec la Princesse Mathilde. Sans entrer dans les détails, nous reproduirons cet extrait d'une lettre de Fromentin à la Princesse en date du 17 août 1867 : « La porte que vous me laissez ouverte est celle des suspects, et Votre Altesse ne voudra pas admettre que je rentre chez elle par cette porte-là. Je n'oublierai rien, ni des bontés dont j'ai été personnellement l'objet, ni des services qui me sont d'autant plus chers qu'ils s'adressaient à des amis. » La réconciliation ne devait se produire qu'après la chute de l'Empire.

La même année, Fromentin posa sa candidature à l'Académie des Beaux-Arts : il y eut 17 candidats, et Pils fut élu. « L'Académie a fait un noble choix, et pas un artiste sincère n'aura le droit de s'en montrer blessé », écrivit Fromentin au peintre Couder. Au mois de décembre, il perd son père. « Je ne suis arrivé que vingt-quatre heures après, vingt-quatre heures trop tard, à mon profond chagrin, écrit-il à son ami Bida. J'avais une peur horrible pour ma mère ; elle a traversé héroïquement ces malheureuses journées ; tant il est vrai que la croyance en Dieu fait des miracles. » Et à sa femme il écrit : « Mon amie, ma mère est un être admirable, nous ne l'aimerons jamais assez, nous n'aurons jamais assez de vénération pour cette âme exquise. Chéris-la, crois-moi, de toutes tes forces, et bénissons le ciel de nous avoir donné deux mères comme la tienne et la mienne. »

Au Salon de 1868, les *Centaures et Centauresses s'exerçant à tirer de l'arc* soulevèrent de vives critiques comme manquant de style. Aussi Fromentin se montre-t-il très sensible aux éloges du jeune peintre Odilon Redon, publiés dans la *Gironde*. On sait que Fromentin devait revenir aux *Centaures et Centauresses* à l'occasion de la décoration de l'hôtel de la Païva.

Peu après le Salon de 1869, où Fromentin envoya notamment sa *Fantasia* qui obtint un vif succès et qui est maintenant au Louvre (collection Chauchard), on organisa la commission chargée de représenter la France à l'inauguration du canal de Suez. Proposé par Charles-Edmond pour en faire partie, Fromentin remercie celui-ci avec effusion ; d'autre part, il est question de la rosette, mais Nieuwerkerke, surintendant des Beaux-Arts, est hostile, tant à cause de la brouille avec la princesse Mathide qu'en raison de l'esprit indépendant de l'artiste. Fromentin se résout à s'adresser directement à l'Empereur. Finalement, celui-ci ajoute le nom de Fromentin sur la liste, et Nieuwerkerke se résigne à donner l'accolade. Voilà cependant Fromentin qui part pour l'Egypte, mais, au dernier moment, la séparation lui coûte : « Ma chère fille, écrit-il à sa femme, tu as été pour moi d'une bonté parfaite et dont je te remercie. J'en ai été touché, comme si depuis dix-sept ans tu ne m'avais pas longuement accoutumé à ta tendresse et à tes soins... Quand nous nous retrouverons en décembre, ces six jours passés ensemble à l'hôtel, si tristement finis, puisqu'il a fallu se quitter, ne nous laisseront plus que des souvenirs charmants que nous aimerons à nous rappeler quelquefois. » Les lettres écrites par Fromentin au cours de son voyage n'ajoutent guère, en somme à ses notes, qu'a publiées Gonse, à défaut du livre rêvé, mais qui n'a pas été écrit. Ce que nous y voyons surtout, c'est le regret de ne pouvoir prendre que de rares notes par écrit et de ne pouvoir faire aucune aquarelle, dans ce « train de plaisir organisé pour des gens du monde et dans lequel on a glissé trois ou quatre paires d'yeux d'artistes ». Ce qui nous paraît le plus intéressant dans ce que donne M. Blanchon, c'est une page du *Journal des Goncourt* relatant une conversation de Fromentin, puis se terminant par cette appréciation : « Non je ne suis jamais tombé sur un homme ayant emporté d'un pays une réminiscence plus gardeuse de tous les détails à demi cachés et presque secrets qui en font le caractère intime ».

. Cependant Fromentin, qui avait déjà fait partie de divers jurys, fut appelé à siéger dans une Commission chargée d'étudier toutes les réformes à réaliser en matière de beaux-arts. Chargé du rapport, tout en se montrant peu favorable à la remise aux artistes du soin des expositions, il conclut qu'en tout cas il ne faut pas de demi-mesure. Si c'est la liberté, qu'elle soit entière et sans condition. Qu'on ne vienne pas instituer une société libre en face d'expositions d'État, même triennales : la société envahie de toutes parts, serait alors déconsidérée, ruinée avant peu.

On est au printemps de 1870, et Fromentin insiste auprès d'Alfred Arago, chef de division au ministère des Beaux-Arts, pour la promotion de son ami Bida dans la Légion d'honneur ; puis c'est toute une liste de candidats à la décoration. Faisons quelques extraits dans ces notes d'un peintre sur les peintres encore vivants.

Vollon. — Grand talent de naturaliste, issu de Courbet, passé bien vite à l'amour des meilleures écoles... Son nom sera également acclamé par le *parti* qui croit le tenir encore et par celui qui le revendique.

Philippe Rousseau. — A précédé tous les peintres de nature morte de ce temps-ci ; les a longtemps dominés de beaucoup et n'a pas encore de rival dans la manière expéditive, large et brillante qu'il représente et qu'on a beaucoup imitée depuis, sans l'égaler.

Bida. — Talent sérieux, scrupuleux, abondant, plein de ressources dans un genre étroit, celui du dessin, et dans ce genre le premier sans contredit... Manie le noir et le blanc comme une palette, et par là se rapproche des peintres, qui le reconnaissent pour un des leurs... En somme, Rousseau et Bida, *deux croix d'officier* qu'on ne pourrait séparer sans que l'opinion des artistes en fût surprise.

Courbet. — La renommée la plus brillante de ce temps-ci. De grandes infirmités, mais de grands dons... Ridicule par ses doctrines, excellent dans quelques-unes de ses œuvres...

Chef d'une faction remuante où il se fait beaucoup de bons tableaux, où il se dit beaucoup de folies.

Toulmouche. — Carrière moyenne, heureuse, approuvée, estimée, un talent fin, soigneux, qui se respecte et se conserve.

Berchère. — Vingt-cinq ans d'expositions, de longs voyages, tous au profit de ses études ; a beaucoup produit, s'est partagé avec Belly la tâche intéressante de faire connaître l'Egypte ; l'a finement reproduite, dans son intimité plus que dans ses grands aspects... Carrière continue, abondante, à ne pas juger sur un tableau, mais dont il faut peser l'ensemble.

J. Lewis Brown. — Un joli peintre, doué, habile, incertain, parce qu'il est chercheur, mais très artiste.

Déhodencq. — Vingt-cinq ou trente ans de carrière. Débuts heureux... Les temps ont changé. De là ce qui semble un peu démodé dans ses œuvres. On le prise très haut ; c'est un artiste, un passionné, un croyant s'il en fut.

Plusieurs des avis de Fromentin prévalurent, notamment pour Bida et Berchère ; Courbet refusa la croix qui lui fut offerte.

A la fin de juin 1870, Fromentin part pour Venise avec sa femme et ses amis Busson et Bataillard. De là il écrit à Du Mesnil que, pour bien faire, il faudrait visiter Venise en juillet, mais n'agir et n'y travailler qu'en automne, cercle vicieux dont nous ne sortirons, dit-il, qu'en la voyant bien, en souffrant pas mal, et en n'y faisant rien du tout.

Rentré à Saint-Maurice dès le début de la guerre, il passe par toutes les angoisses qu'ont connues les Français pendant la guerre et la Commune, en y ajoutant les tourments que lui cause la santé de sa mère. La tourmente enfin passée, il se remet au travail et écrit à Busson : « J'ajourne tout ce qui demanderait quelque imagination ou quelque effort sérieux : je mets de côté Venise et les grands tableaux, je prépare tout bêtement des petits panneaux, ce que je sais faire. Je vais pendant quelques semaines, à l'imitation de notre ami Berchère, en faire *beaucoup* et battre monnaie. Quand j'aurai quelques sous sur la planche et que le dégoût me prendra, je passerai à des soins plus graves. » Un mois après, en juillet, il lui écrit encore : « Je suis content de vous savoir aux prises avec Venise et je ne suis pas fâché de vous voir peiner à votre tour sur des architectures. En fin de compte, je vous souhaite de vous en tirer mieux que moi. Vous me direz le résultat, quand il y en aura d'acquis. C'est charmant à faire, et je voudrais bien, vous qui êtes un naturaliste de métier, que vous apprissiez comment est Venise à ceux qui ne la voient qu'à travers les fantasmagories, si négligées, de Ziem... Je travaille vraiment beaucoup à beaucoup de choses à la fois. Il y a du bien et du médiocre. La seule chose qui me satisfasse en bloc, c'est que j'ai retrouvé, sans en avoir rien perdu, et la lucidité de mes souvenirs et la promptitude de la main. Il y a même, je le crois, quelques petites qualités nouvelles, plus flamandes ». Au mois d'octobre, il annonce au même qu'il a fini le *Grand Canal* et le *Palais ducal,* dont il se montre assez satisfait.

Nous arrivons à une consultation bien intéressante donnée par Fromentin à M. Ferdinand Humbert, qui n'avait alors que dix-neuf ans, au sujet d'un tableau projeté par celui-ci et ayant pour sujet *Judith et Holopherne.* La lettre de Fromentin et les trois lettres de M. Humbert qui nous sont données sont à lire en entier ; notons seulement que Fromentin redoute une Dalila ou une Omphale à la place d'une Judith, et sa crainte était si fondée que, finalement, Humbert renonça à son sujet primitif pour peindre une *Dalila* qui figura au Salon de 1873.

Nous avons dit que Fromentin n'était pas fâché de ses vues de Venise ; on ne fut généralement pas de son avis, mais Paul Mantz, qui apprécie ces peintures, explique cette réprobation, d'abord par le fait que Fromentin désertait ainsi la peinture algérienne, puis par l'écart entre cette ville paisible, saisie au moment où, sous une lumière diffuse, elle éteint les feux d'artifice de ses canaux et la ville représentée par le romantisme incandescent de Ziem : cette dernière expression est de Gonse.

Cependant, à la fin des vacances de 1872, passées à Saint-Maurice, Fromentin est très mécontent de ce qu'il vient de faire : « Je ne reviendrai pas les mains vides, écrit-il à Bussou, mais, au lieu du travail de longue haleine et de poids que je me proposais d'entreprendre, j'ai dû tourner court, me réduire et l'émietter en niaiseries. C'est du pain, voilà tout. Encore, quelque soin que j'y mette, ne suis-je pas certain de la qualité de ces choses très légères. Sans avoir perdu, je crois, la faculté, de faire vite, jamais je ne me suis senti moins d'aplomb pour concevoir, et moins de certitude et de clairvoyance pour me juger... En résumé, je travaille assidûment, tous les jours à peu près, parce qu'il le faut, comme on fait un *pensum*. Et j'aurais grand besoin de repos ! »

En 1873, Fromentin fait partie du jury pour l'Exposition de Vienne, mais il n'y envoie rien, malgré toutes les objurgations qui lui sont adressées. Ainsi qu'il l'explique à Meissonier, président du jury, ce n'est pas par mauvaise volonté, mais c'est qu'il n'a pu réunir un choix de ses tableaux qui le satisfît : à Paris, on les lui refuse ; à l'étranger, il ignore à quelle porte il faudrait frapper.

C'est en cette même année 1873 qu'eut lieu le mariage de la fille de Fromentin avec leur cousin Alexandre Billotte, secrétaire du gouverneur de la Banque de France. « Il y a des années que cette union était probable, écrit Fromentin à Bida, il y a des mois qu'elle était prévue... Les enfants sont dans la joie. »

En octobre, au moment de rentrer de Saint-Maurice, il écrit à Busson : « Je rapporterai sept, huit ou neuf petits tableaux, tout petits, ni bien, ni mal, pas spirituels, assez soignés, tout juste assez proprement faits pour être excusables... Je ne voudrais pas quitter Saint-Maurice avant que tous ne fussent hors de question, afin d'être libre, en arrivant à Paris, de me mettre à des travaux plus graves... Adieu, ami. Je suis las ; mon travail n'est pas toujours une gaieté, ni un délassement. »

Au commencement de 1874, la politique faillit amener une brouille entre Fromentin et son ami Paul Bataillard, resté républicain et démocrate, tandis que Fromentin avait constamment évolué vers les idées conservatrices. Ils surent s'arrêter à temps, et, le lendemain de l'incident, Bataillard terminait ainsi une lettre à son ami : « Ton amitié est-elle, comme la mienne, au-dessus de ces divergences ? Voilà toute la question. » A quoi Fromentin répondit : « Nos désaccords profonds... ne sont point de ceux qu'on fait disparaître en discutant... Laissons là nos dissentiments... Tenons l'estime que nous avons l'un de l'autre et la vieille amitié qui nous unit au-dessus de ce qui peut nous séparer par l'esprit... Ceci dit, je t'embrasse sur les deux joues. »

Toujours en 1874, son Salon obtient un vif succès, et puis il publie une nouvelle édition du *Sahara* et du *Sahel*, avec préface nouvelle. Puis, aspirant toujours à échapper à la peinture de genre, il découvre qu'il manque d'études premières. Aussi, quand il part pour Saint-Maurice, emmène-t-il avec lui, non seulement *Euloge*, modèle déjà maintes fois étudié, mais aussi *Salem*, petit cheval arabe très usé, acheté pour la durée des vacances. Il travaille avec acharnement, mais, en fin de compte, déclare à Busson n'avoir guère gagné que le goût de l'étude. Toujours la même année le fait grand-père.

C'est à Armand du Mesnil que nous devons les *Maîtres d'autrefois*, car c'est sur ses instances que Fromentin partit, en juillet 1875, pour la Belgique et la Hollande. Il consacra moins d'un mois à ce voyage, mais, le faisant seul, il trouva chaque jour le temps de prendre des notes et d'écrire à sa femme. M. Blanchon a puisé et dans les lettres et dans les notes, et ses extraits sont d'un grand intérêt; mais la nécessité de ne pas outrepasser les justes bornes nous obligera à ne parler guère que de la question Rembrandt, qui s'impose. Il nous faut d'ailleurs parcourir tout cela au point de vue anecdotique.

A Bruxelles, Fromentin est très bien reçu, notamment par Portaels et Gallait, mais il apprécie peu leur peinture, « imbibée d'ennui », écrit-il à sa femme. Somme toute, au moment de quitter Bruxelles, il s'en déclare content, ainsi que du séjour qu'il y a fait. Au contraire, à Anvers où il est seul et où il pleut beaucoup, le mécontentement le gagne, malgré son enthousiasme pour les Rubens. Au début, il est de bonne humeur : « Comme je quittais la cathédrale, écrit-il, toujours à sa femme, il pleuvait beaucoup, il ventait de l'ouest avec rage. J'ai pris une vaste voiture à la Guignard (il n'y en a pas d'autres à Anvers), et me suis fait conduire tout le long des quais de l'Escaut. Ce n'était plus Paris, ni Bruxelles : pleine Hollande. J'étais enchanté. » Et il note sur son carnet de voyage : « Les quais, en voiture, sous une pluie battante. Je n'ai fait qu'entrevoir l'Escaut, houleux comme un bras de mer. Tous les bateaux dansaient au flot; tous les cordages dansaient sous le vent. Les lourds chevaux à gros ventre, à nez busqué, à croupe immense, comme dans les tableaux anciens, recevaient la pluie et reluisaient, trempés d'eau. Pavé noir, fleuve sombre, bateaux noirs, horizon fumeux, ciel absolument tendu de nuées pluvieuses, rives plates et délayées dans des tons livides, tout avait l'air de prendre un léger bain de suie. C'est déjà la Hollande. Oh ! non certes, voilà qui n'est plus Paris, ni la France ! Cela va m'amuser beaucoup. » Mais la pluie continue et Fromentin s'ennuie bientôt. Aussi, le soir même du jour où il écrivait la note précédente, le surlendemain de son départ de Bruxelles, annonce-t-il à sa femme qu'il va partir pour la Hollande et résume-t-il ainsi ses impressions. « Somme toute, j'emporterai d'Anvers le souvenir de bien belles œuvres, mais aussi d'une ville bien ennuyeuse. » De ses notes, prises dans les musées ou églises, nous n'extrairons que cette pittoresque appréciation de Backuysen, dont les tableaux sont d'un aspect de porcelaine ardoisée peu agréable et ont « la couleur, le lustre et l'apprêt d'un plumage de pigeon ramier ». Cependant, le lendemain soir le retrouve encore à Anvers, d'où il écrit à sa femme : « J'ai compulsé et griffonné des notes. Je commence à voir clair dans la première partie de mon sujet : *Rubens.* » Et il y note, avant sa dernière nuit : « Je ne m'amuse ni ne me repose. J'écris pas mal de lettres ; je sors, je rentre, je griffonne des notes, je stationne dans les églises. Je suis mouillé ; je suis transi ; je rentre pour tout de bon. Il fait froid... A force de tabac, j'essaie d'expulser l'ennui. Je me couche enfin, à côté d'une bougie qui flambe et me défend contre la vermine, et je m'endors en songeant que la vie est bien bête, quelquefois bien douce et qu'elle m'a comblé !... »

Dès le lendemain 13 juillet, il écrit de la Haye à sa femme. Inutile de dire qu'il ne goûte ni la *Leçon d'anatomie,* ni le *Taureau*; quant à Jan Steen, qui lui est révélé là, s'il ne le goûte pas du tout, il en est troublé, et son dernier mot est : *grandes qualités.* Cependant le beau temps semble être revenu, et puis Fromentin a rencontré le graveur Flameng qu'il ne connaissait pas encore et qui va le conduire à une réunion d'artistes locaux. Aussi l'humeur chagrine est-elle passée, et Fromentin consacre-t-il à La Haye et à Scheveningue au moins autant de temps qu'à Anvers. Là et à Amsterdam, on voit qu'il cause avec plaisir de ce qu'il voit. Aussi remercie-t-il du Mesnil de l'avoir décidé à faire ce voyage. « Je saurai quelque chose au retour, lui écrit-il ; en tirerai-je un livre ? Je n'ose encore dire oui, mais je le crois bien : la matière est si charmante ! Et si je tourne une ou deux difficultés que je t'expliquerai; si j'en trouve, non pas l'ordonnance (elle est nulle), mais le mode et le ton, si je sais être bonasse et fin, pas pédant et cependant très ferme, précis et clair, à mon retour j'aurai les éléments d'un joli livre, et je n'aurai plus qu'à l'écrire. Mais chut ! en trouverai-je l'heure, et les dispositions ? — Le plus gros de ma besogne est d'annoter, séance tenante et devant les tableaux, les catalogues. Je ne parle pas de ce que, le soir, je griffonne en dehors de ces observations de pure technique. Ce sont encore des scénarios de chapitres et rien de plus. » Et, à la fin de la lettre, ce mot au sujet de sa femme : « Adieu, *veille un peu sur Marie*. Quoique le temps s'abrège, j'ai peur que le cœur lui manque. »

« Rembrandt m'empêche de dormir », écrit-il à celle-ci, et on le conçoit, puisque c'est à son sujet qu'il va heurter bien des idées reçues. Non pas qu'il admire mollement ce grand homme, comme on l'a dit parfois, mais, enthousiasmé par l'admirable série du Louvre, ainsi qu'en témoigne le chapitre qu'il lui a consacré dans son livre, il éprouve un véritable désappointement en face d'œuvres comme la *Leçon d'anatomie* ou la *Ronde de nuit*, que l'on présente souvent comme bien supérieures à tout ce que nous avons en France . C'est ainsi qu'il pose nettement la question dans sa lettre déjà citée à du Mesnil : « La question n'est pas de savoir si l'homme est un grand artiste, original, presque unique, un très grand cerveau quand il rêve, imagine, invente et s'appuie bien nettement sur sa sensibilité. La question est plus spéciale. Il s'agit de savoir s'il est plus grand ici dans ses œuvres si fameuses que dans les autres que nous possédons ou connaissons ; et de bien établir si, lorsqu'il n'est que praticien, *c'est un très beau peintre*, ou s'il n'a que certaines parties dominantes mais exclusives, étroites, d'un très beau peintre et s'il n'en fait pas abus quelquefois, notamment ici. » Edmond de Goncourt ne s'y était pas trompé, car après la publication des *Maîtres*, il lui écrivit : « Si vous diminuez un peu mon maître Rembrandt, je vous le pardonne, parce qu'au fond vous en parlez bien amoureusement, vous en parlez à la manière d'un amant qui bat son adorée. »

Resté cinq jours à Amsterdam, Fromentin l'a quitté deux fois pendant ce temps, pour aller voir Harlem et les Franz Hals ou pour se promener simplement aux environs. Mais il nous faut noter ce que Fromentin dit du fils de Flameng : « J'avais emmené avec moi (dans sa promenade aux environs) le jeune fils de Flameng, que j'ai retrouvé ce matin au Musée avec son père. C'est un charmant grand enfant de dix-neuf ans, déjà peintre fort doué, ayant beaucoup vu, beaucoup lu, et qui va devenir à la rentrée un de mes élèves certains, et je crois bien *préparé*, s'il tient ce que les apparences promettent. Il est toujours en course ici avec son père, connaît la Hollande comme Paris, et m'a intéressé. »

Du 23 au 26 juillet, Fromentin est à Gand et à Bruges; puis, de Bruxelles, il écrit à sa femme qu'avant d'écrire son livre, s'il en vient là, il lui faudra connaître à peu près bien l'histoire de la Belgique et de la Hollande et savoir synchroniquement ce qu'on faisait en Italie à la même époque, en France, et, depuis Philippe II, en Espagne. De ce nouveau séjour à Bruxelles nous n'aurions à mentionner que les nouvelles manifestations amicales de Portaels et de Gallait (celui-ci, comme directeur annuel de l'Académie, tient notamment à le présenter au roi), si un incident, très heureux pour nous, ne s'était produit : M. de Brun, conservateur du Palais d'Arenberg, lui signala la nécessité de voir, à Malines, la *Pêche miraculeuse* de Rubens, et c'est à cela que nous devons que Fromentin soit retourné dans cette ville et ait écrit une des plus belles pages des *Maîtres d'autrefois.*

Mentionnons simplement deux fragments, intéressants d'ailleurs, sur l'Ecole hollandaise et la campagne hollandaise, extraits du manuscrit des *Maîtres d'autrefois* déposé à la Bibliothèque de Versailles par Schérer, à qui l'avait donné Mme Eugène Fromentin, fragments qui n'avaient pas trouvé place dans l'ouvrage imprimé. Nous devons appeler plus particulièrement l'attention sur un troisième fragment, consacré au réalisme, dont nous reproduirons le passage suivant : « Quand la Vénus de Milo fut faite, un homme de grand savoir, de noble instinct, de vue hardie, attentive et haute, venait de découvrir que la femme est ainsi. Nul avant lui ne s'en était douté. Nul depuis n'hésita jamais à le croire sur parole. Et cependant, chose singulière, nul depuis, en s'essayant d'après les mêmes données, n'a témoigné qu'il la voyait de même, et ce monde qui l'admire, continue malgré cette incontestable affirmation de voir la femme autrement ! »

De retour en France, Fromentin se hâte d'aller à Saint-Maurice pour y murir ses *Maîtres d'autrefois.* Il y travaille jusqu'à l'automne, sauf quelques interruptions consacrées à de petits tableaux « pour alimenter ma caisse affreusement vide », dit-il. En dehors de son travail, nous ne voyons à signaler, pendant ce séjour à Saint-Maurice, qu'une visite de Léon Mouliade, l'Olivier d'Orsel de *Dominique.* « Il a quitté la Vendée, vendu toutes ses terres et s'est retiré pour mourir en paix, m'a-t-il dit, au fond de la Bretagne, en Finistère, en pleine forêt, dans un château qu'il a reconstruit, mais auquel il laisse son nom celtique et son titre de manoir. Il n'y est pas *tout à fait seul.*

Il n'a jamais été tout à fait seul, mon Olivier. Toujours le même; mais c'est la même solitude morale. Au fond, le même ennui, la même douceur élégante et désabusée, finalement la même idée fausse de la vie. Il est devenu gourmet, il a la goutte, ne monte plus guère à cheval, et tire des bécasses dans son parc, une béquille d'une main, un fusil de l'autre. »

Au moment de rentrer à Paris, Fromentin écrit à du Mesnil : « Tu me fixeras sur bien des points qui me tourmentent ; il y a du pas mal, mais c'est *faible* d'idées ; le livre est tout à *composer* et bien des morceaux sont à refaire, notamment *Rembrandt*. De plus que *d'erreurs* et combien d'inexactitudes à corriger ! » Des bouts de billets écrits à Paris montrent qu'une fois encore du Mesnil joua son rôle de conseil et d'ami sûr.

Enfin *les Maîtres d'autrefois* sont à point et paraissent, dans la *Revue des Deux Mondes*, du 1er janvier au 15 mars 1876 et, en volume, en mai de la même année. L'ouvrage fut très lu, très commenté dans la presse, dans les salons et surtout dans les ateliers. Il attira à l'auteur une foule de lettres très louangeuses, parmi lesquelles nous citerons particulièrement celles de Flaubert et de Schérer. Il faut noter d'ailleurs que Robert-Fleury et Baudry réclament une étude analogue sur les Maîtres italiens. Fromentin n'était pas rebelle à une telle pensée, mais il la restreignait trop, à notre gré, car il songea à raconter une promenade autour du Salon carré du Louvre.

A propos du Salon de 1876, où Fromentin exposa deux tableaux égyptiens, M. Blanchon rappelle le mot de Gonse, qui dit que ces tableaux furent jugés d'une exécution un peu triste. Bien qu'appréciant beaucoup ces tableaux, nous devons avouer que ce jugement nous paraît assez juste. Du reste, il y avait déjà assez longtemps que la palette de Fromentin s'était assombrie. A ce sujet, la comparaison de sa *Fantasia* de la collection Chauchard, qui date de 1869, avec celle de la collection Aynard, remontant à 1855, nous paraît particulièrement instructive. Si, en effet, le tableau de 1869 est bien supérieur à l'autre au point de vue de la composition et de la perspective aérienne, on ne peut méconnaître que celui de 1855 est beaucoup plus lumineux. Ajoutons que la pensée de Fromentin se tourne de plus en plus vers la critique d'art. S'il ne voulut jamais rien publier sur ses contemporains, un de ses amis n'en nota pas moins une conversation sur ce Salon de 1876 et la publia, sans signature, dans la *Bibliothèque uni-*

verselle de juin. Généralement sévère, Fromentin loue la *Locuste* de Sylvestre, mais il se demande si celui-ci a la puissance créatrice et le don de l'invention, réserve qui paraît justifiée, car il ne semble pas que ce peintre ait donné grande suite à sa *Locuste*. A propos de lui-même, il demande pourquoi un peintre qui se propose un but plus élevé que de provoquer l'étonnement ou l'intérêt se confine dans l'orientalisme. On reconnaît ici le désir déjà signalé d'échapper à sa spécialité. Il loue beaucoup Puvis de Chavannes, mais critique l'absence de modelé et la décoloration. De Gustave Moreau, qui expose l'*Hydre de Lerne* et *Salomé*, il ne dirait que du bien, s'il était plus simple et moins érudit. « Combien ceux qui se passent de ces raffinements, ceux qui parlent à tous dans la langue de tous sont plus simples, plus beaux et plus vraiment grands ! »

Au printemps de 1876 se rattache aussi la candidature de Fromentin à l'Académie française, candidature posée beaucoup trop tard contre celle de Charles Blanc. Il fut particulièrement appuyé par Caro, mais devait succomber. Le jour même de ce vote académique, mourait George Sand : une lettre à son fils montre la part prise par Fromentin à ce deuil.

Cependant il accompagne sa femme qui va prendre les eaux à Vichy. « Marie ne s'ennuie pas, écrit-il à du Mesnil, et, chose extraordinaire, moi non plus. Je suis seulement dans une stupidité sans exemple, et je m'y résigne: J'ai trouvé ici deux ou trois volumes de Heine qui font mes délices et un peu mon tourment, car il m'est bien difficile d'admirer quelque chose dans cet ordre-là sans avoir le désir d'en faire autant et le chagrin de ne le pouvoir. » Et voici la réplique de du Mesnil : « Heine dont tu me parles, est, en effet, très séduisant... Quant *à en faire autant*, c'est autre chose. Tu n'as imité personne ni dans ta peinture, ni dans tes livres ; et tu n'as rien à prendre à personne ; c'est ce dont tu dois te bien persuader. Ne cherche *nulle part* ni un style ni des aspirations ; tu *es toi*, et tu aurais tout à perdre en voulant te transformer ici ou là. » Dans une lettre à Bida, écrite de Vichy, nous voyons que Fromentin se propose de consacrer à la peinture ses trois mois de vacances à Saint-Maurice. Rentré là le 19 août, il eut un petit bouton à la lèvre ; ce bouton prit bientôt la forme d'un anthrax charbonneux, et il mourut le 27 août, à l'âge de cinquante-six ans. Comme oraison funèbre, nous reproduirons la note suivante écrite dès le 28 août par l'un des anciens élèves de Fromentin, le peintre Henry Lévy : « Fromentin est mort hier à 9 heures du matin, à la Rochelle. La nouvelle m'en est parvenue aujourd'hui. C'est une perte grave pour l'École, irréparable pour ceux qui le connaissaient et qu'il dirigeait, guidait dans l'art et dans la vie. Je n'en pouvais intellectuellement faire de plus grande. C'est à lui que je dois la situation que j'ai acquise depuis le jour où son enseignement à succédé pour moi aux leçons de l'École.

« Il prenait des élèves et en faisait des artistes. Véritable nature de maître : élévation de l'esprit, droiture du cœur, abondance des connaissances, savoir profond, réfléchi et senti de toutes les choses du métier. Une ardeur communicative qui allumait la flamme et une bonté qui vous rendait meilleur. Toujours d'une conversation avec lui on sortait plus peintre et plus homme. Un maître paternel.

« C'est un vide immense qui s'est fait pour nous tous. Que de choses il nous a apprises! Combien il nous en aurait appris encore! Il s'est couché en pleine flamme. Où irons-nous maintenant dans ces moments d'inquiétude, de défaillance, alors qu'un instinct sûr guidait mes pas vers la maison de la place Pigalle ? Toujours nous en revenions rassurés, réconfortés, guéris, ou en voie de guérison. Tout est fini, la voix est éteinte, l'œil si clairvoyant fermé à jamais, glacée la main qui nous recevait à la porte de la maison. Cher maître et ami bien aimé !

« Faites de belles choses! » — ce furent les dernières paroles que j'entendis de sa bouche.

« 1865-1876. — Tout le chemin que j'ai parcouru en ces onze années, tous les progrès que j'ai faits, c'est à lui, c'est à sa direction que je les dois. Quel horizon il m'ouvrit, surtout à partir de 1871, quand il s'occupa de moi avec plus d'ardeur et de tendresse à propos de cette *Hérodiade* qui a marqué une décisive évolution dans ma carrière et dans mes idées ! Bien souvent, depuis ce moment, j'eus l'intention de noter ses conseils, de transcrire ses paroles, et je regrette amèrement de ne l'avoir point fait.

« Il m'enseigna alors jour par jour la plus belle, la plus méthodique manière de conduire un tableau depuis l'ébauche jusqu'à la touche dernière : enseignement inappréciable, instrument qui se prête à tout, facilite le travail et la si difficile réalisation des idées ; méthode de sagesse savante qui ne fait

rien perdre de l'indépendance de l'esprit et le sert en le ména-
geant, en lui épargnant la fatigue et l'effort.

« Vrai maître, le seul que j'aie rencontré digne de ce nom ».

Cette page était restée inédite dans un journal intime, et sa
parfaite sincérité n'en est que plus certaine.

En terminant notre étude sur les *Années d'apprentissage*
d'Eugène Fromentin, nous disions : « Jamais vie ne fut plus
strictement la réalisation des rêves de jeunesse ». Nous le
redirions sans doute encore, mais nous devons noter que, si
Fromentin a toujours eu cette incomplète satisfaction de lui-
même qui est une condition du progrès, il est un point où
réellement il n'a pu atteindre son idéal. Dans cet article ano-
nyme sur le Salon de 1876, que nous devons à l'indiscrétion
d'un ami, nous l'avons vu s'étonner de ce qu'un peintre de
tendances aussi élevées se confinât dans l'orientalisme ; précédemment, nous avions du reste noté diverses aspirations
vers une peinture de plus haut style ; mais le public tenait au
genre où Fromentin avait conquis la célébrité et, « pour mettre
du pain sur la planche », comme disait Fromentin, il devait
faire beaucoup de petits tableaux, « ni bons ni mauvais », qu'il
déplaisait tant à Fromentin de devoir exécuter à la hâte. On
peut cependant se demander si ces aspirations toujours vaines
ne trahissent pas une certaine impuissance non soupçonnée.
On doit toutefois reconnaître que, progressivement, sa peinture avait singulièrement gagné au point de vue du style :
l'influence de Corot n'y fut sans doute pas étrangère, mais
cette influence n'était guère de nature à rendre sa palette
éclatante, et, à ce point de vue, elle n'a peut-être pas été favorable à sa carrière d'orientaliste.

Au moment de clore cette étude, nous sommes pris du
regret de n'avoir pas assez noté quelques rares aperçus sur la
technique de la peinture : c'est ainsi que, dès 1850, on le voit
noter l'action décolorante d'une lumière trop intense, et que,
dans le fragment cité sur l'École hollandaise, nous trouvons
un curieux passage sur les gammes picturales, mais il reste
assez imprécis, pour qu'on ne sache au juste s'il s'agit de
gammes de valeurs ou de gammes de couleurs : le fait qu'il
attribue la découverte à Wynants est d'ailleurs en faveur de
la première hypothèse. Quoi qu'il en soit, voici le passage
caractéristique sur ce sujet : « Il faut être peintre pour savoir
qu'il y a dans un tableau une clef et un diapason comme en
musique. Avant d'accorder les couleurs entre elles, il faut

d'abord en trouver le point de départ. L'harmonie d'un tableau peut être juste et résonner de bien des manières. Chaque manière a son effet, son style, sa signification. Le même accord peut être haussé sans y perdre sa justesse. Mais, de même qu'en musique, il n'est point indifférent pour le sens de l'idée, pour le caractère de l'œuvre, que l'œuvre soit écrite plus haut ou plus bas. Les peintres me comprendront quand je dirai que, de nos jours, si pauvrement instruits que nous sommes, on tâtonne longtemps, on hésite, avant de savoir dans quelle gamme on doit entamer l'exécution d'un morceau de peinture ; qu'on va souvent cherchant à tous les coins de la palette la valeur initiale, celle qui doit déterminer toutes les autres, que presque toujours on se trompe pendant le travail, que presque toujours on constate après qu'on s'est trompé, jusqu'à la fin. — Cette misère qui n'a l'air de rien, peindre en trop fort ou en trop clair, en trop mat ou en trop coloré, fait le supplice de bien des gens ; c'est là l'écueil ; et que de bons tableaux y font naufrage, au moment critique qui suit l'ébauche ! Un rien peut les perdre, un rien peut les sauver. Souvent le hasard seul en décide ; et jugez ce que peut le hasard dans les œuvres de la réflexion ! »

Qu'il nous soit permis d'exprimer un regret en terminant : M. Blanchon a sans doute fort bien fait de reproduire une photographie *ad vivum ;* mais nous eussions aimé trouver aussi dans son volume une reproduction du portrait de Fromentin par Ricard, reproduction facile à se procurer, ce portrait appartenant, sauf erreur, à Mme Billotte, la fille de l'auteur des *Maîtres d'autrefois.*

G. LECHALAS.

ERRATA

à l'article publié, sous le titre « le Nouveau Temps »,
dans l'*Année philosophique* de 1912.

Page 31, ligne 12, en remontant, sous le signe $\sqrt{\ }$, *au lieu de :* θ', *lire :* θ.
Page 32, ligne 15, sous le dernier signe $\sqrt{\ }$, *au lieu de : v, lire : v².*
Même page, ligne 21, *au lieu de :* Vθ_1, *lire :* Vθ'_1.
Page 33, ligne 2, en remontant, *au lieu de : l, lire : — l.*
Page 34, ligne 2, *ajouter :* $= \dfrac{V\theta}{\sqrt{V^2 - v^2}}$.
Même page, ligne 6, en remontant, *au lieu de : l, lire : l'.*
Page 35, ligne 5, *au lieu de : v =, lire : x =.*

COMMENT S'EST FORMÉE ET DÉVELOPPÉE
LA DOCTRINE NÉO-CRITICISTE
DE CHARLES RENOUVIER

Dans un dernier chapitre de l'ouvrage intitulé : *Esquisse d'une classification systématique des doctrines philosophiques*, Charles Renouvier fait connaître comment se sont imposées successivement à son esprit les idées générales qui ont formé sa doctrine néo-criticiste : loi du nombre, principe de relativité, idée du premier et absolu commencement, croyance au libre arbitre, croyance à l'unité de Dieu et à la création. Je rappellerai ici quelques passages intéressants, à mon sens, et très dignes d'attention, qui expliquent l'origine et l'évolution progressive de cette doctrine ; et j'indiquerai en même temps les points essentiels sur lesquels il me paraît que, malgré les efforts sincères d'une pensée puissante, cette doctrine est restée inconséquente et incorecte et doit être modifiée et complétée.

I

La loi du nombre. — Renouvier soutient tout d'abord que les divers systèmes philosophiques ne sont, en réalité, et ne peuvent être que de pures croyances personnelles. « Quelles que soient, dit-il, les prétentions des systèmes, il doit être avéré pour toute personne placée en dehors des systèmes et convenablement informée de leurs origines, de leurs tendances diverses, de leurs variations, de leurs contradictions mutuelles, accumulées et répétées, que chacun d'eux est l'œuvre personnelle, ou du moins l'affirmation personnelle d'un penseur, placé sous l'influence d'un certain tempérament intellectuel et passionnel, d'une certaine éducation, d'un certain milieu, et conduit par l'étude et la réflexion à un point de vue propre auquel il se résout à demeurer fixé. A partir du moment où ce penseur a pris son parti, la recherche de la vérité, touchant les thèses auxquelles il s'est arrêté, n'est plus pour lui que l'examen partial des opinions qui se rapportent à ces thèses, afin de les combattre si elles y sont contraires, de les confirmer si elles y sont favorables, de les y ramener si la difficulté de les nier exige une conciliation. L'état de son esprit, facile à observer dans les discussions orales, qui veulent souvent des raisons improvisées, est celui d'un homme qui, en écoutant son interlocuteur, approuve ou rejette implicitement ses assertions, selon qu'il aperçoit ou ne fait même que pressentir qu'elles sont conformes à ses principes à lui, ou qu'elles leur sont opposées ; et il cherche déjà en lui-même ce qu'il va répondre, avant qu'il ait seulement bien compris ce qu'on va lui dire. Le procédé de la polémique est le même, avec plus de temps pour la réflexion, dans les controverses les plus sérieuses et les plus régulièrement conduites [1]. »

L'auteur des *Essais de critique générale* attachait une grande importance à cette remarque sur la *personnalité* des systèmes. Elle était, à ses yeux, suffisamment justifiée par ce qu'il observait dans les discussions philosophiques. Il en tirait cette conséquence qu'en philosophie il ne faut point parler d'*évidence*, de *démonstration*, et que le nom de *croyance* est le seul qui convienne aux principes sur lesquels un système, quel qu'il soit, se prétend fondé. L'opposition de l'Évidence et de la Croyance est une de celles auxquelles est consacré son livre sur la classification des doctrines. Elle s'y trouve jointe, en une sixième étude, à celles de la Chose et de l'Idée, de l'Infini et du Fini, de l'Evolution et de la Création, de la Nécessité et de la Liberté, du Bonheur et du Devoir.

« La prédominance psychologique de la croyance, avec tous ses éléments composants, sur n'importe quel critère de certitude, me fut confirmée par l'étude des principales doctrines modernes de philosophie, puisque je vis du premier coup d'œil que les opinions les plus généralement reçues étaient cependant impossibles à démontrer, d'une part, et, d'une autre part, étaient combattues par de puissants penseurs. A quoi il faut ajouter que là même où l'on s'accorde à admettre certaines

---

1. *Esquisse d'une classification systématique des doctrines philosophiques,* t. II, p. 355.

réalités fondamentales et à leur donner les mêmes noms, on diffère beaucoup dans la manière de les définir : l'espace, par exemple ; et qu'enfin deux méthodes contraires touchant la nature et le mode d'acquisition des connaissances n'ont jamais cessé de s'opposer l'une à l'autre, et d'avoir leurs partisans de génie, depuis qu'il se fait de la philosophie au monde.

« A commencer par Descartes, dont les ouvrages furent pour moi une première initiation aux tentatives de philosophie rationnelle, comment n'être pas frappé du cercle vicieux où s'engage ouvertement, sans paraître se le déguiser, ce grand constructeur de vérités fondées sur l'*évidence*, quand il déclare vrais les objets des idées *claires* et distinctes, et qu'ensuite il appelle en garantie de ce premier critère le Dieu tout-puissant que ces idées révèlent comme leur auteur, et qui ne saurait être *trompeur*, parce que toutes les perfections possibles, et la véridicité entre autres, lui sont attribuées par ces mêmes idées qu'il aurait dépendu de lui de rendre trompeuses. Comment ne pas voir, dans cette marche étonnante de la certitude chez un philosophe pieux, l'aveu implicite de la croyance qu'il a pris mentalement le parti d'accorder aux objets de ses propres conceptions, sous l'impulsion de son sentiment intime[1]. »

Ainsi, selon Renouvier, la croyance, formée et adoptée sous l'impulsion d'un sentiment personnel, apparaît à l'origine même de la philosophie qui prétend se fonder sur l'évidence. La méthode cartésienne du doute provisoire n'est qu'un produit, qu'une application de la croyance. Puis, il voit d'autres applications de la croyance personnelle succéder à celle qu'en a faite Descartes. Il voit régner la croyance dans toute l'histoire de la philosophie moderne : dans le monadisme de Leibniz ; dans l'immatérialisme de Berkeley ; dans le phénoménisme empirique de Hume ; dans le criticisme de Kant. Et il résume dans les termes suivants les applications diverses de la croyance que lui présentent ces systèmes :

« Leibniz supprime l'existence substantielle de l'*étendue* que Descartes a regardée comme une chose en soi. Il nie aussi la causalité transitive dont la nouvelle philosophie se trouve si embarrassée. Il disperse l'être à l'infini dans les *monades*, dont une harmonie préétablie relie les déterminations respectives. Berkeley définit les corps des groupes des qualités sensibles que l'esprit souverain communique aux autres esprits, qui les

1. *Ibid.*, p. 361.

perçoivent ; et Malebranche penserait à peu près de même. n'étaient certains scrupules qu'il a et qui sont étrangers à l'ordre spéculatif. Hume ramène les idées et les croyances à l'être individuel et à son expérience ; il explique les affirmations et les concepts par les *impressions* reçues et par les *habitudes* nées de la répétition de ces impressions dans un même ordre donné. Kant rétablit par l'analyse des jugements et à titre de formes ou instruments indispensables à la constitution même de l'expérience, les concepts généraux que Berkeley et Hume ont niés ; mais, en contre-partie, il dévoile les pétitions de principe ou autres paralogismes renfermés dans les démonstrations didactiques que l'école aprioriste, depuis Descartes, a prétendu donner de la réalité des objets de certaines idées ; il fait plus, il met au grand jour ce qui n'était jusque là que latent, l'existence des antinomies, c'est-à-dire des contradictions intrinsèques auxquelles s'aheurtent les doctrines qui veulent déterminer les idées de Dieu et du monde, sous les aspects de l'espace, du temps, de la totalité et de la causalité[1]. »

De cette esquisse « d'une période des plus remarquables de l'histoire de la philosophie », il conclut qu'il est nécessaire et donc légitime « de faire intervenir la croyance dans les décisions à prendre sur les hautes questions qui dépassent la portée de l'ordre observable des phénomènes ».

II

Je ne crois pas que l'on doive, comme le veut Renouvier, renoncer à l'évidence en philosophie, pour s'en tenir de parti pris à ce qu'il appelle la croyance. Je remarque que la méthode de doute provisoire à la recherche de vérités évidentes a précisément pour objet de soumettre à un examen réfléchi les jugements préexistants (*préjugés*), c'est-à-dire les croyances reçues de la tradition, conservées par l'habitude, ou formées spontanément sous l'impulsion du sentiment et de la passion, afin que la raison puisse sûrement distinguer et séparer, en ces jugements, en ces croyances, la vérité de l'erreur. C'est bien la seule et vraie méthode de la philosophie. J'accorde sans peine qu'elle n'a pas empêché Descartes et ses successeurs

---

1. *Ibid.*, p. 362.

d'introduire des erreurs dans leurs doctrines. Mais on peut demander s'ils l'ont toujours et en tout fidèlement suivie ; si l'intervention de la croyance ne les a pas le plus souvent conduits aux idées fausses qu'ils ont soutenues ; si les contradictions qui existent entre leurs systèmes ne sont pas dues à la place qu'y a prise la croyance personnelle plutôt qu'à la recherche de l'évidence.

La première vérité évidente qui, selon la méthode cartésienne, succède au doute provisoire est l'existence du moi pensant, *Cogito ergo sum*. Tel est le point de départ que Descartes donne à la philosophie. C'est par cette première évidence qu'elle s'est renouvelée et qu'elle a commencé à sortir de la personnalité des systèmes. Mais est-ce bien l'évidence qui a fait ensuite passer Descartes de l'existence du moi : d'abord à l'existence de Dieu, c'est-à-dire d'un être que définissent ces deux mots inséparablement unis, *infini* et *parfait* ; puis à l'existence du monde extérieur, c'est-à-dire de la substance étendue, prouvée, selon lui, par la perfection divine ? N'est-ce pas plutôt la croyance ?

Renouvier allègue contre la méthode fondée sur l'évidence le cercle vicieux où s'est engagé Descartes, en déclarant vrais les objets des idées *claires* et *distinctes*, et en appelant ensuite en garantie de ce critère l'être parfait, donc véridique que ces idées révèlent comme leur auteur, et qui n'a pu vouloir, en raison de sa perfection infinie, les rendre trompeuses. Pascal avait signalé ce cercle vicieux, en l'opposant à l'autorité de la raison et en appuyant sur un scepticisme philosophique absolu la foi à la Révélation chrétienne. Nous ne sommes certains de la vérité des principes, dit-il, que parce que « nous les sentons naturellement en nous ». Or, ce sentiment intérieur d'évidence « n'est pas une preuve convaincante de leur vérité, puisque n'ayant point de certitude, hors la foi, si l'homme est créé par un Dieu bon, par un démon méchant, ou à l'aventure, il est en doute si ces principes nous sont donnés ou véritables, ou faux, ou incertains, selon notre origine[1] ».

On peut répondre à Pascal et à Renouvier qu'au principe de l'évidence se joint naturellement celui de la véracité divine. Ces deux principes sont en réalité inséparables ; on ne peut contester l'un sans contester l'autre ; ils forment par là un seul et même principe. Mais évidence et véracité divine doivent

1. *Pensées*, VIII, 1.

être prises au sens le plus général, s'appliquer à tout ce que nous jugeons, après examen critique, vérité assurée. Comment découvrons-nous et démontrons-nous le vrai? Par les inductions et les déductions de la raison. Voilà l'évidence. Mais pour accepter le verdict de la raison, il faut croire à l'autorité de la raison. Or, c'est sur le principe de la véracité divine que repose l'autorité de la raison, laquelle est postulée par la philosophie. Ce principe est la négation du pessimisme intellectuel radical, du scepticisme absolu ; et cette négation s'impose au commencement ou à la fin de nos démarches intellectuelles. Pas de philosophie sans un optimisme intellectuel fondamental. Il est clair que le scepticisme qui porterait sur le témoignage de nos facultés considérées en général, qui accuserait de tromperie notre constitution mentale tout entière, serait, par son étendue et sa profondeur, absolument irrémédiable ; et il est également très clair, remarquons-le, que la foi à la Révélation chrétienne, quoi que Pascal ait écrit à ce sujet, ne peut rien gagner à un tel scepticisme.

Pour croire à l'autorité de la raison, il faut lui accorder le pouvoir de rectifier toutes les illusions, toutes les erreurs. Il faut donc admettre que, pour ce qui la constitue essentiellement, elle est en harmonie avec la réalité. Il faut donc supposer au fond de la nature même, d'où est sortie la raison humaine, un principe supérieur de perfection morale et de véracité. Voilà ce que me paraît avoir très bien compris Descartes. Ce n'est pas le principe général de la véracité divine qui est contestable ; il ne l'est pas plus que l'autorité de la raison, qui est obligée de s'y appuyer pour se défendre contre le scepticisme absolu. Ce que l'on doit contester, c'est l'application particulière que Descartes a faite de ce principe pour exclure les hypothèses idéalistes. C'était abaisser ce principe que de l'employer à la démonstration de la substance étendue. En cette démonstration il avait été trop vite : il avait admis trop facilement que la croyance à l'existence de la matière était naturelle en ce sens et à ce point que, si elle était fausse, on devrait la considérer comme une erreur inévitable et invincible.

Si je passe de la doctrine de Descartes à celles de ses successeurs, je vois la philosophie s'élever progressivement, par des victoires de l'évidence sur la croyance, à l'impersonnalité des sciences positives. Je constate ces victoires : — dans l'idéalisme de Leibniz qui n'admet qu'une seule espèce de substance

et qui met à la place de la substance étendue un nombre infini
de monades dont la nature « consiste en quelque chose d'ana-
logique au sentiment et à l'appétit, et qu'il faut concevoir à
l'imitation de la notion que nous avons des âmes [1] »; — dans
l'idéalisme de Berkeley qui démontre clairement que la raison
doit étendre aux qualités primaires (étendue) la subjectivité
des qualités secondaires des corps (couleur), et qui, réduisant
les corps à des phénomènes, leur enlève la substance que leur
attribuait le spiritualisme cartésien ; — dans l'idéalisme de
Kant qui considère l'espace et le temps comme les formes de
notre sensibilité et leur refuse la réalité objective. Il est vrai
que des croyances subsistent en ces divers systèmes. La vieille
croyance infinitiste conserve la même force dans le criticisme
kantiste et dans le monadisme leibnizien que dans le spiritualisme de Descartes. Consacrée en quelque sorte par le temps,
elle semble inébranlable. Mais, voici que Renouvier lui oppose
la loi du nombre, et par cette nouvelle et importante victoire
de l'évidence lui porte un coup décisif. Écoutons-le :

« Quand on examine les antinomies kantiennes, il est facile
de voir qu'elles dépendent entièrement de deux points qui,
admis ou rejetés, les soutiennent ou les laissent tomber sans
force. Avons-nous d'aussi bonnes raisons de supposer que le
dénombrement imaginable des choses, tant passées qu'actuelles, répond à des nombres *sans fin*, quoique ces choses,
soient ou aient été *données*, que de penser que toutes choses
données aient numériquement un terme? Avons-nous d'aussi
bonnes raisons d'assurer que les phénomènes de l'univers sont
tous rigoureusement enchaînés et tous solidaires entre eux, de
telle sorte qu'une intelligence sans bornes, si elle était possible, pourrait calculer d'après un état de cet univers entièrement connu par elle à un moment donné quelconque, tous
les états futurs par lesquels il doit passer, sans en excepter
aucun phénomène, si petit soit-il, et d'aucune espèce, que de
nous fier aux apparences mentales qui, dans nos jugements,
dans nos prévisions, dans l'exercice de notre activité, nous
forcent à nous représenter certains faits comme ayant pu être
suivis par d'autres que ceux qui les ont suivis effectivement
dans le passé; à nous représenter des faits maintenant donnés
comme pouvant être les antécédents de faits *indéterminément*

---

1. Leibniz. *Système nouveau de la nature et de la communication des
substances.*

futurs au moment où nous sommes, et dont la détermination d'être ou de non être devra être actuelle? Et pouvons-nous nous dispenser de prendre un parti dans ces dilemmes, ou trouver le moyen d'accorder les deux manières d'envisager les choses dans les deux questions ainsi posées? Au fond et tout en ayant déjà professé des opinions d'apparence fort dogmatique, je restais dans une réelle inquiétude d'esprit sur la solution à donner aux problèmes de l'infini et du libre arbitre.

« Pour le premier de ces problèmes, la lumière me vint à la suite d'un effort repris bien des fois depuis ma sortie de l'Ecole polytechnique, et continué avec une sorte de passion, pour me rendre un compte que je pusse appeler rationnel de la méthode infinitésimale en géométrie. J'étais fortement attaché à l'infinitisme, relativement à l'ordre concret des choses, à la nature, je ne cherchais pas moins avec une entière sincérité à m'expliquer l'usage légitime, dans l'ordre abstrait, en mathématique, de ces infiniment petits, qu'il faut traiter tantôt comme rigoureusement nuls et tantôt comme soutenant entre eux des rapports. Rien ne pouvait me satisfaire. Cette question est, on le sait, la croix avouée des méthodes d'enseignement de la géométrie depuis deux siècles. Auparavant elle n'était que latente.

« Que par le simple effet de mon acquis d'écolier je fusse parfaitement convaincu de l'impossibilité de l'infini numérique *actuel*, et, par conséquent ds l'impossibilité d'admettre une composition *effective* de la quantité abstraite, composition qui serait telle que l'unité servant à la former doit s'y trouver répétée *un nombre infini de fois*, c'est ce qui n'a rien d'étonnant, en dépit du penchant infinitiste, puis qu'on ne trouverait pas un mathématicien de bon sens qui vît autrement les choses. Le progrès de la méthode d'union des contradictoires n'est pas encore allé jusqu'à permettre aux hommes de la partie de croire que le nombre, dont la seule définition possible implique l'*inépuisable*, soit néanmoins *épuisé* par un acte de ce même entendement qui l'a défini, et que la *numération de l'innumérable* soit une numération faite. Tout ce qui peut leur arriver, c'est de se troubler quand ils considèrent la même loi dans le concret de l'espace et du temps, parce qu'ils les regardent comme des touts réellement effectués et dont les dernières parties sont à l'infini; c'est aussi de ne pas se montrer bons logiciens, et de parler des incommensurables, des

limites, des quantités indéfiniment décroissantes, du nombre
en général, envisagé comme continu et non plus comme discret,
d'en parler, dis-je, en termes tels qu'ils semblent admettre la
réalité du *nombre infini* qu'ils tiennent pour impossible.

« Mon unique mérite, pour ceux qui consentiront ici à m'en
reconnaître un, c'est d'avoir voulu absolument être logique,
aller au bout des conséquences, quelque opposées qu'elles
fussent à mes préventions, et mettre d'accord avec un jugement définitif, porté sur l'infini de quantité, mes jugements
sur toute une autre suite de problèmes, ce qui, de proche
en proche, m'a porté très loin et à des résultats imprévus ou à
peine pressentis.

« Je mé sentais donc, après bien des tâtonnements et des
essais infructueux des systèmes, obligé de choisir entre une
théorie infinitiste dans l'abstrait comme dans le concret
(théorie mystique et irrationnelle à mes propres yeux, puisqu'elle me forçait de démentir l'idée propre du nombre, une
des plus impérieuses de l'entendement), et une théorie de la
connaissance et de l'être de laquelle seraient exclues rigoureusement toutes les affirmations de nature à impliquer
l'existence actuelle d'un infini de quantité. De tous les partis
à prendre, le parti mitoyen, qui fut cependant celui de Leibniz,
m'a paru le plus impossible à tenir ; c'est celui qui consiste
à regarder l'infini comme une pure fiction en mathématique,
vu la pression qu'exerce sur l'esprit, en ce cas, la plus rationnelle des sciences, et puis à faire de ce même infini un attribut
des réalités de l'univers afin de donner satisfaction à ce fou-
gueux appétit des synthèses absolues qui ne recule devant
aucune absurdité, quand l'absurdité paraît nécessaire pour
résoudre un problème que cela seul pourrait faire juger insoluble.

« Si je prenais le parti de l'infini actuel, après m'être enfin
mieux rendu compte de la nature irrationnelle et contradictoire de son premier fondement dans l'entendement, quelle
garantie allais-je trouver et me donner à moi-même contre
tant de sortes d'aberrations mystiques dont la métaphysique et
les religions abondent, et contre lesquelles, après tout, on
n'a jamais à faire valoir que le grief d'irrationalité, de contradiction ? Qu'y a-t-il dans les mystères théologiques les plus
énergiquement repoussés par les infinitistes naturalistes, qui
soit au fond plus inconcevable que le simple infini de quantum, quand il faut l'imaginer actuel ?...

« Si je prenais le parti opposé, si, dans l'impuissance de rationaliser la doctrine de l'infini de manière à me satisfaire, je résolvais de n'admettre en fait de données actuelles, de l'ordre de la quantité, que celles qui sont soumises à la loi déterminante du nombre, qu'adviendrait-il des autres opinions auxquelles j'avais été jusque-là attaché en philosophie ? Je voulus le savoir. Jamais la puissance de la logique ni la fécondité d'un principe porté où il peut aller, et loin au delà de ce qu'on imagine d'abord, n'apparurent mieux qu'à moi quand je me mis à developper les conséquences de ma pensée dans une direction renversée. Je dois dire avant tout que le renoncement à un ensemble de thèses métaphysiques et transcendantes qui s'ensuivit de cette première et simple détermination, sur un problème de nature essentiellement mathématique, trouva une ample compensation dans l'affermissement des vérités pratiques et morales, dans une lumière nouvelle et très vive dont ces vérités brillèrent à mes yeux. Et ce fut là le principal motif par lequel je fus à la fin confirmé dans un point de vue qui primitivement ne m'avait paru intéresser que la spéculation [1]. »

III

Le principe de relativité — L'*évidence* de la loi du nombre ne permet pas à l'esprit de conserver la *croyance* infinitiste. Renouvier, qui ne pouvait mettre en doute l'application nécessaire de cette loi en mathématique, a eu le grand mérite de reconnaître, malgré ses conceptions métaphysiques antérieures, qu'elle ne pouvait pas ne pas s'appliquer également à l'ordre concret des choses, aux réalités de l'univers, et que l'on devait en rechercher et en accepter toutes les conséquences philosophiques. Il explique ces conséquences, telles qu'elles lui ont paru se déduire logiquement du principe mathématique, après les avoir portées, comme il dit, aussi bien qu'il le jugeait possible.

« Dès qu'on s'est fermement arrêté à reconnaître l'impossibilité de l'infini actuel, tant dans le concret que dans l'abstrait, la nature mathématique de ce principe doit nécessaire-

---

1. *Esquisse d'une classification systématique des doctrines philosophiques*, t. II, p. 371 et suiv.

ment suggérer pour première application, une manière de voir particulière, touchant l'espace et le temps, qui sont les deux grands objets de la mathématique concrète. En effet, la divisibilité indéfinie est et a toujours été comme la propriété caractéristique attachée au concept de l'espace et du temps. Il est donc tout simple qu'un parti pris sur la condition de ces objets, en tant que divisibles, comporte une certaine doctrine concernant leur nature, et exclue telles autres doctrines qui ont eu leurs partisans.

« Ensuite, on observe que les problèmes et les systèmes de métaphysique exigent une discussion approfondie et la décision des questions relatives à l'espace et au temps; que toute théologie, toute ontologie, a des dogmes impliquant des solutions de ces mêmes questions, que ces dogmes sont renversés si ces solutions ne tiennent pas; plus généralement, qu'il existe entre les quantités et leurs lois, d'une part, les qualités et les forces, de l'autre, des liens nombreux et étroits dont on ne saurait s'exagérer l'importance, et que l'espace et le temps sont les quantités fondamentales, auxquelles toutes les autres sont rattachées par l'investigation scientifique; et l'on comprendra sans peine que la direction et la marche de la spéculation en philosophie puissent être déterminées par ce seul fait qu'on s'est d'abord fixé sur la nature de la quantité et sur sa loi caractéristique. C'est ce que nous allons vérifier.

« L'espace, selon son concept, est infiniment multipliable et divisible. Les parties en cela, suivant la loi de la série indéfinie des nombres, et de la série indéfinie des fonctions abstraites progressant en raison sous-multiple les unes des autres. Si j'assimile la quantité dans l'espace au nombre idéal dont la multiplication ou division, en tant qu'infidénies, s'appliquent à des *possibles* et non point à des *donnés,* je ne crains point la contradiction de l'infini actuel; mais alors j'envisage l'espace comme une intuition à laquelle s'appliquent la perception ou l'imagination de toutes sortes de rapports possibles, toujours finis quand ils sont donnés, infinis seulement en puissance; et cette puissance infinie est toute mentale.

« Si je voulais, au lieu de cela, considérer l'espace, et je peux en dire autant d'une étendue circonscrite quelconque comme un sujet donné en soi, la nécessité logique de mon concept, vu la propriété de divisibilité sans terme, me contraindrait à considérer toutes les parties imaginables de cette étendue, comme étant également des sujets donnés en soi;

car je n'ai aucun moyen de distinguer entre des étendues grandes ou petites, totales ou partielles, dont les unes seraient et les autres cesseraient d'être données en soi. Je me trouverais donc conduit inévitablement à la contradiction de l'infini actuel.

« Ainsi je suis obligé par mon principe et en suivant une voie qui n'est pas la voie ordinaire en cette matière, mais qui, je crois, ne vaut pas moins, d'embrasser l'opinion dite *idéaliste* sur la nature de l'espace. Je ne discute pas ici cette dernière ; je la rappelle, en lui donnant le nom sur lequel on la désigne habituellement dans la doctrine de Leibniz, ou dans celle de Kant. Je n'avais pu me résoudre à l'accepter pleinement avant d'avoir envisagé les doctrines contraires dans leur rapport avec l'idée d'un quantum infini, et d'avoir rejeté l'infini actuel comme contradictoire.

« La même démonstration qui établit l'impossibilité de l'espace, sujet en soi, établit celle du temps sujet en soi. L'étendue et la durée se présentent ainsi comme des formes de l'intuition des objets de la sensibilité, de l'imagination et de la mémoire, et tout à la fois comme des rapports *sui generis* entre les phénomènes. Le mouvement et la vitesse suivent nécessairement la condition de l'étendue et de la durée dont ils ne sont que des rapports.

« La matière des corps qui affectent notre sensibilité se prend sous deux aspects, indépendamment de leurs qualités sensibles spéciales : 1° On peut penser à l'étendue qui leur est inhérente, tant selon le concept que selon l'expérience, et qui est également inhérente à leur partie imaginable quelconque ; 2° on peut penser à des forces, à des monades, à des existences manifestées par des actions, sous n'importe quelle étendue, et qui seraient les éléments de composition de ces composés qui sont les corps. Sous le premier aspect, la division des corps, ou de leur matière, a nécessairement une limite que n'a pas l'idée indéfinie de l'étendue. De même leur diffusion ou leur multiplication dans l'espace idéal a nécessairement des bornes ; autrement un infini actuel se trouverait réalisé en des parties d'étendue, données et comptées en soi, et cependant sans nombre, que l'on suppose correspondre aux corps donnés ou à leurs parties données. Sous le second aspect, on voit directement que les existences quelconques dont les corps sont composés doivent toujours former, en leurs collections ou multitudes, des nombres déterminés, et que la multitude

des corps actuellement existants, de quelque manière qu'on les distingue les uns des autres, et pourvu seulement qu'on les distingue, est nécessairement une multitude semblable en elle-même.

« Ce qui est dit des corps est applicable à des essences n'importe comment définies, à des groupes quelconques de phénomènes, à des phénomènes de toute nature considérés isolément, du moment qu'on les pose comme des données actuelles.

« Enfin ce qui est dit des phénomènes ou de leurs groupes actuellement donnés est applicable à des phénomènes qu'on imagine échelonnés dans le temps passé, et dont la production successive a composé des nombres dont ils sont les unités. La régression à l'infini de phénomènes donnés dans le temps n'est pas possible; car, en la supposant, on supposerait qu'un infini actuel s'est formé, qu'un nombre sans nombre d'unités s'est accompli, ce qui est absurde selon notre principe. Donc les phénomènes de l'univers ont eu un commencement[1]. »

IV

Telles sont, selon Renouvier, les conséquences philosophiques auxquelles conduit la loi du nombre appliquée à l'espace et au temps, aux corps que renferme l'espace, aux éléments dont les corps sont formés, aux êtres ou phénomènes qui se succèdent dans le temps. Ces conséquences, les a-t-il vraiment, comme il l'a cru, portées à leur terme logique. C'est ce qu'il faut examiner.

Il est certain, — Renouvier s'en est très bien rendu compte, — que la loi du nombre ne permet pas de voir réalisé l'infini quantitatif actuel par les parties en lesquelles peuvent se diviser l'étendue spatiale et la durée, par les corps et agrégats matériels qui coexistent dans l'espace et dont se compose l'univers, par les éléments qui constituent chacun de ces corps, par les êtres et les phénomènes qui se sont succédé dans le passé. Cependant nous inclinons à admettre cette réalisation de l'infini actuel; et notre imagination oppose une résistance sérieuse à la réflexion et aux raisonnements qui en

1. *Esquisse d'une classification systématique des doctrines philosophiques,* t. II, p. 374 et suiv.

démontrent l'impossibilité. Le préjugé infinitiste est très naturel. Il s'explique par les propriétés que nous paraissent posséder l'espace et le temps, tels que nous nous les représentons. D'une part, il nous est impossible de ne pas les considérer comme continus, indéfiniment multipliables et divisibles. D'autre part, nous leur attribuons spontanément la même réalité, la même existence en soi qu'aux coexistants et aux successifs qu'ils contiennent et dont ils semblent inséparables.

L'histoire de la philosophie montre combien il est difficile à l'imagination de refuser à l'espace et au temps un genre de réalité semblable par sa nature à celle que l'on reconnaît à leurs contenus. Les philosophes de l'école d'Élée soutenaient que le pur espace, le vide, étant non-être, néant, n'a aucune réalité. Rien n'existe que l'être, disaient-ils, et en dehors de l'être, rien n'existe. Donc l'espace, le vide, qui est distinct de l'être, qui est en dehors de l'être, n'existe pas. — Non-être, si vous voulez, répondaient les fondateurs de l'atomisme, non-être, comme distinct de ce que vous appelez l'être, c'est-à-dire du plein, le pur espace, le vide, n'en existe pas moins réellement aussi bien que le plein ; il n'en a pas moins, comme le plein, cette propriété caractéristique, l'étendue. Il faut la joindre au plein pour expliquer la pluralité et le mouvement que le monde offre à l'expérience sensible. En le réalisant, l'imagination ne fait que servir la raison et lui apporter un concours nécessaire. S'il fallait, comme vous le prétendez, l'exclure du réel, la réalité du plein lui-même serait atteinte, la réalité du monde s'évanouirait pour la raison à laquelle il ne présenterait qu'une vaine et inintelligible unité.

La doctrine de Descartes ne pouvait mettre aucune différence entre l'espace et la substance matérielle, parce qu'elle faisait de l'étendue l'attribut essentiel, on peut dire unique, de cette substance. Pour Descartes, l'espace était *étendue*, donc *matière*. Comme le vide d'étendue est impossible, on ne pouvait admettre aucun vide. Toutes les qualités et propriétés autres que l'étendue, que nous croyons percevoir dans les corps et que nous leur attribuons ne leur appartenaient pas réellement, mais venaient du sujet, de la substance pensante. Descartes n'eût eu qu'un dernier pas à faire pour lui ôter et donner à la substance pensante l'étendue aussi bien que toutes autres qualités, et pour conclure, comme Berkeley, à l'immatérialisme radical. Bayle a montré qu'il y était très logiquement conduit, en rappelant que le plus illustre disciple de la philosophie cartésienne, Malebranche, était fort disposé à faire ce pas décisif et l'eût sans doute fait, s'il n'eût consulté que la raison, et si la religion ne lui eût paru imposer et assurer la croyance à l'existence réelle des corps. On remarque à ce sujet, disons-le en passant, que, par ses principes et par son esprit, le panthésisme spinoziste est absolument opposé à cette orientation idéaliste de la doctrine cartésienne et malebranchiste; de la doctrine qu'on appelait au xvii* siècle la *philosophie nouvelle*, et que le rapprochement qui a été souvent établi entre l'auteur de la *Recherche de la vérité* et l'auteur de l'*Éthique* est vraiment absurde[1].

La doctrine de Locke nous ramène au vide et aux atomes. Le vide, dit Locke, est nécessaire, parce que, sans le vide, le mouvement serait impossible. Il faut donc maintenir la distinction de l'espace et de la matière. Cette distinction est un fait psychologique incontestable, attendu que, « si l'on n'avait pas l'idée d'un espace sans corps, on ne pourrait pas mettre en question l'existence de cet espace[2] ». Cependant, aux yeux de Locke, l'espace, qui est étendue, qui a les trois dimensions,

---

1. Voyez, dans l'*Année philosophique* de 1894, l'étude intitulée : *Spinozisme et Malebranchisme*. On me permettra de citer quelques lignes de cette étude :

« Descartes sortait du doute provisoire par le *Cogito*, puis de l'idéalisme égoïste par l'idée de Dieu (l'être infini et parfait), enfin de l'immatérialisme par la véracité divine. Inutiles, dit Spinoza, ces démarches qui supposent une liberté chimérique de doute. Inutile cette révélation divine, naturelle (Descartes), ou surnaturelle (Malebranche), à laquelle on a recours pour prouver qu'il y a des corps... Et il va, lui, droit à la substance étendue, il l'affirme, il ne peut pas ne pas l'affirmer, parce qu'elle est l'objet, l'idéat d'une idée claire et distincte.

« Claire et distincte aussi est l'idée de la substance pensante : il l'affirme donc également. Mais la même substance peut avoir ces deux attributs : l'étendue et la pensée. Non seulement ils peuvent, mais ils doivent y être réunis, car ils sont corrélatifs et inséparables, la pensée, attribut représentatif ne se comprenant pas sans l'étendue, attribut représenté...

« Voilà donc la pensée subordonnée, disons, pour parler le langage de M. Spencer, adaptée à l'étendue. C'est à celle-ci, évidemment, qu'il faut donner la priorité logique. Rien de plus contraire à la conception idéaliste, d'après laquelle l'étendue est relative à la pensée, mise en la dépendance des lois de la pensée. Ici, ce sont les propriétés de la pensée qui sont déterminées par celles de l'étendue...

« Ce qu'on appelle union de l'âme humaine et du corps humain, consiste, d'après la doctrine spinoziste, dans la simple représentation du corps par l'âme. Il ne s'agit pas d'une relation entre deux choses différentes, agissant l'une sur l'autre. Spinoza tient que l'âme est au corps ce que l'idée est à son objet ; il l'appelle l'idée du corps. » (*L'Année Philosophique* de 1896, p. 140).

2. *Essai sur l'entendement,* liv. II, ch. xiii, 24.

comme les corps, est bien une réalité extérieure à l'esprit, indépendante de l'esprit. Quelle idée doit-on se faire de cette réalité, de cette étendue pénétrable que Descartes n'aurait pas dû confondre avec l'étendue impénétrable ? Si l'espace est un attribut, de quelle substance est-il l'attribut ? S'il n'est pas un attribut, qu'est-il ? Locke pose la question et ne sait comment la résoudre. « Tous ceux qui soutiennent, dit-il, que l'espace et le corps sont la même chose (*the same*) se servent de ce dilemme : Ou l'espace est quelque chose, ou ce n'est rien : s'il n'y a rien entre deux corps, il faut nécessairement que ces corps se touchent ; et si l'on dit que l'espace est quelque chose, ils demandent si ce quelque chose est corps ou esprit ? A quoi je réponds par une autre question : Qui vous a dit qu'il n'y a, ou ne peut y avoir que *des êtres solides qui ne peuvent penser, et des êtres pensants qui ne sont point étendus ?* Et c'est là tout ce qu'ils entendent par les termes de *corps* et d'*esprit*[1]. »

Mais on insiste : l'espace vide est-il *substance* ou *accident*? Je n'en sais rien, répond Locke, et il montre que le mot *substance* n'exprime pas une idée claire et distincte. Si on l'applique dans le même sens à Dieu, aux esprits finis et aux corps, on ne peut guère éviter le spinozisme. Si l'on tient qu'il exprime trois sens différents, selon qu'il s'agit des corps, des esprits finis ou de Dieu, on ne voit pas pourquoi il ne pourrait être employé pour l'espace vide en un quatrième sens, d'ailleurs aussi obscur que les trois autres[2]. Il ne pouvait être bien satisfait de ces solutions, et sans doute il ne l'était pas ; car plus loin il en indique deux autres, laissant la question ouverte : « Soit qu'on ne regarde l'espace que comme une relation résultant de l'existence d'êtres qui sont à une certaine distance les uns des autres (*a relation resulting from the existence of other beings at a distance*); soit que l'on prenne au sens littéral ces paroles du sage roi Salomon : *Les cieux et les cieux des cieux ne peuvent te contenir*, et celles-ci, plus fortes encore, du philosophe inspiré saint Paul : *En lui nous avons la vie, le mouvement et l'être*, ce que je laisse à chacun le soin d'examiner, il reste toujours que l'idée de l'espace est, comme je l'ai dit, entièrement distincte de celle du corps[3]. »

Ne peut-on pas supposer quelque chose de réel qui ne serait

---

1. *Ibid., ibid., ibid.*, 16.
2. *Essai sur l'entendement*, liv. II, ch. XIII, 17 et 18.
3. *Ibid., ibid., ibid.*, 27.

ni corps ni esprit et qui occuperait l'espace vide et séparerait les corps? Ne peut-on pas appliquer à l'espace vide le mot *substance* qu'on emploie sans y mettre une idée claire et dont il est impossible de déterminer la signification? Ne peut-on pas voir dans l'espace vide une simple relation de coexistence entre les corps, où serait d'ailleurs enfermée l'idée de distance? Ne peut-on pas considérer l'espace vide, qui est sans bornes, comme l'attribut de Dieu? Telles sont les quatre réponses successives faites par Locke à cette question que la distinction de l'espace et de la matière l'obligeait à poser et à examiner : Qu'est-ce que l'espace vide? Ces quatre réponses trahissent son embarras. Il ne s'est arrêté à aucune d'elles, ce qui prouve qu'aucune d'elles ne lui a paru exempte de difficultés.

Le criticisme kantiste n'admet pas que l'espace et le temps puissent exister séparés de leurs contenus, que l'espace puisse exister sans coexistants, le temps sans successifs. Il ne peut y avoir, selon Kant, ni vide d'espace, ni vide de temps. Espace et temps ont donc autant ou aussi peu de réalité, disons le même genre de réalité que les phénomènes qu'ils renferment. Kant les distingue, sous le nom de formes de la sensibilité, des concepts ou catégories de l'entendement. L'espace est la forme de la sensibilité externe, le temps, la forme de la sensibilité interne. D'après la doctrine de Kant, ils doivent être tenus pour *relatifs* et *subjectifs*. Cela veut dire que, dépendant de la constitution de la sensibilité, ils ne peuvent représenter quelque chose qui existerait en soi, qui serait extérieur au sujet, indépendant du sujet. Cette subjectivité de l'espace et du temps s'étend nécessairement à tous les phénomènes physiques et psychiques qu'ils renferment et dont ils sont inséparables. Elle s'étend nécessairement à toutes les relations et lois de phénomènes qui résultent de l'application des concepts. Le monde phénoménal devient ainsi entièrement subjectif. Nous sommes enfermés dans ce monde subjectif par la sensibilité; et la réalité objective nous échappe; nous nous la représentons, non telle qu'elle existe en soi, mais transformée par la sensibilité en phénomènes, c'est-à-dire en apparences ordonnées : La chose en soi, que le philosophe appelle *noumène*, est, par les conditions mêmes de la représentation, inconnaissable et logiquement inconcevable, puisque les concepts de l'entendement ne peuvent s'appliquer qu'aux phénomènes.

Je viens de résumer en quelques lignes le criticisme kantiste. La subjectivité de l'espace et du temps caractérise essentiellement cette doctrine ; elle en est, comme l'a bien vu Schopenhauer, l'idée dominante ; elle en fait un illusionnisme radical.

Je vois bien que Kant affirme la subjectivité de l'espace et du temps, qu'il la suppose donnée par son analyse de la représentation, par la distinction qu'il établit entre les formes de la sensibilité et les concepts de l'entendement. Mais je ne vois nullement qu'il la démontre.

C'est Renouvier qui l'a démontrée par la loi du nombre, par l'impossibilité de l'infini numérique actuel. Comme l'espace et le temps sont continus, ils doivent être tenus pour subjectifs ; car, s'ils devaient être supposés objectivement réels, les continus d'étendue et de durée réaliseraient l'infini actuel de quantité. Cette démonstration est très simple ; mais Renouvier, pourrait-on dire, nous l'a apportée sans le vouloir et sans se rendre compte de la portée véritable qu'il fallait lui reconnaître.

<h2 style="text-align:center">V</h2>

Il ne faut pas oublier que, dans la doctrine de Renouvier, l'espace et le temps ne forment pas une classe particulière de principes. L'auteur du *Premier Essai de Critique générale* ne les distingue pas des concepts de l'entendement. Ce sont, pour lui, des catégories, comme le nombre, la qualité, la causalité, la finalité, la personnalité. Il leur donne volontiers le nom d'*intuitions;* mais il prend ce nom en un sens général et ne lui accorde aucune importance philosophique ; il lui est, semble-t-il fort indifférent qu'on les rapporte à la sensibilité ou à l'entendement. L'opinion *idéaliste,* qu'il dit avoir embrassée et acceptée pleinement, après avoir rejeté l'infini actuel comme contradictoire, est un idéalisme qui s'arrête en chemin et reste fort inconséquent.

« La même démonstration qui établit l'impossibilité de l'espace sujet en soi établit celle du temps sujet en soi. L'étendue et la durée se présentent ainsi comme des formes de l'intuition des objets de la sensibilité, de l'imagination et de la mémoire, et tout à la fois comme des rapports *sui generis* envisagés entre les phénomènes. Le mouvement et la vitesse suivent nécessairement la condition de l'étendue et de la durée dont ils ne sont que des rapports. » C'est en ces termes, on l'a vu plus haut, que Renouvier exprime et explique l'opinion idéaliste dont il avait été fort éloigné à l'origine et que la logique finitiste le contraignait d'adopter. Il est facile de montrer qu'il ne se dégageait ainsi que très incomplètement du réalisme de sa première philosophie.

Rappelons avec quelle force de conviction il avait défendu ce réalisme dans l'article *Philosophie* de *l'Encyclopédie nouvelle*.

« Je crois à l'existence réelle de quelque chose d'étendu, dont toute l'essence à moi connue est de s'étendre et d'être *le lien* de tous les êtres et l'enveloppe commune de l'objectivité en soi. Mon principal motif est l'évidence, la *vue;* et il faudrait aussi que je fisse violence à mes instincts les plus enracinés, même à mes sympathies pour envisager toutes choses dans l'espace et l'espace en moi, au lieu d'envisager toutes ces choses et moi-même dans l'espace. Mais on demandera comment il se fait que la forme générale des sensations de la vue et du tact soit ainsi un être réel, tandis que les formes particulières, notamment les couleurs, ne représentent que de purs phénomènes qui, hors de la sensibilité, ne sont rien : cependant la couleur et l'étendue sont intimement unies dans l'intuition, et l'évidence objective de l'une, semble ne le céder nullement à celle de l'autre. Je ne retire rien de ce que j'ai dit dans ma critique du sensualisme au sujet de l'idéalité des sensations ; mais seulement j'ajoute ici que des êtres sont dans l'étendue, qu'ils s'y meuvent, c'est-à-dire y changent respectivement de position, qu'à l'occasion des relations qu'ils soutiennent entre eux et avec nous des sensations nous sont données, que ces sensations ne peuvent être que moulées dans l'idée intuitive de l'espace, qu'enfin la vision n'est autre chose que la projection que nous faisons au dehors de nous de certaines d'entre elles et que nous ne saurions pas ne pas faire, dès que nous croyons invinciblement à l'existence objective d'un espace dont l'idée leur est indissolublement liée. »

On voit que Renouvier, à l'époque où il écrivit l'article *Philosophie,* était nettement opposé aux divers systèmes idéalistes, et qu'il n'hésitait pas à s'appuyer pour les combattre, sur la *croyance* spontanée du sens commun. Dans sa *Classification des doctrines philosophiques,* il se rapproche des auteurs de ces systèmes, en déclarant que la loi du nombre établit l'impossibilité de l'espace *sujet en soi* et celle du temps *sujet en soi.* Il ajoute que l'espace et le temps sont des *rapports sui generis* envisagés entre les phénomènes. Il me paraît que ces expressions *sujets en soi* et *rapports sui generis* sont vagues et imprécises et ne marquent pas tout ce qu'il faut nier de la réalité de l'espace et du temps.

L'étendue spatiale ne pouvant, sous quelque aspect qu'elle soit envisagée, se présenter à l'esprit que comme un continu, on doit en nier la réalité sans restriction, lui refuser, non seulement celle d'une substance et d'un attribut, mais celle d'un rapport *sui generis*, d'un rapport de distance entre phénomènes. Quant à la durée, sa continuité ne peut avoir rien de plus réel, de plus objectif, que celle de l'étendue à laquelle elle est avec raison assimilée ; la seule réalité que l'on doive reconnaître au temps est celle des événements qu'il renferme et de l'ordre dans lequel ils se succèdent.

On ne saurait vraiment conserver, au point de vue philosophique, un sens réaliste à ces mots : *distance spatiale, distance de temps*. La distance spatiale est l'objet d'une perception très claire : elle se mesure directement. Mais l'idée que nous en avons ne contenant rien de plus que celle d'étendue, ne peut être, aux yeux du philosophe, qu'une représentation illusoire. Il en est de même de la distance de temps, qui se ramène à la distance spatiale, dont elle n'est qu'une image et par laquelle elle se mesure. Ce n'est pas en envisageant directement dans la pensée les intervalles de succession des événements que nous pouvons les diviser en parties égales : ce n'est que dans l'espace et par l'espace que nous atteignons et que nous divisons la durée. C'est le mouvement et, dans le mouvement, c'est l'étendue qui en donne la mesure indirecte : l'étendue, dont les unités sont supposées correspondre à celles de la durée.

Ainsi, ce ne sont pas des rapports réels que présentent à la pensée réfléchie la distance spatiale et la distance de temps, telles que nous les percevons, telles que les mesure la science proprement dite. Les vides d'espace et de temps, d'où paraissent résulter ces distances, sont des continus auxquels la critique idéaliste et finitiste ne peut accorder qu'une valeur de symbole. Les infinis actuels qu'ils semblent réaliser symbolisent des infinis potentiels, c'est-à-dire la *possibilité* pour la pensée de concevoir le nombre des coexistants et des successifs indéfiniment accru.

Il faut remarquer la différence qui existe entre les rapports de position et les rapports de succession. Les rapports de position doivent être tenus pour subjectifs, aussi bien que l'étendue des corps. Pourquoi? Parce que les distances qui expriment ces rapports sont des étendues. Il n'en est pas de même des rapports de succession. Dans la notion du temps entrent deux idées, l'idée de durée et celle de succession. La durée est subjective, parce que nous nous la représentons comme continue. Mais la succession (antériorité ou postériorité) de tel événement à tel autre, est indépendante du continu de durée que notre imagination peut mettre entre eux ; on ne voit donc nullement pourquoi elle ne devrait pas être regardée comme réelle et objective. Kant avait méconnu cette importante différence, parce qu'il attribuait la même subjectivité aux deux notions de l'espace et du temps, sans distinguer, dans la notion du temps, l'idée de durée de celle de succession. Renouvier, si je ne me trompe, la méconnaît également, mais par une erreur inverse de celle de Kant. Pas plus que Kant, il ne voit la nécessité d'établir une distinction entre l'idée de succession et celle de durée, entre les rapports de position et ceux de succession. Les deux genres de rapports ne sont, à ses yeux, pas plus subjectifs les uns que les autres au sens que Kant donnait au mot *subjectif*.

VI

Le principe de relativité, tel que l'entendait Renouvier, était loin d'avoir, à ses yeux le caractère idéaliste du subjectivisme kantiste. La doctrine à laquelle le philosophe des *Essais de critique générale* était conduit par ce principe était un phénoménisme que j'ai appelé *rationnel* pour le distinguer du phénoménisme empirique des associationnistes. Cette doctrine n'admettait dans le monde d'autres réalités que des phénomènes et des relations ou lois générales de phénomènes. Parmi ces lois générales, elle donnait place à l'espace et au temps, comme au nombre et à la causalité, ne mettant aucune différence entre intuitions et catégories, parce qu'elle regardait intuitions et catégories comme également inhérentes à la raison, d'où elles venaient, les unes aussi bien que les autres, se joindre aux phénomènes particuliers, aux impressions des sens, pour former les données expérimentales. Ainsi compris, le relativisme excluait le noumène inconnaissable, dont il n'avait pas besoin de supposer l'existence. Il excluait toute idée de substance, l'idée de substance spirituelle aussi bien que celle de substance matérielle.

Renouvier explique clairement cette conception phénoméniste fondée sur le principe de relativité :

« Dès qu'on admet, dit-il, que le temps, l'espace, la matière ne sont point des sujets *en soi,* on doit les tenir pour donnés essentiellement en des représentations ; or les représentations sont toutes composées et relatives. Les phénomènes y paraissent en rapport les uns avec les autres, diversement groupés, définis, sans qu'il soit possible de faire abstraction de leurs relations pour les définir. Les êtres ne se présentent plus que comme des groupes et des fonctions de phénomènes ; on ne reconnaît plus pour objet de la connaissance que les phénomènes et les lois qui les lient, lesquelles ne sont elles-mêmes que des sortes de phénomènes généraux.

« On pourrait croire le sujet *en soi,* susceptible de se fixer par le moyen de l'idée générale de *substance,* ou *noumène,* qu'on emploierait en guise de *support* à prêter aux représentations, aux phénomènes. Je ne discuterai pas ici cette idée à fond, mais on remarquera que sa valeur, quelle qu'elle soit, est bien affaiblie, dès l'instant qu'on renonce à poser le sujet *en soi* matériel. C'est celui-ci qui est le naturel objet de l'imagination par laquelle les hommes se figurent l'existence d'un *support* des phénomènes. Le concept d'un tel support est avant tout symbolique, métaphorique ; on ne saurait en donner aucune idée propre, à part des phénomènes que l'on veut qui aient besoin d'être *supportés* ; or, le sujet matériel qui soutient dans nos représentations l'ensemble des qualités sensibles est ici ce qui fournit le symbole. Ce sujet une fois ôté, l'existence de la substance est compromise. On ne peut que difficilement lui trouver un fondement dans ce qu'on nomme les *esprits,* définis comme supports de phénomènes mentaux, car on est en peine de comprendre ces *en soi,* ou de leur trouver à eux-mêmes les supports dont ils auraient besoin. On revient alors à l'idée générale et abstraite de la substance des phénomènes de toutes les sortes [1]. »

Le phénoménisme rationnel de Renouvier supprimait les substances, en les remplaçant par les relations ou lois générales des phénomènes. Au nombre de ces lois se trouvait

1. *Esquisse d'une classification systématique des doctrines philosophiques,* t. II, p. 384.

celle d'individualité consciente ou de personnalité, mais confondue avec les autres. Renouvier n'avait pas compris, semble-t-il, le caractère spécial qui l'en distingue, le rôle essentiel qu'il faut lui attribuer et qui en fait l'importance.

C'est la loi de personnalité qui, seule, remplace les substances. Elle remplace d'abord la substance étendue et corporelle : les agrégats matériels deviennent, par la subjectivité de l'étendue, des groupes de monades-consciences. Elle paraît aussi remplacer la substance pensante ou spirituelle. Mais elle n'en remplace, à vrai dire, que le nom, en substituant à ce nom des termes (*conscience, personne*), qui en définissent avec précision la nature. On peut donc très bien conserver l'expression *substance pensante*, à condition de la bien entendre, c'est-à-dire de se rendre compte que, dans cette expression, le mot *substance*, séparé de l'attribut *pensante*, si l'imagination n'y fait pas entrer quelque idée vague de matière et d'étendue, ne peut être qu'absolument vide de sens. J'ajoute qu'il semble assez naturel et qu'il n'est peut-être pas sans intérêt philosophique de conserver le nom de *substance* pour l'appliquer uniquement aux monades ou unités conscientes, plus ou moins conscientes, qui peuvent et doivent être considérées comme les seuls et vrais sujets en soi, et pour bien marquer ainsi la différence qui sépare, dans le monde phénoménal, ce qui est réalité objective de ce qui ne l'est pas, la différence que le philosophe doit mettre entre le pur phénoménisme empirique ou rationnel, et l'idéalisme monadiste bien compris.

L'idéalisme monadiste bien compris nous oblige logiquement à tenir pour subjectifs, donc pour irréels au point de vue philosophique, la matière, l'espace, les rapports de position, le mouvement, la durée, la vitesse et la force physique ou causalité motrice. Il ne connaît dans le monde, qu'une seule espèce de sujets en soi, les êtres conscients à divers degrés, qu'il ne répugne nullement à appeler *substances*. Ces unités conscientes, qui sont objectives, coexistent ou se succèdent dans le temps, mais elles restent étrangères à l'étendue spatiale qui ne l'est pas, et l'on ne peut voir en elles, comme le voulait Renouvier, des forces localisées en des points mathématiques.

L'idéalisme monadiste nous ramène à une sorte de dualisme qui présente quelque analogie avec celui de Descartes. Pour Descartes, espace et matière se confondaient, avaient la même objectivité, étaient la même substance. L'idéaliste monadiste

identifie, comme Descartes, l'espace et la matière, mais pour
refuser, à l'un aussi bien qu'à l'autre, toute objectivité.
Descartes voyait dans l'espace, la matière, le mouvement et
les rapports spatiaux des corps, les objets de la science proprement dite; dans les individualités conscientes, les sentiments,
les idées, les volitions, les objets de la philosophie. Cette distinction établie, par la méthode de Descartes entre le domaine
de la science proprement dite et celui de la philosophie,
l'idéaliste monadiste ne peut que l'estimer parfaitement conforme à sa doctrine. Mais les objets de la science proprement
dite, ne sont, ne peuvent être à ses yeux que des apparences
ordonnées. C'est uniquement dans le domaine de la philosophie qu'il donne place aux réalités objectives, aux sujets en soi.

C'est sur la loi du nombre que se fonde l'idéalisme monadiste bien compris. Par les conséquences qu'elle implique,
cette loi met la philosophie en opposition avec la science proprement dite. Elle nous oblige à reconnaître la légitimité et
la nécessité logique de cette opposition paradoxale. Elle ne
permet pas de penser que les concepts proprement scientifiques
puissent atteindre et nous révéler la vraie nature des choses.
Elle condamne le réalisme spatial et physique que Renouvier
a conservé dans sa doctrine néo-criticiste, par une inconsé-
quence qu'expliquaient peut-être ses vues générales pré-
existantes sur la certitude incontestée et incontestable des
sciences positives et sur le rôle de la croyance personnelle en
philosophie.

VII

L'idée du premier commencement. — La première conséquence
que Renouvier a tirée de l'impossibilité de l'infini actuel est
l'impossibilité d'une existence éternelle, quelle qu'elle soit, et,
par suite, la nécessité d'un premier commencement, d'un commencement sans cause. Cette conséquence, il l'applique à
l'existence de Dieu, comme à l'existence de l'univers. Comme
on ne peut supposer, dit-il, qu'un infini actuel s'est formé,
qu'un nombre sans nombre d'unités s'est accompli, la régression à l'infini des phénomènes et des êtres dans le passé est
inadmissible; on ne peut remonter de cause en cause, sans
arriver forcément à quelque phénomène, à quelque être, qui
n'a été précédé par rien, qu'aucune cause n'a produit :

« La conclusion à laquelle je me vis ainsi conduit, la nécessité logique d'un premier commencement des phénomènes, quels qu'ils puissent être, pourvu seulement qu'ils soient distincts et susceptibles d'être nombrés, renversait de fond en comble ce que j'avais jusque-là regardé, à l'exemple de tous ou de presque tous les philosophes ou théologiens, comme la plus solide et aussi la plus inévitable base de toute théorie soit du monde, soit de Dieu, selon le point de vue matérialiste, ou panthéiste, ou théiste qu'adopte le penseur. En effet, s'il s'agit du monde sans Dieu, on pense pouvoir, sans contradiction, le concevoir comme une nature éternellement mouvante et mue, source sans commencement ni fin d'un flux de phénomènes ; et s'il s'agit de Dieu, on lui prête, également, une *nature* éternelle et nécessaire ; et quand on le regarde, comme créateur, afin d'assigner un commencement aux phénomènes de l'univers, on le définit comme un esprit, c'est-à-dire comme une pensée, on l'appelle même *visant*, et l'on ne prend pas garde que, selon ce que nous entendons par ce mot *pensée*, une pensée éternelle doit se composer d'une suite infinie d'actes de penser, dussent-ils même être identiques et s'appliquer sans cesse à un objet unique, ou ne peut signifier pour nous quoi que ce soit. En dehors du temps nous ne saurions parler de *pensée* et savoir de quoi nous parlons, ce que nous disons ; et dans le temps, sous la notion du temps, la pensée se divise en actes successifs de penser. Je ne crus donc pouvoir sans contradiction concevoir ni la nature, ni Dieu comme éternels. Je donnai à cette expression : *commencement de phénomènes*, un sens franc et net, sans me laisser troubler par l'impression étrange que se fait à lui-même notre entendement, lorsque se transportant, en quelque sorte, à la limite extrême de ses opérations possibles, il affirme que quelque chose a été dont le concept ne saurait se former sur l'une des conditions incommutables de son exercice pour comprendre quelque chose. Cette condition, c'est la causalité[1]. »

Renouvier nous apprend ici qu'en lisant le *Traité de la nature humaine* de David Hume, il y vit avec grand plaisir sa thèse du premier commencement fortifiée par la réfutation des arguments qui prétendent démontrer la nécessité d'une cause pour tout commencement d'existence.

« Je puis dire que je fus ravi lorsque, quelques années plus

---

1. *Esquisse d'une classification systématique des doctrines philosophiques*, t. II, p. 377.

tard, lisant le *Traité de la nature humaine* de David Hume, je trouvai que le génie de ce philosophe, plus grand que ses préjugés nécessitaires, l'avait forcé de démontrer *qu'il n'est pas nécessaire que tout ce qui a un commencement ait aussi une cause d'existence*. Il est vrai que Hume était servi en cette occasion par sa négation de la causalité en tant que loi *a priori* de l'entendement, mais on peut bien admettre cette loi, reconnaître la condition qu'elle nous impose pour comprendre l'origine de quelque chose, et ne pas laisser de reconnaître aussi que tout commencement d'existence n'y est pas nécessairement soumis ; *car il n'est pas nécessaire que nous comprenions toutes choses*[1]. »

Les philosophes que réfute David Hume dans son *Traité de la nature humaine* soutenaient que l'idée d'un commencement sans cause viole le principe de contradiction ; et ils prétendaient le démontrer en disant qu'entre le néant et l'être on ne saurait établir le rapport de cause à effet. « Puisque quelque chose existe aujourd'hui, argumentait Clarke, il est clair que quelque chose a toujours existé ; autrement il faudrait dire que les choses qui existent maintenant sont sorties du néant et n'ont absolument point de cause de leur existence, *ce qui est une pure contradiction dans les termes ;* car si l'on dit qu'une chose est produite, et que cependant on ne veuille connaître aucune cause de sa production, c'est comme si on disait qu'une chose est produite et n'est pas produite[2]. »

Hume a très bien mis en lumière ce qu'il y a de sophistique en cette prétendue démonstration du principe de causalité. « Lorsque nous excluons toutes les causes, dit-il, nous excluons réellement toutes les causes ; nous ne supposons donc pas que le rien soit cause de l'existence d'un objet ; il ne faut donc pas qu'on argue de l'absurdité de cette dernière proposition pour prouver l'absurdité de l'exclusion de la cause. Si toute chose doit avoir une cause, il s'ensuivrait qu'après avoir exclu toutes les autres causes, nous devrions accepter pour cause le rien ; mais c'est précisément ce qui est en question que de savoir si toute chose doit ou non avoir une cause. Si donc on veut raisonner juste, il faut se garder de prendre ce point pour accordé[3]. »

1. *Ibid.*, p. 378.
2. *Traité de l'existence et des attributs de Dieu*, ch. ii.
3. *Traité de la nature humaine*, trad. Renouvier et Pillon, 3ᵉ partie, p. 111.

Hume concluait que l'idée de cause n'est pas contenue logiquement dans celle de commencement, qu'elle s'y joint, mais qu'elle en est distincte et doit en être rationnellement séparée. C'est un des progrès qu'apportait en philosophie sa critique pénétrante. Cela conduisait à une étude nouvelle et plus profonde des principes généraux de la pensée, à un autre progrès très important de la théorie de la connaissance, à la distinction kantiste des trois espèces de jugement, *analytique, synthétique a postériori* et *synthétique a priori*. Kant, notons-le, reconnait, comme Hume, que le jugement de cause ne peut se déduire par l'analyse de l'idée de commencement; qu'il y ajoute une idée nouvelle; qu'il ne doit donc pas être mis, comme il l'a été par les philosophes antérieurs à Hume, Leibniz, Locke, Clarke au nombre des jugements analytiques. Ces philosophes invoquaient à tort l'évidence déductive en faveur d'un jugement auquel elle ne peut s'appliquer. Mais si le jugement de cause ne doit pas être considéré comme analytique, on ne saurait dire que l'idée du premier commencement sans cause implique une violation du principe de contradiction.

VIII

En réfutant le raisonnement de Clarke sur le rapport des idées de commencement et de cause, Hume entendait-il condamner la croyance au principe général de causalité? Il voulait simplement rechercher et expliquer la véritable origine de cette croyance, que, selon lui, une fausse idée de l'évidence rationnelle avait fait méconnaître. Il l'expliquait en s'efforçant d'établir que cette croyance, qui lie à l'idée de commencement celle de cause, ne vient ni d'un jugement analytique, ni d'un jugement synthétique imposé *a priori* par la raison, qu'elle ne peut donc naître que de l'expérience et de l'induction.

« Faut-il que tout objet qui commence d'exister soit redevable de son existence à une cause. C'est ce que je soutiens n'être ni intuitivement ni démonstrativement certain..... Puisque ce n'est donc ni d'une connaissance directe, ni d'un raisonnement scientifique que nous tirons l'opinion de la nécessité d'une cause pour toute production nouvelle, il faut nécessairement que cette opinion provienne de l'observation et de l'expérience. La question qui nous vient maintenant tout naturellement est de savoir *comment l'expérience donne naissance à un tel principe* [1]. »

Plusieurs chapitres de l'ouvrage étaient consacrés à l'examen de cette question. Nous voyons, en les lisant, que la croyance au principe général de causalité est, aux yeux de Hume, une inférence tirée de la conjonction constante observée entre deux objets donnés.

« La relation entre la cause et l'effet, dit-il, est celle d'une *conjonction constante*. Le contiguïté et la succession ne suffisent pas pour nous faire prononcer que deux objets donnés sont cause et effet, à moins que nous n'ayons reconnu que ces deux relations se conservent entre elles dans tous les cas.....

« Lorsque, d'une impression présente à la mémoire ou aux sens, nous passons à l'idée d'un objet appelé cause ou effet, cette transition est fondée sur l'*expérience* passée, et sur le souvenir que nous avons de leur conjonction constante....

« Nous ne possédons point d'autre notion de la cause et de l'effet que celle de certains objets qui ont été *toujours conjoints* et que nous avons trouvés inséparables dans tous les cas passés. Nous ne pouvons pénétrer la raison de cette conjonction. Nous observons seulement le fait, et nous trouvons toujours que, par la conjonction constante, les objets acquièrent un lien dans l'imagination. Quand nous vient l'impression actuelle de l'un, nous formons immédiatement l'idée de son compagnon ordinaire [2]. »

Telle est l'explication que donne l'empirisme de Hume de la notion de cause, de la croyance à la nécessité causale. Si nous croyons à cette nécessité, dit l'auteur du *Traité de la nature humaine*, ce n'est pas parce que la raison la démontre ou la saisit directement, c'est parce que cette croyance est introduite en notre esprit par la perception sensible, par la mémoire et par l'imagination. « Quand j'applique toute l'attention possible à l'examen des objets qu'on appelle communément des causes et des effets, je trouve, en considérant chaque cas, qu'un objet précède l'autre et lui est contigu ; et en étendant ma vue sur des cas divers, je trouve seulement que les objets semblables sont constamment placés en de semblables relations de succession et de contiguïté. De plus, quand je considère l'influence de cette conjonction constante, je recon-

---

1. *Ibid.*, *ibid.*, p. 112.
2. *Ibid.*, *ibid.*, p. 120, 121, 127.

nais qu'une telle relation ne peut jamais être un objet de raisonnement, et ne peut agir sur l'esprit, si ce n'est au moyen de l'habitude qui détermine l'imagination à passer de l'idée d'un objet à l'idée d'un autre objet qui l'accompagne ordinairement, et de l'impression de l'un à une idée plus vive de l'autre[1]. »

Si la psychologie sensationniste et associationniste de David Hume ne condamnait pas formellement la croyance au principe général de causalité, il faut au moins convenir qu'elle tendait à l'affaiblir, à mettre en doute sa valeur, en lui ôtant, avec la garantie de la raison, le caractère de certitude absolue. Elle supposait des exceptions possibles à la nécessité causale. On comprend donc que Renouvier se soit plu à constater l'accord de cette psychologie avec l'idée du premier commencement sans cause.

Il aurait pu faire réflexion que le doute sur le principe général de causalité était très conforme à la logique du sensationnisme : quand on nie les jugements synthétiques *à priori*, et qu'on attribue à l'expérience l'origine de l'idée de cause, il est fort naturel de penser que l'inférence d'où le sensationnisme fait naître cette idée ne saurait être étendue indéfiniment. Stuart Mill, qui, comme Hume, ne voulait admettre que des jugements d'expérience, tenait que le règne de la causalité pouvait très bien être limité dans le monde : « Toute personne, a-t-il écrit, habituée à l'abstraction et à l'analyse arriverait, j'en suis convaincu, si elle dirigeait à cette fin l'effort de ses facultés, dès que cette idée serait devenue familière à son imagination, à admettre sans difficulté comme possible, dans l'un, par exemple, de nombreux firmaments dont l'astronomie sidérale compose l'univers, une succession des événements toute fortuite et n'obéissant à aucune loi déterminée ; et, de fait, il n'y a dans l'expérience, ni dans la nature de notre esprit, aucune raison suffisante, ni même une raison quelconque de croire qu'il n'en est pas ainsi quelque part[2]. »

Remarquons ces mots : *succession toute fortuite, n'obéissant à aucune loi déterminée*. Ils montrent que l'esprit, selon Stuart Mill, ne peut avoir de peine à concevoir, dans l'espace (et sans doute aussi dans le temps), des limites à l'empire de la loi de causalité et à mettre le hasard, le pur hasard, au delà de ces

1. *Ibid., ibid.*, p. 226.
2. *Système de logique*, trad. Peisse, t. II, p. 96.

limites. Stuart Mill n'eût pas, semble-t-il, à moins de se montrer inconséquent à ses principes psychologiques, hésité à dire que l'idée renouviériste du premier commencement sans cause ne lui paraissait offrir à la pensée aucune difficulté insurmontable, et qu'il ne voyait dans l'expérience, ni dans la nature de notre esprit, aucune raison suffisante, ni même une raison quelconque de la repousser. Pourquoi ne pourrait-on pas admettre que le monde vient du *hasard*, a commencé d'exister par *hasard*, si l'on peut croire que le *hasard* règne, à la place de la loi de causalité, dans l'un des nombreux firmaments dont l'astronomie sidérale compose le monde ?

Renouvier, qui voyait dans le principe de causalité une loi *à priori* de l'entendement et qui reconnaissait la condition que nous impose cette loi pour comprendre l'origine de quelque chose, n'eût certainement pas pris au sérieux cette idée d'une succession de phénomèness, *toute fortuite* et *n'obéissant à aucune loi déterminée*, qui, selon Stuart Mill se produirait en quelque firmament. Stuart Mill n'aurait-il pas eu quelque raison de lui demander en quoi son hypothèse était plus difficile à admettre que celle d'un commencement *absolument fortuit* de la série entière des phénomènes de tous les firmaments dont se compose l'univers. Si c'est du hasard, aurait-il pu ajouter, qu'il faut, comme vous le voulez, faire partir la série de phénomènes que nous voyons se succéder, pourquoi le hasard serait-il exclu absolument de cette série ? L'idée du premier commencement, qui met le hasard au commencement des choses, ne permet-elle pas de le supposer toujours dans le cours de la nature ?

IX

C'est bien du hasard que Renouvier faisait venir le monde ; c'est sur ce vide infini qu'il faisait reposer tout ce qui existe. Il reconnaissait, ne l'oublions pas, que ces mots : *premier commencement* signifient : *commencement fortuit, commencement par hasard.* « Si le nom de *hasard*, dit-il, est tout négatif, si la formule consacrée : *par hasard (casu)* signifie simplement *sans précédent*, il n'est pas douteux qu'une force première soit par hasard... D'autre part, un fait non précédé, en tant que tel est sans raison, et le nommant pour cela *fortuit*, ou encore *arbitraire en soi*, nous ne faisons rien de plus que le poser [1]. »

Ainsi, le hasard, à la place de l'éternité divine : telle est, aux yeux de Renouvier, la conséquence nécessaire du principe du fini. Je ne puis vraiment m'étonner, aujourd'hui, après sérieuse réflexion, que Secrétan ait toujours repoussé cette conséquence, comme une impossibilité psychologique et morale que l'impossibilité logique d'un être éternel, si bien démontrée qu'elle parût, ne pouvait ni cacher ni faire accepter sans résistance à sa pensée.

« Eviter la contradiction, dit-il, telle est, pour M. Renouvier, la grande affaire, l'unique affaire. La contradiction typique est celle du nombre infini, qui se retrouve en tout infini dont on voudrait affirmer l'actualité. Cette impossibilité logique de réaliser un nombre infini s'applique naturellement au temps. Il ne peut pas s'être écoulé un nombre infini d'instants ou d'années, donc le monde a commencé. Un nombre infini de déterminations ne peut pas s'être produit actuellement dans une conscience, donc Dieu, s'il existe, a commencé d'être ; il faut admettre un commencement de toutes choses : auparavant il n'y avait rien. Tout s'est produit sans cause, car la causalité n'est qu'une succession réglée ; la règle elle-même s'est donc produite et s'est produite sans cause. Ces propositions semblent dures ; mais elles ne renferment pas de contradictions dans les termes ; les thèses contraires les impliqueraient, il faut donc accepter les premières.

« L'auteur de ces lignes a essayé de le faire à plusieurs reprises ; il n'y parvient point. Il y semblait pourtant mieux préparé que bien d'autres : n'avait-il pas, dans sa jeunesse, cru définir le principe en ces mots : « Je suis ce que je veux » ; d'où l'on serait tenté de tirer : « Je suis si je veux. » Il eût semblé difficile alors de faire la part plus belle à la contingence... Le néo-criticisme est beaucoup plus net, sa contingence est absolue. Tout a commencé, tout a donc commencé sans cause et sans impulsion, car l'impulsion viendrait de quelque part ; tout a commencé sans raison, car où serait cette raison pour devenir s'il n'y a rien. Le père universel c'est le vide ou le hasard, autre nom du vide...

« La critique, en philosophie, a pour objet la portée et la compétence de nos facultés. On comprendrait sans effort qu'elle arrivât à conclure de cet examen que nous ne saurions réussir

---

1. *Premier essai de Critique générale*, 1ʳᵉ édit., p. 315 ; 2ᵉ édit., t. III, p. 184.

à sonder les origines, que nous ne remonterons point à la source du fleuve dont le courant nous entraîne et que le commencement du monde où nous sommes plongés restera toujours mystérieux. Le respect du nom qu'elle porte, le sentiment assez net de l'impression qu'elle va produire, poussera l'école criticiste à prendre effectivement cette attitude ; mais la logique formelle, cette maîtresse impérieuse, ne lui permet pas de la conserver. Dire : au delà d'un moment, assignable ou non, c'est le mystère, c'est l'abîme, — reviendrait à dire que nous ne pouvons pas savoir s'il y avait au delà quelque chose ou s'il n'y avait rien ; — peut-être aussi qu'on ne peut pas savoir si le principe de contradiction vaut ou ne vaut pas pour cet au delà, deux alternatives qu'elles s'est fermées. S'il nous était loisible d'admettre la possibilité d'une sphère où le principe de contradiction ne régnât pas, il ne serait pas la règle absolue de notre pensée. Et si l'on pouvait supposer qu'avant le commencement de l'ordre phénoménal il y eut quelque chose, on admettrait la possibilité du nombre infini. Ainsi l'abîme du néo-criticisme, c'est le néant, le pur néant. Avant une certaine minute, il n'y avait rien.

« L'impossibilité psychologique de nous placer à ce point de vue nous pousse involontairement à mettre en question le principe dont il procède. Est-il bien sûr que les contraires ne puissent jamais coexister ? Ne subsisteraient-ils pas en se limitant les uns les autres ? Le réel, le fini, ne résulterait-il pas constamment de cette limitation réciproque ?

« Ainsi, M. Renouvier, par sa logique implacable, nous rejette sur Hegel, dont il s'est dégagé lui-même. Son phénoménisme, si conséquent, si vigoureux, et si pur dans ses intentions, nous paraît trop mince. S'il n'y a rien derrière ce qu'on voit, tout est surface, car l'œil n'aperçoit que deux dimensions. Oserions-nous penser que la profondeur manque ici [1] ? »

Le passage intéressant que l'on vient de lire me paraît caractériser en termes très justes l'origine et le fondement que Renouvier donne à la série des êtres et des phénomènes et par là même en faire une critique absolument décisive. Avec cette critique s'accordent parfaitement les réflexions que j'ai exposées sur la même question dans l'*Année philosophique* de 1912. Je crois bien que Secrétan n'est pas le seul philosophe de notre époque que l'idée de premier commencement sans

---

1. *Essais de philosophie et de littérature*, p. 259 et suiv.

cause ait éloigné de la logique finitiste et du phénoménisme
néo-criticiste. Il est naturel que nombre d'esprits aient de la
peine à accorder que tout puisse venir de rien sans raison
quelconque, et qu'ils reviennent au mystérieux infini de la
métaphysique et de la théologie traditionnelle, sans vouloir
même se demander s'il y a là une contradiction ou simplement
un problème que la raison humaine est impuissante à résoudre.
— Il faut rejeter l'idée de l'éternité divine, dit le néo-criticisme ; parce qu'elle implique l'infini numérique actuel, qui
est contradictoire, donc absurde. — N'y a-t-il d'absurde,
répondent-ils, que ce qui est contradictoire ? Comment qualifier, si ce n'est par le mot *absurde*, l'idée du commencement
sans cause et sans raison de tout ce qui existe ? Autant vaut
conserver la vieille absurdité infinitiste, à laquelle l'esprit est
habitué, qu'adopter l'absurdité nouvelle d'un fortuitisme
absolu, qui ne permet pas à la pensée d'attribuer, de chercher
un sens à la production des phénomènes dont la loi de causalité règle, depuis x années, la succession dans le monde.

X

« On peut bien, dit Renouvier, reconnaître la condition que
la causalité, en tant que loi *à priori* de l'entendement, nous
impose pour comprendre l'origine de quelque chose, et ne pas
laisser de reconnaître aussi que tout commencement d'existence n'y est pas nécessairement soumis ; *car il n'est pas nécessaire que nous comprenions chaque chose.* »
Ce n'est pas seulement, dirai-je, le premier phénomène, le
premier être qui a surgi dans le monde, qu'il nous faut
renoncer à comprendre, si nous admettons l'idée du premier
commencement ; c'est toute la série des phénomènes et des
êtres, qui ont suivi la production du premier ; c'est le monde
tout entier que nous rend inintelligible le hasard qui lui est
assigné pour origine. L'inintelligibilité évidente du phénomène initial ne peut pas ne pas s'étendre à tous ceux que la
loi de causalité y a ajoutés ou doit y ajouter dans l'avenir. Ce
n'est pas, remarquons-le, la causalité que l'on appelle naturelle, la causalité à effet nécessaire, qui nous fait vraiment
comprendre l'origine de telle ou telle chose ; c'est la cause-
volonté, la causalité libre, par les fins en vue desquelles elle
agit et qui sont les motifs de ses décisions. « La finalité, a dit

avec toute raison M. Lachelier, n'est pas seulement une explication, mais la seule explication complète de la pensée et de la nature[1]. » Il est clair que l'idée du premier commencement, qu'il faut, selon Renouvier, appliquer à toutes choses, même à Dieu, exclut de l'origine du monde, non seulement la causalité naturelle, seule admise par les matérialistes, mais encore et avant tout la causalité libre ainsi que la finalité. L'idée de création expliquait le monde par la libre volonté divine et par les fins que cette volonté s'est proposées. L'idée du premier commencement supprime cette explication, et en même temps toute explication possible du monde. Je dis : *toute explication possible*, car elle limite arbitrairement la régression des causes naturelles, que le matérialisme estime suffisantes, mais en les prolongeant indéfiniment dans le passé.

Est-il nécessaire de se rejeter sur Hegel pour écarter l'idée du premier commencement : Secrétan le croyait, et il reprochait à Renouvier de trop craindre la contradiction. La crainte de la contradiction caractérise l'esprit philosophique ; je ne crois pas qu'elle puisse être poussée à l'excès ; mais il convient d'examiner avec attention si la contradiction existe réellement en telle ou telle proposition où l'on croit l'apercevoir. Selon Renouvier, on ne peut, sans contradiction, concevoir Dieu comme éternel. Pourquoi ? Parce qu'on le définit comme un

---

1. *Du Fondement de l'induction*, p. 83. — Cette belle et profonde étude est la thèse du doctorat soutenue à la Sorbonne par M. Lachelier en 1871. J'en rappellerai ici brièvement la conclusion :

L'induction, selon l'auteur, ne saurait reposer en fin de compte sur le principe des causes efficientes, sur les lois mécaniques. Ce principe ne peut nous garantir la conservation des corps quelconques, organisés ou même bruts, attendu que les corps quelconques ne sont que des systèmes de mouvements à la destruction desquels les lois mécaniques sont par elles-mêmes indifférentes. Qu'est-ce qu'induire ? C'est croire, c'est affirmer qu'un ensemble de conditions dont on ignore le détail infini concourt à maintenir l'ordre du monde ; c'est donc admettre *a priori* que l'harmonie est en quelque sorte l'intérêt suprême de la nature, et que des causes dont elle semble le résultat ne sont que des moyens sagement concertés pour l'établir. Ainsi le principe des causes finales est le véritable fondement de l'induction, le seul principe d'explication définitive. A la finalité doit être subordonné le mécanisme, qui, expliquant chaque phénomène par un phénomène antécédent et condamnant ainsi l'esprit à une régression sans fin, fait du monde un problème insoluble et contradictoire.

Je n'ai pas besoin de dire que j'admets sans peine, comme M. Lachelier, la subordination du mécanisme à la finalité. Cette subordination résulte nécessairement, à mes yeux, de la critique idéaliste de la substance étendue et mobile. Quand on reconnaît que la subjectivité de la matière, de l'espace et du mouvement, en un mot de tout ce qui s'appelle *mécanisme*, s'impose à la pensée, on ne peut pas ne pas envisager l'ordre des causes finales comme seul vraiment réel.

esprit, c'est-à-dire comme une pensée, et qu'une pensée éternelle « doit se composer d'une suite infinie d'actes de penser, dussent-ils être identiques et s'appliquer sans cesse à un objet unique, ou ne peut signifier pour nous quoi que ce soit. « En dehors du temps, insiste-t-il, nous ne saurions parler de *pensée* et savoir de quoi nous parlons, ce que nous disons ; et dans le temps, sous la notion du temps, la pensée se divise en actes successifs de penser. »

Secrétan connaissait cette argumentation ; car il paraît bien l'avoir en vue dans une lettre curieuse écrite à Renouvier le 29 décembre 1885 :

« Ce qui me paraît la difficulté jusqu'ici insurmontable pour moi, c'est le commencement absolu. Nous devons statuer un commencement du temps, bien. Le temps ne commence qu'avec la représentation. Dieu ne prend conscience de lui-même que dans l'acte créateur, je le veux ; ce qui m'a fait répugner un peu à cette proposition pourrait bien n'être qu'une habitude, une superstition de la vieille théologie. Dieu n'est connu qu'en rapport avec son œuvre. Dieu avant la création est donc absolument incompréhensible.

« Je l'admets. Mais peut-on affirmer que, quoique absolument incompréhensible, il est quelque chose ? Dans ce cas, nous saurions pourtant : 1° qu'il est ; 2° qu'il est sans conscience ; et alors je me demande : 1° si ce n'est pas trop en savoir ; si la privation de conscience suffit pour écarter le temps infini ; enfin, si pour vous l'idée d'un x sans conscience n'est pas celle d'un O. Ou bien faut-il dire que Dieu n'était rien, qu'il a commencé d'une manière absolue ?... Il me semble que vous-même, dans votre dernière exposition, vous usez d'expressions réservées de manière à laisser l'esprit suspendu entre la première formule : *Avant la création, l'abîme insondable* et la seconde : *Avant la création, rien.*

« Le vrai sens serait-il dans cette réserve même ? Serait-ce : Avant la création on ne *doit* rien penser du tout, on ne doit pas se demander s'il y avait un x ou s'il n'y en avait pas. Tout ce qu'on sait, c'est qu'on ne peut rien énoncer sur le sujet sans se contredire.

« Ce troisième sens, je serais disposé à m'y ranger dans la mesure du possible. Mais je crains qu'il ne vous suffise pas ; je crains que la vraie doctrine ne soit : Avant un moment assignable il n'y avait rien. Et comment y aurait-il eu quelque chose puisqu'il n'y avait point de représentation et que tout est représentation ? Il faut bien qu'il y ait de la difficulté, puisque des milliers d'esprits ont cru pouvoir, en divers temps, statuer la synthèse des contraires, tandis qu'on s'est avisé si tard du commencement absolu[1]. »

Secrétan est tout prêt, on le voit, à accorder que la conscience divine ne peut être éternelle à *parte ante,* qu'elle a dû commencer, qu'elle a commencé sans doute avec la création. Mais s'il peut faire cette concession au néo-criticisme de Renouvier, ce n'est pas un O, c'est un x éternel qu'il lui paraît nécessaire de mettre avant la création. Que cet x soit privé de conscience, soit. Mais on ne saurait admettre le commencement absolu; il faut qu'il y ait toujours eu quelque chose : on ne sait et l'on ne peut dire quoi, mais quelque chose.

C'est trop accorder. Toutes les réalités dont se compose le monde et auxquelles peut être conservé le nom de substances sont des consciences. L'idéalisme monadiste l'établit clairement. Donc, s'il existe une chose, une substance éternelle, cette chose, cette substance ne peut être qu'une éternelle conscience. — Mais, dit Renouvier, une conscience éternelle réaliserait l'infini numérique actuel par les actes successifs en nombre infini dont elle serait nécessairement composée. — Je nie que le principe du fini interdise réellement à la pensée de placer au delà de la série des phénomènes successifs qui constituent le monde un être conscient qui aurait, avant cette série, existé éternellement et immuablement identique à lui-même, c'est-à-dire sans aucune succession de pensées et de sentiments. Je m'explique sans peine que le mode d'existence de cette conscience immuable soit pour nous un mystère, en considérant la place qu'occupent et le rôle que jouent la succession et le changement dans notre conscience, à nous, place et rôle tels que toute durée nous paraît se réduire à la succession du même au même, et donc qu'une durée éternelle *à parte ante* nous paraît se composer nécessairement d'un nombre infini de successifs identiques.

Pourquoi nous est-il impossible de nous représenter le mode d'existence d'une conscience éternelle ? Parce que nous ne pouvons nous faire l'idée de l'éternité, sans l'assimiler à celle du temps tel que nous le mesurons, c'est-à-dire sans l'imaginer formée de durées successives. Nous ne pouvons rien concevoir sans que notre imagination intervienne aussitôt

1. *Correspondance de Ch. Renouvier et de Ch. Secrétan,* p. 154.

pour soumettre à son empire l'objet de cette conception, quel qu'il soit. Je rappellerai ici ce que j'ai écrit à ce sujet dans l'*Année philosophique de* 1912 :

« Il n'est pas possible de concevoir la durée immuable et sans commencement de Dieu, sans l'imaginer composée d'une infinité de parties identiques successives, pas plus que de concevoir l'étendue sans bornes de l'espace, sans l'imaginer formée d'une infinité de parties identiques juxtaposées. C'est que la catégorie de l'espace, qui domine l'esprit humain, impose sa forme à la catégorie du temps, dont elle paraît caractériser la nature, et ne permet de la concevoir que sous cette forme. L'imagination spatiale, qui s'applique nécessairement à la durée, la réduit nécessairement à la succession du même au même. Elle repousse très naturellement comme chimérique l'idée d'une éternité indivisible et non successive. Ce qui nous permet d'attribuer à Dieu cette éternité indivisible, antérieure à la création, quoique l'esprit humain, d'après la constitution de la sensibilité et de l'imagination humaine, ne puisse se la représenter, c'est que la critique idéaliste nous oblige à refuser au continu d'étendue et au continu de durée, qui n'est, au fond, qu'un continu d'étendue linéaire, toute réalité objective. »

XI

La croyance au libre arbitre. — Dans la première période de sa vie philosophique, Renouvier avait toujours été opposé à l'idée du libre arbitre. Mais la critique de l'infini devait le conduire à examiner de nouveau cette question. Il ne pouvait lui échapper que l'idée du premier commencement, conséquence de la loi du nombre, et celle du libre arbitre impliquaient nécessairement, l'une et l'autre, la négation de l'universelle nécessité causale, et qu'elles se trouvaient rapprochées et devaient paraître liées par cette négation. Il signale et explique ce rapprochement et ce lien dans un passage qui mérite l'attention :

« J'ai remarqué plus haut que les antinomies kantiennes, et on peut ajouter le problème tout entier de la constitution d'une méthode rationnelle de philosopher, roulaient sur deux questions : celle de l'infini et celle du libre arbitre. On voit, par ce que je viens de dire du *premier commencement*, que la

seconde de ces questions tient à la première par un lien très
étroit ; car si vous tranchez une fois la difficulté qui vous arrête
à la pensée que quelque chose a pu arriver dont vous ne
pouvez rendre raison, quelque chose qu'il vous est impossible
de classer dans une suite de phénomènes où vous puissiez en
assigner des antécédents et où s'en trouve aussi la cause, alors
que le procédé de votre entendement, à la rencontre des choses,
est toujours de les classer ainsi, — et c'est ce qu'on appelle les
expliquer, — il vous deviendra comparativement aisé d'admettre qu'il peut se produire actuellement des actes de libre
arbitre. Ces sortes d'actes sont des commencements premiers
relatifs et partiels, des commencements de séries. Ils prendront
place dans certaines suites d'antécédents donnés et de consé-
quents, mais de telle manière que des actes différents puissent
ou aient pu se produire à l'exclusion de ceux-là et entrer, au
lieu d'eux, dans ces suites dès lors modifiées. En un mot, il y
a toujours des précédents et un enchaînement, seulement la
chaîne des phénomènes n'est point invariable. Ce n'est plus
un pur devenir. mais c'est une pure cause survenant en des
relations déjà données ; et ce sont des futurs ambigus et, à
certains égards, indéterminés. Ce qui trouble ici l'intelligence,
ce n'est certainement pas le manque de cause, dans le fait de
la production d'un acte libre ; au contraire, l'idée de *cause* a
proprement sa source et sa forme en un tel acte de volonté,
avant qu'on s'occupe aucunement de savoir s'il est lui-
même causé ou non ; ce n'est pas davantage l'existence d'un
jugement nécessaire *a priori*, par lequel il faudrait que nous
affirmassions que *toute cause a une cause,* à peu près comme
nous affirmons que *la ligne droite est la plus courte distance*
entre deux points : on chercherait vainement un tel axiome
dans les esprits, hormis de certains penseurs systématiques ;
tout l'embarras provient donc de ce qu'il n'est pas au pouvoir
de l'entendement d'imaginer la chose qui commence en tant
qu'elle constitue un commencement. Mais cette difficulté est
sans comparaison moins grande que celle de concevoir le pur
premier commencement des phénomènes, puisque, dans le
premier cas, l'imagination conserve le double appui qui lui
manque dans le second : je veux dire la masse des antécédents donnés, et parmi eux, la volonté, principe de causation
empiriquement connu. Si donc, pour éviter le nombre infini,
contradictoire, qu'on admettrait en posant l'éternité passée
des phénomènes, on pose ce pur premier commencement,

qu'on ne saurait, il est vrai, concevoir en application des lois de l'entendement, mais que l'on peut penser sans les contredire, il ne reste plus aucun empêchement logique à poser aussi la possibilité des ruptures de continuité dans les chaînes de phénomènes, à nier l'entière solidarité de l'avenir et du passé, à distinguer le possible du nécessaire, enfin à se rendre aux raisons d'une espèce tout autre que logique qui réclament de la conscience l'affirmation du libre arbitre? »

Selon Renouvier, la nécessité du premier commencement général et absolu, que la loi du nombre contraint d'admettre, doit faire comprendre et porter à admettre la possibilité de ces premiers commencements relatifs et partiels qui s'appellent des actes libres. Premier commencement général et premiers commencements partiels n'étaient, semble-t-il, à ses yeux, ceux-ci comme celui-là, que des exceptions à la loi générale de causalité naturelle, qui s'applique, en notre entendement, à l'enchaînement des phénomènes. Cette analogie, à laquelle il s'arrêtait, l'empêchait sans doute de porter son attention sur la profonde différence, on peut dire l'opposition absolue de nature qui existe entre un fait qui s'est produit sans aucune espèce de cause et auquel ne peut convenir que le nom de hasard et des actes de causalité libre. L'acte libre a un but, le fait de hasard n'en a pas. La liberté est inséparable de la finalité, tandis que toute finalité, comme toute causalité, est étrangère au premier commencement.

A l'époque où Renouvier, après s'être convaincu de la contradiction inhérente à l'infini actuel, s'appliquait à tirer les conséquences philosophiques de la loi du nombre, la notion de causalité libre n'avait aucune place dans ses conceptions métaphysiques. Il ne voulait connaître qu'une seule espèce de causalité, la causalité naturelle. On sait d'ailleurs qu'il n'a jamais mis la causalité libre au nombre des catégories, même après qu'elle fut devenue, pour lui, l'objet d'une croyance très arrêtée. La notion du nombre, clairement établie, ne lui permettait plus d'attribuer l'éternité au monde, de regarder comme sans commencement l'uniforme succession des antécédents-causes et des conséquents-effets. Mais, s'il n'eût été jusqu'alors opposé à l'idée du libre arbitre humain, ce n'est pas, sans doute, au commencement du monde sans cause qu'il eût conclu tout d'abord; ce n'est pas le hasard, c'est la causalité libre, inséparable de la finalité, c'est la liberté divine créatrice qu'il lui eût paru naturel de mettre immédiatement à l'origine du monde.

Pourquoi nous est-il naturel d'attribuer à l'espèce de cause appelée causalité libre la série des phénomènes cosmiques successifs, la chaîne des causes et des effets que forment ces phénomènes? Pourquoi nous est-il naturel de mettre la liberté, une toute puissante liberté première, à l'origine du monde? Parce que la série des causes et des effets naturels aboutit à la production d'êtres dont la conscience se manifeste de plus en plus, s'élève de plus en plus et présente ainsi un ordre évident de finalité. N'oublions pas que, pour qui a compris la critique idéaliste de la matière et de l'espace, il n'existe de réalités vraies que des monades, c'est-à-dire des individualités conscientes à divers degrés, et donc que l'idéalisme monadiste ne laisse à la disposition de l'athéisme d'autres causes premières que des monades-consciences de l'ordre le plus inférieur. Or il semble naturel d'appliquer aux individualités subconscientes que sont ces monades inférieures l'induction qu'ont suggérée à J.-F.-W. Herschell les atomes de la physico-chimie, c'est-à-dire de les considérer comme des *objets fabriqués* et des *agents subordonnés*. Est-il possible, en effet, de leur refuser le second de ces caractères. Et comment ne pas conclure du second au premier? N'existent-elles pas pour la formation et le développement des monades supérieures ou à conscience claire? N'est-ce pas là une finalité, une destination qu'elles ne connaissent pas, qu'elles n'ont pas déterminée, et qui, cependant, ne peut pas ne pas avoir été conçue et déterminée par quelque esprit[1]?

Si Renouvier n'a pas songé d'abord à mettre la causalité libre à l'origine du monde, ce n'est pas seulement parce que ses conceptions métaphysiques l'éloignaient de la croyance à la liberté humaine; c'est encore parce que, loin de considérer en l'homme causalité libre et finalité comme liées l'une à l'autre, il assimilait, ainsi que nombre de philosophes, notamment Spinoza et Leibniz, l'action des causes finales sur la volonté humaine à celle des forces physiques sur les mouvements des corps. Cette assimilation, qui fait toute la force apparente de l'esprit déterministe, vient du sens commun comme le prouvent les noms de *motifs* et de *mobiles* donnés aux fins que l'esprit se représente, qu'il compare et entre lesquelles choisit la

---

1. Voyez l'*Année philosophique* de 1904, p. 130.

volonté. Elle explique la grande place qu'a prise autrefois dans les discussions philosophiques la question de la liberté d'*indifférence*. La volonté humaine, disait-on, ne pourrait décider et agir *librement* que si, les motifs et mobiles opposés étant d'égale force et se faisant équilibre, elle décidait et agissait en réalité sans motif et sans mobile, c'est-à-dire au hasard. Je n'ai pas besoin de dire que l'idéalisme monadiste réduit à sa juste valeur le témoignage du sens commun en faveur de l'assimilation dont il s'agit, en établissant qu'à la subjectivité de la matière, de l'espace et du mouvement, doit nécessairement être jointe celle des forces et causes physiques, tandis que la réalité objective des phénomènes psychiques et, par suite, celle des fins en vue desquelles se détermine la volonté ne saurait être contestée.

Ce qui ne permet pas d'opposer au libre arbitre les fins qui sont les motifs et les mobiles de nos volitions, ni même de méconnaître le lien qui existe entre la finalité et la causalité libre, c'est l'existence en l'esprit humain d'une finalité qui se distingue des autres par le caractère absolu qu'elle prend, et qui exclut précisément le déterminisme des volitions et des actes. Cette finalité propre à l'espèce humaine est le *devoir*, l'*obligation morale*. L'obligation morale suppose la liberté : on ne peut nier celle-ci sans nier celle-là. Il est clair que le devoir implique la possibilité de l'acte qui l'accomplit et exclut la nécessité de l'acte qui le viole. Mais si cette finalité, l'obligation, suppose la liberté au lieu de l'exclure, on ne voit pas pourquoi la liberté serait incompatible avec les autres fins, quelles qu'elles soient, par lesquelles se caractérisent nos actes ; on ne voit pas pourquoi il n'y aurait d'actes libres que ceux qui violent ou accomplissent le devoir.

J'entends la réponse que pourraient me faire ceux qui sont attachés au néo-criticisme, tel que l'entendait Renouvier. — On peut sans doute, diront-ils, si l'on croit à la liberté humaine, c'est-à-dire à une espèce de cause différente de la causalité naturelle, expliquer l'origine du monde par une liberté analogue à la liberté humaine, par une liberté toute-puissante, par la liberté divine créatrice. Mais la question n'est pas résolue par cette hypothèse ; elle reste entière. Il faut savoir si et comment la loi du nombre, qui interdit d'attribuer l'éternité au monde, permet de l'attribuer au créateur du monde. Renouvier a cru que l'éternité de Dieu réalisait, absolument comme celle du monde, l'infini numérique actuel ; que la loi du nombre était opposée à l'une et à l'autre ; que l'on pouvait donc, toute éternité écartée, conclure immédiatement au commencement absolu et sans cause, à ce que vous appelez, avec Secrétan, le hasard.

Je réponds que le nombre infini apparaît évident dans l'éternité du monde, qui est une éternelle succession de phénomènes, mais que le raisonnement seul peut nous apprendre s'il est ou non impliqué par l'éternité divine. Selon Renouvier, l'éternité, à quelque objet qu'elle s'applique, est nécessairement continue et divisible, nécessairement composée d'un nombre infini de durées successives. Il méconnaît la subjectivité de cette éternité abstraite, parce qu'il méconnaît celle du temps-durée. Il est ainsi conduit à admettre des moments *réels*, de *réelles* durées élémentaires, sans se rendre compte que ces moments, ces unités de durée, dont il compose le temps abstrait sont les produits de notre imagination spatiale.

Si l'éternité, considérée abstraitement, c'est-à-dire indépendamment de l'objet auquel elle s'applique, renferme, aux yeux de Renouvier, un nombre infini de moments, de durées élémentaires, l'éternité concrète de la conscience divine lui paraît nécessairement composée d'un nombre infini d'actes successifs de penser, idées, sentiments, volitions, lesquels correspondent aux moments successifs de l'éternité abstraite. Sur ce point, d'ailleurs, la réflexion du fondateur du néocriticisme s'accorde complètement avec le sens commun ; car telle est bien l'idée que l'esprit humain se fait spontanément de l'éternité divine. Il ne se la représente et semble ne pouvoir se la représenter que comme une sorte d'étendue linéaire infinie et infiniment divisible. Mais ce mode de représentation, qui résulte du continu subjectif de durée et que la forme spatiale de l'imagination nous impose, ne nous donne qu'une apparence. La réalité lui échappe et nous savons pourquoi. Notre imagination, qui spatialise la durée, transporte en l'esprit divin la succession et le changement qui occupent une si grande place et jouent un si grand rôle dans notre esprit. Il nous est par suite très difficile de concevoir qu'une conscience ait pu exister immuable, indivisible, non successive. Cependant la raison, par la critique des concepts qui déterminent nos jugements ordinaires, nous conduit à penser que cette conscience sans changement et sans succession a pu exister, qu'elle a certainement et nécessairement existé avant la création du monde. Quoique le mode d'existence de cette conscience soit pour nous un mystère, je ne puis voir qu'un éternel présent dans l'éternité d'un être dont la conscience n'a et ne peut avoir d'autres objets que ses attributs et ses perfections éternellement les mêmes.

XII

Même après avoir statué la loi du nombre et le premier commencement sans cause qui en était, à ses yeux, l'immédiate et nécessaire conséquence, Renouvier était resté fort incertain sur la question de la liberté humaine. Il n'arriva à la résoudre affirmativement et à rejeter complètement ses anciennes opinions déterministes qu'à la suite de ses conversations et discussions philosophiques avec son ami Jules Lequier. Il fut ainsi amené à se faire une juste idée du libre arbitre et à reconnaître le rôle qu'il joue, non seulement dans nos actes, mais encore dans nos jugements, nos croyances, nos certitudes.

« Je dus, nous dit-il, à mes incessantes communications avec cet esprit supérieur d'être enfin rompu aux débats sur la liberté et la nécessité, familiarisé avec l'idée des possibles et des futurs ambigus, convaincu que la position la plus sûre, ou la seule sûre, dans la question du libre arbitre, devait se prendre sur *la réalité ou l'illusion* de ces futurs et de ces possibles considérés en eux-mêmes, enfin, persuadé qu'ils existent effectivement, qu'ils ne concernent pas moins nos jugements que nos actes, et qu'en conséquence, pour qui les admet, la philosophie doit être essentiellement la recherche de la détermination légitime des possibles à l'acte, le juste emploi de la liberté, non point une affaire d'opinion ou de sentiment, ou une construction scientifique élevée sur des principes nécessaires. Dès ce moment, la morale du devoir, dont le chemin m'avait été fermé jusque-là, put m'apparaître dans la rigueur de son principe; je compris la pensée de la critique kantienne de la raison pratique et la vraie signification des postulats. Quand je ne voyais dans cette liberté, dont la moralité implique l'existence, autre chose que l'exemption de contrainte, une spontanéité qui se réduit au fait d'être bien *soi-même* l'auteur de ses actes (ainsi que les déterministes l'admettent sans peine), je ne pouvais trouver le mérite d'une action ni dans les motifs d'agir, en tant qu'ils ne seraient point volontaires, ni dans la volonté qui, considérée à part, serait indifférente, et il m'était interdit par ma façon indécise d'interpréter le résultat de la synthèse du motif et de la volonté, de le prendre dans la détermination conforme au devoir, en posant la détermination contraire également possible. Je le cherchais dans un certain état de conscience, dont le caractère serait *la foi dans le vrai bien*, malgré les motifs qui peuvent porter au doute, au milieu de tant d'apparences de bien qui nous sollicitent à l'acte en divers sens. Mais, comme la croyance ne peut constituer un mérite par elle-même, indépendamment de l'objet où elle s'attache, il aurait fallu donner le critère de ce vrai bien, définir ce vrai bien par rapport à la conscience qui l'embrasse et qui seule peut être dite moralement bonne ou mauvaise ; et c'est ce qu'alors je ne pouvais faire, faute de connaître un impératif catégorique et d'envisager dans toute sa réalité un libre arbitre dont la réalité est impliquée par l'obligation. Obligation et prédétermination sont des termes contradictoires, ainsi que libre arbitre et raison suffisante.

« Au fond, sur la question du libre arbitre comme sur celle de l'infini de quantité, c'est à la contradiction que j'échappai, c'est à la logique que je me rendis... J'étais retenu dans d'inextricables difficultés dont le mot est toujours le même : contradiction, lorsque je reconnaissais que la notion de la moralité et la distinction de la vérité et de l'erreur sont incompatibles avec la thèse de l'universelle nécessité, et que je ne laissais pas de me refuser à nier le principe de la raison suffisante, sous le prétexte d'une insoluble antinomie de déterminisme et d'indéterminisme... Tout cela devait tomber à la fois dès que je prenais franchement le parti de choisir de mon mieux entre les thèses et les antithèses des prétendues antinomies[1]. »

Il est à remarquer que, dans ce passage, où il parle de l'influence de Lequier sur sa conversion au libertisme, Renouvier ne dit pas un mot du fameux dilemme qu'il a présenté, dans son *Deuxième Essai de Critique générale* et en d'autres écrits, comme une découverte philosophique des plus importantes. Il semble reconnaître que Lequier lui a fait comprendre le rapport qui existe entre la liberté et l'obligation morale. Mais je ne vois pas qu'il eût besoin pour cela des raisonnements de

---

1. *Esquisse d'une classification systématique des doctrines philosophiques*, t. II, p. 382.

Lequier. La méditation de la critique kantienne de la raison pratique pouvait lui suffire. Ce dont il paraît bien s'être convaincu, en suite de ses communications avec Lequier, c'est que la passion, la volonté libre et l'obligation morale ne sont pas plus étrangères à nos jugements qu'à nos actes. C'était là, à divers points de vue, un progrès incontestable de la doctrine néo-criticiste. Ce qui n'était pas un progrès, mais une erreur, c'est d'avoir admis, avec Lequier, que la liberté doit être considérée comme un postulat de la connaissance et de la certitude, et que nos jugements sont tous également incertains, s'ils sont tous également nécessaires, en un mot, que le scepticisme est impliqué par le déterminisme [1].

Je ne crois pas avoir besoin de revenir sur la critique que j'ai faite du dilemme de Lequier, dans l'*Année philosophique* de 1899 (p. 105-121) et dans l'*Année philosophique* de 1911 (p. 115-120).

XIII

La croyance à l'unité de Dieu et à la création. — Converti à la doctrine du libre arbitre, Renouvier avait bien aperçu la liaison qui existe entre le déterminisme et l'infinitisme, d'un côté, entre la liberté et le principe du fini, de l'autre. Mais il était resté, même dans la phase néo-criticiste de son évolution philosophique, fort éloigné de croire à l'unité de la personnalité divine et à la création du monde par la volonté libre de cette personnalité. Il nous apprend comment, sous l'influence de Lequier, ces deux croyances s'imposèrent finalement à sa réflexion :

« Tout en ayant le sentiment de ces affinités de théorie (entre le déterminisme et l'infinitisme, entre la doctrine de la liberté et celle des limitations), je n'avais pas assez réfléchi au rapport de l'idée de création du monde avec celles de la liberté et de la personnalité, quand on considère celles-ci *au commencement*, puis au rapport de l'idée d'unité avec celle de création, quand on regarde la conscience comme l'unique

---

1. Ce n'était certainement pas un progrès, pour la doctrine de Renouvier, de montrer, comme Lequier, dans la liberté, se posant et s'affirmant elle-même, la première vérité philosophique, et d'enlever ainsi, par un étrange oubli de son œuvre personnelle, de ce qu'on peut appeler vraiment sa découverte, à la féconde loi du nombre, fondée sur le principe de contradiction, ce nom, ce titre de première vérité, qui lui appartient et n'appartient qu'à elle.

raison des choses, et qu'on a à rendre compte de l'unité des
lois représentatives de l'univers, de l'harmonie des relations
générales qui en relient, pour la pensée, toutes les parties. Je
ne songeais pas combien le criticisme, s'il ne se prononçait
pas entre le principe d'unité primitive et le principe de pluralité, s'il se contentait d'ignorer tout du nombre et de la nature
des représentations données les premières dans le monde, s'il
laissait dans l'indéterminé et l'inconnu la raison du lien qui
les enchaîna dans des lois communes, pouvait favoriser les
conceptions cosmogoniques pour lesquelles le monde est
l'évolution d'une Chose, ou puissance génératrice aveugle, qui
porte en elle les lois des consciences, et compte, en cela, les
consciences elles-mêmes au nombre de ses produits. La doctrine de la personnalité unique et de la création est la seule
qui, du moins à la condition de ne pas donner à cette personnalité même le reculement à l'infini dans le temps, mette un
empêchement décisif aux explications apparentes et trompeuses du monde comme plongeant ses racines dans l'éternité d'une nature naturante ou force potentielle universelle.
Mais la notion de création est-elle conciliable avec les principes du criticisme? A l'époque dont je parle, je ne le pensais point.

« Une considération morale encore plus importante, qui me
touche aujourd'hui beaucoup, ne suffisait pas pour me décider
à examiner de plus près la question de savoir si les principes
du criticisme sont réellement neutres et n'exigent pas une
ferme solution (celle qui parut nécessaire à Kant) du problème
de l'unité ou de la pluralité primitive. Cependant cette considération m'était signalée avec une grande force par l'ami
auquel je devais ma conversion à la doctrine du libre arbitre,
et aux yeux de qui l'existence des êtres libres dans l'univers
risquait de constituer une espèce de *satanisme*, ou régime diabolique, s'ils étaient des êtres premiers et non pas créés, si la
liberté n'était pas le don d'un créateur, et soumise aux conditions qu'exige à son endroit le plan d'un monde bon, dont elle
fait partie. Et en effet l'unité d'origine permet la réunion en
Dieu de la perfection morale et de la liberté, et le monde,
œuvre de Dieu, est celui sur la conception duquel portent
le plus naturellement les postulats, et se posent les questions
de théodicée. La pluralité d'origine, jointe à la liberté des
personnes, en l'absence de toute coordination morale (aussi
bien qu'intellectuelle) dont on puisse assigner le principe,

nous laisse, à l'égard de l'ordre et du bien, dans l'ignorance de la cause, et, à l'égard du mal, dans l'impuissance d'arriver à l'ultime justification de l'univers.

« L'idée de l'unité personnelle primitive, telle que je l'aperçois aujourd'hui, et qu'elle me paraît accessible, sans sortir du champ de la méthode criticiste, est fondée sur le rapprochement de la thèse du premier commencement, et du fait de la prédisposition harmonique des relations, dans l'univers considéré comme un système de représentations concordantes. La théorie de la causalité que je rappelais tout à l'heure suppose une coordination de tous les actes qui sont ou varient en fonction les uns des autres, dans la nature. Toutes les lois physiques du mouvement communiqué, de la perception et de l'action, ne sont que cette coordination même. L'idéalité du temps et de l'espace exige une autre espèce de coordination, qui est la réalité vraie des lois de succession et de position, parce qu'elle est leur intuition et leur application commune par tous les êtres sentants et mouvants, qui distinguent, extériorisent et mesurent par leur moyen les phénomènes. Les fonctions générales de la pensée, en ce qui concerne la logique et le nombre, composent une autre espèce d'ordre, dans lequel toutes les consciences entrent comme dans un domaine commun préparé pour elles toutes, et qui ouvre à leurs explorations intellectuelles une carrière dont on ne voit pas le terme. Enfin les passions qui règnent sur la nature vivante sont les traits d'un système général de finalité, servant à la fois les intérêts de conservation et de développement des vies individuelles, et supérieur à toutes les vies individuelles. Le monde, envisagé sous toutes les catégories, implique donc une communauté de lois. Mais dire communauté, c'est dire unité, autant que la communauté s'étend, et l'unité de loi est elle-même une loi. Si une loi pouvait exister sans origine, indépendamment des phénomènes qu'elle régit et de toute conscience où elle soit représentée, il n'y aurait rien à conclure de cette unité, en faveur de l'unité de conscience première. Mais, pour la méthode qui n'admet ni loi sans phénomènes, ni phénomènes sans commencement, ni phénomènes donnés ailleurs qu'en des représentations, une loi une et universelle, un plan des relations du monde ne peut exister qu'à la condition d'une conscience une et universelle étendue à cet objet.

« Telle est la raison qui, après bien des hésitations, m'a conduit à placer l'unité de la personnalité divine, en deçà de la limite extrême de la connaissance, pour le criticisme phénoméniste. Je ne me dissimule pas que mon ancien point de vue conserve la force qui appartient aux aveux d'ignorance, dans cette méthode, et qu'une limite moins reculée peut paraître plus satisfaisante pour la raison théorique, qui aurait intérêt, en traitant d'insoluble le problème de l'unité, à se débarrasser de plusieurs problèmes issus de celui-là et très difficiles pour elle. Je comprends donc qu'on puisse admettre avec moi la thèse du premier commencement, et celle du principe de conscience en ce qui touche l'origine et l'essence des choses, et. cela fait, se dire dans l'ignorance de la raison de l'unité des lois, et spécialement de la coordination causale des phénomènes, de même que, moi aussi, après avoir admis la conscience universelle, je suis forcé de confesser mon absolue inscience touchant l'origine et le principe de cette conscience en laquelle cette unité et cette coordination ont leur représentation et la raison de leur existence. Mais remarquons bien que, si la connaissance de Dieu ne peut absolument nous venir qu'avec les phénomènes et par rapport aux phénomènes, cela ne fait point un empêchement à ce que nous nous prononcions sur son unité et universalité comme conscience (à la réserve expresse de l'infinité, qui doit toujours être exclue). Si nous refusons d'aller jusqu'à cette croyance, ce sera, sachons-le bien, renoncer à envisager une adéquation du monde intégral de fait et de la représentation en général, alors que cependant nous convenons qu'il n'existe rien au monde que des représentations. Cela n'est guère naturel, ni satisfaisant pour la raison théorique. Et l'unité, l'harmonie des lois, ne résidant plus qu'empiriquement dans les faits, sans aucun fondement assignable, la raison pratique aura de la peine à trouver pour ses postulats d'aussi claires garanties que dans l'hypothèse de l'unité de conscience primitive[1]. »

Nous avons, dans ce passage, dont l'importance ne peut échapper à l'attention du lecteur, le dernier mot, la conclusion de l'évolution philosophique de Renouvier. Avec une admirable sincérité, il y rejette les vues qu'il avait exposées dans son *Deuxième Essai de Critique générale* sur les postulats métaphysiques de la loi morale[2]. Il en reconnaît et en montre

---

1. *Esquisse d'une classification systématique des doctrines philosophiques*, t. II, p. 397 et suiv.

2. Je ne voyais autrefois dans ces vues rien qui ne fût conforme à la raison et ne pût être approuvé sans réserve. Je n'hésitais pas à soutenir,

l'insuffisance. Sous l'influence, cette fois, heureuse de Lequier, il s'est convaincu que la cause suprême postulée par la conscience humaine n'est pas, ne peut pas être l'impersonnelle nature aux lois fatales, connues et inconnues; que ce n'est pas l'ordre actuel de la nature, constitué par les lois physiques, chimiques, biologiques, qui peut nous faire espérer la réalisation future du souverain bien; que, pour être assurée, cette réalisation suppose une puissance supérieure à la nature, une puissance douée d'intelligence et de volonté, d'une intelligence et d'une volonté parfaites. En un mot, il s'est rendu compte qu'on ne pouvait remplacer, en philosophie, la théodicée par la cosmodicée.

Il établit que le monde, envisagé sous toutes les catégories, implique une communauté de lois; et, partant de ce principe, qu'une loi ne peut exister indépendamment de toute représentation dans une conscience, il conclut de la concordance et de l'unité des lois de l'univers, à une conscience une et universelle, où cette unité des lois cosmiques est représentée, a dû l'être nécessairement à l'origine. — Mais la conscience divine est-elle bornée à la représentation des lois de l'univers? Ne peut-on pas joindre en elle à cette représentation la volonté libre, la causalité créatrice? Ne peut-on pas admettre que Dieu a suscité extérieurement à soi, par la volonté, cet ordre cosmique qu'il se représente? —

Cette idée de création, Renouvier l'avait toujours repoussée, parce qu'il lui paraissait impossible de concevoir la production d'êtres libres par la libre volonté divine. Il n'hésite pas à déclarer que cette objection, si elle était prise au sérieux, mènerait à nier comme inconcevable la liberté humaine aussi bien que la liberté divine créatrice; qu'elle ne peut donc arrêter l'esprit et doit être écartée; que l'idée de création peut donc très bien et doit trouver place dans la doctrine néo-criticiste élargie, mais à la condition d'y être inséparablement unie à celle du premier commencement. Ecoutons-le :

en 1867, dans l'article intitulé : *La morale indépendante et le principe de dignité*, que la loi morale et le sanction nécessaire de cette loi doivent être, aussi bien l'une que l'autre, considérées comme entièrement indépendantes de la croyance en un Dieu personnel. La logique idéaliste m'a de plus en plus éloigné de cette conception naturaliste des postulats : j'en ai fait la critique dans l'*Année philosophique* de 1912, p. 107-116.

XIV

« La physionomie de l'idée théologique de création est
entièrement changée, quand on s'y place en envisageant l'acte
créateur au commencement même de toute pensée et de
tout acte distinct, à la première apparition de la conscience
première, aussitôt liée à la production des consciences ses
subordonnés dont elle établit l'ordre général de relations et
de fonctions. Il faut avoir admis d'abord l'unité et l'universalité de conscience pour l'explication de cet ordre. Cela fait, un
passage de l'unité à la pluralité des consciences est à chercher
pour la satisfaction de la raison. Or les hypothèses de l'émanation et de la division primitive et spontanée de l'être sont
exclues pour le criticisme à cause de leur liaison avec les doctrines de la nécessité et de la substance ; il ne nous reste donc
plus que l'idée rigoureuse de la création, l'idée transcendante
de la génération des consciences libres par la conscience parfaite qui a pensé et réalisé toutes les relations générales qui
constituent le monde. La radicale incompréhensibilité d'un tel
acte n'est, après tout, pas autre que celle du premier commencement lui-même, dont il ne fait que spécifier la nature et
définir en quelque sorte la composition logique, en ces deux
éléments qu'il ne faut pas essayer de séparer l'un de l'autre :
d'un côté, la conscience créatrice ; de l'autre, les consciences
créées, leurs conditions de vie et leur mesure de liberté. On
ne peut même pas dire que l'impossibilité de comprendre
l'essence du rapport produit par l'acte libre d'une conscience
créée et conditionnée soit moindre que l'impossibilité de comprendre l'essence du rapport produit par l'acte créateur dont
une telle conscience elle-même a pu procéder. En effet, le premier de ces rapports, quand on considère les passages de la
conscience par des représentations diverses et opposées, au
cours d'une délibération où des motifs sont tour à tour évo-
qués ou repoussés, consiste en ce *qu'une pensée peut faire qu'une
pensée autre, une pensée contraire, devienne*. Ces termes rendent
bien ce qui caractérise un moment pris dans une suite
d'idées où une détermination qui *se fait* peut se faire d'une
façon ou d'une autre façon. Or cela est si complètement
incompréhensible, qu'on ne voit pas en quel sens on dirait
que quelque autre chose l'est davantage, quand d'ailleurs elle

n'est pas contradictoire en soi : comme, par exemple, *qu'une conscience parfaite a pu faire que des consciences imparfaites, à la fois libres et conditionnées par elle, soient venues.* Cette dernière formule est celle de la liberté conditionnée.

« Les difficultés vraiment insurmontables, les seules dont il soit impossible de sortir par des actes de croyance qui n'impliquent pas, tiennent aux abstractions dont une philosophie issue des doctrines antiques de la Chose et de son évolution a flanqué les concepts de la personnalité divine et de la création, aussitôt qu'elle a paru s'accommoder de ces derniers. Le dogme de la pensée et de la vie divines à la fois éternelles et successives, hors du temps et dans le temps, finies comme tout ce qui est déterminé, et actuellement portées au nombre infini dans tous leurs modes distincts ; la relativité dans l'absoluité, la composition dans la simplicité, le changement dans l'immutabilité, la liberté dans la nécessité, la contingence laissée à *certains* événements d'un monde dont *tous* les événements à venir sont déjà donnés pour la connaissance parfaite, ces produits de combinaison de la foi métaphysique et d'une foi religieuse d'un genre bien différent ont un fond d'absurdité commun et disparaîtraient avec l'effort déraisonnable des théistes pour se former l'idée d'un Dieu personnel avant la création, indépendamment de la création, en dehors de toute relation soit à d'autres personnes, soit aux parties et aux lois d'un monde fini qu'une conscience parfaite puisse embrasser. Les caractères d'intelligence et de volonté, plus encore d'amour, et la qualité de créateur tendent toujours à s'effacer dans le Dieu de ces théologiens absolutistes, infinitistes, substantialistes, pour laisser paraître avec plus ou moins de clarté l'idée du développement d'une nature éternelle et nécessaire, véritable dernier mot des spéculations qui veulent quelque chose au-dessus de la conscience. Au contraire, lorsqu'on ne sépare pas la thèse de la personnalité divine et de la création de celle du premier commencement, les caractères anthropomorphiques idéaux se dégagent franchement, parce qu'on s'éloigne des doctrines qui voient dans le monde une matière de tout être et de tout devenir éternelle, ayant parmi ses modes passagers des consciences. La méthode qui tire toute connaissance de la conscience se montre dans sa simplicité et sa force. L'hypothèse métaphysique de la substance une et nécessaire fait place à l'hypothèse morale de la conscience créatrice, de l'individuation primitive, des actes initiaux, des déterminations libres et des développements de destinée diverses par l'action de la liberté, sous l'empire des lois de la création[1]. »

Converti à la doctrine du libre arbitre, Renouvier devait se convertir à celle de la création. Il avait méconnu le rapport logique des deux idées. il finissait par voir et accepter en elles le même mystère, le même principe inexplicable comme tous les faits et principes premiers. Il répudiait donc, on l'a vu, dans sa *Classification systématique des doctrines philosophiques*, le jugement qu'il avait porté, dans son *Premier essai de Critique générale*, sur l'idée de causalité créatrice. Cette idée s'imposait à sa raison, comme celle de la liberté humaine, à laquelle il comprenait qu'elle devait être rattachée. Et il écartait comme vaines les objections qu'il avait autrefois opposées sur un ton décisif à la croyance en un Dieu personnel, créateur du monde.

On ne comprend guère qu'il ait pu accorder une réelle valeur philosophique à ces objections. Ce qui me paraît expliquer, dans une certaine mesure, le point de vue où il croyait, — où il a cru sans doute longtemps, — pouvoir se placer sur cette question, c'est que l'idée du premier commencement sans cause avait remplacé, à ses yeux, celle de création. Il avait pensé d'abord, notons-le, que cette idée de premier commencement sans cause, impliquée par la critique de l'infini, suffisait à résoudre les questions d'origine Il trouvait, par suite, tout naturel d'appliquer cette idée négative, — l'idée du hasard, — à l'apparition des êtres libres ; et il croyait volontiers qu'il était, non seulement inutile, mais irrationnel et impossible d'attribuer cette apparition à la liberté divine créatrice. Conduit par la réflexion à admettre l'idée de création, il se persuada, en conclusion, que ces deux idées, premier commencement et création, étaient logiquement nécessaires, aussi bien l'une que l'autre, qu'elles devaient donc être également maintenues et ne pouvaient être séparées l'une de l'autre.

Il me paraît regrettable que l'influence de Lequier n'ait pas réussi à lui faire abandonner l'idée du premier commencement. Lequier était sans doute très loin de donner son assentiment à cette idée. Et c'est, je le crois bien, pour qualifier le

---

1. *Esquisse d'une classification systématique des doctrines philosophiques*, t. II, p. 403.

régime résultant de cette idée, qu'il se servait des mots *satanisme* et *régime diabolique*. J'estime fondé l'emploi de ces termes. Des êtres conscients et libres qui surgissent sans cause, sans but, sans raison, dont le hasard seul détermine la nature, les facultés et la puissance, peuvent être des agents terribles de violence, de désordre et d'injustice. Leur liberté mérite vraiment le nom de *diabolique* parce que, d'après leur origine absolument fortuite, elle ne peut connaître aucune responsabilité morale. On ne peut attendre que du hasard le remède au mal qu'elle fait, la réparation des injustices qu'elle commet. On ne voit pas comment un ordre général de finalité pourrait être assuré dans un monde où une telle liberté serait possible. On ne voit pas comment on pourrait encore y parler de postulats, de sanction, de souverain bien.

Lequier put faire comprendre à Renouvier que l'idée de création était le seul et vrai fondement de la croyance aux postulats. Mais il eût sans doute essayé vainement de lui faire rejeter l'idée du premier commencement. Lequier, — on est fondé à le croire, — était infinitiste. Selon Renouvier, le principe du fini était rigoureusement démontré ; et l'idée du premier commencement était une conséquence qui devait se tirer immédiatement de ce principe, une vérité dont l'évidence se confondait avec l'évidence du finitisme. Il prit dont le parti d'unir et de combiner dans sa doctrine les deux idées de premier commencement et de création, sans se demander si la première de ces deux idées, jugées également nécessaires et déclarées inséparables, ne devait pas inévitablement fausser la seconde.

XV

Renouvier rappelle, à ce sujet, la théorie de Secrétan qui, attribuant à Dieu la liberté absolue, le considère comme l'auteur de ses propres attributs, de sa proche nature (*causa sui*) ; et il rapproche de cette théorie le point de vue où s'est arrêté finalement son phénoménisme criticiste :

« Il y a, dit-il, une théorie qui met à la place de la *nature* divine la volonté pure, la *liberté absolue* et regarde Dieu, non comme nécessairement donné à soi, mais comme *cause de soi*. Mais cette théorie ne pourrait différer de la première (de la théologie scolastique), pour l'idée à se faire de cette cause pure non causée (cause de soi) qui est Dieu, et de la création par cette même cause des consciences conditionnées et libres, que si l'on acceptait de ne pas séparer l'idée de Dieu de celle de créateur, et par conséquent de n'envisager pas plus l'une que l'autre en dehors de l'acte pur du premier commencement des phénomènes. Les deux membres, pour ainsi dire, de l'existence, réunis dans le point initial, les deux parties ou facteurs de la création, la cause de soi et la cause d'autrui, de sa liberté et de ses conditions, ne poseraient plus alors à l'entendement qu'un seul et même problème insoluble, qui correspond à d'autres problèmes analogues pour toutes les doctrines possibles : à savoir, le premier pourquoi de l'être ou de la pensée, et l'établissement de l'individuation sous l'empire des lois générales, par l'acte de la première pensée[1]. »

Secrétan devait sans doute être assez étonné de ce rapprochement. On a vu plus haut qu'il était absolument opposé à l'idée du premier commencement sans cause. Il n'a d'ailleurs jamais entendu que l'expression *cause de soi*, appliquée à Dieu, fût synonyme de *cause non causée*. Selon lui, c'était bien réellement Dieu qui, n'étant à l'origine que volonté pure, liberté absolue, s'était donné à lui-même les attributs qu'il avait voulu posséder, s'était fait lui-même le Dieu qu'il avait voulu être. « L'idée de Dieu, dit-il, est celle de l'être parfait ; mais un être parfait de sa nature le serait moins que celui qui se donnerait librement la même perfection ; l'idée d'un être parfait de sa nature est donc une idée abstraite et contradictoire ; l'être parfait *de sa nature* serait encore imparfait ; l'être parfait est celui qui se donne lui-même la perfection qu'il possède, c'est-à-dire l'être absolument libre ; donc Dieu est absolument libre, ou plutôt il est absolue liberté. La liberté fait toute sa nature. S'il possédait naturellement d'autres attributs, il ne serait pas libre de les prendre ou de les quitter, sa liberté ne serait pas absolue[2]. »

Dans l'ouvrage spécial que j'ai consacré à l'exposition et à la critique de la métaphysique de Secrétan, je crois avoir montré que cette idée paradoxale d'un Dieu qui n'était d'abord qu'une liberté, et qui, par un acte de cette liberté, est devenu une conscience, une nature intellectuelle et morale ; que l'idée d'un tel Dieu, résumée par Secrétan en cette formule : *Je suis*

---

1. *Esquisse d'une classification systématique des doctrines philosophiques*, t. II, p. 482.

2. *La Philosophie de la liberté*, 2ᵉ édit., t. I, XVᵉ leçon, p. 366.

ce que je veux, est condamnée par la définition exacte et précise des termes mêmes en lesquels elle est énoncée [1].

La théorie de Secrétan doit être écartée comme évidemment inadmissible : on ne voit pas que le mot *liberté* présente un sens intelligible dans le rapport général et absolu de cause à effet qu'elle prétend établir entre la liberté divine et la nature divine. Ce qu'il me semble possible et nécessaire d'admettre, ce que la loi du nombre m'a conduit et m'oblige à penser, c'est que la série des phénomènes cosmiques a commencé par la libre volonté d'un être éternel ; qu'avant la création du monde, l'éternité de cet être, l'éternité divine était indivisible et non successive ; qu'en vue de la création, en vue de ses rapports avec le monde, Dieu, dont l'éternité était un éternel et immuable présent, s'est, par un premier acte de la liberté qu'il possédait en puissance, soumis à la loi de succession, à la division du temps ; qu'il s'est, en contractant, comme le dit Lequier, un nouveau mode d'existence, fait semblable aux êtres créés. Je puis ainsi, en un sens légitime, appliquer à Dieu l'expression de Secrétan : *causa sui ;* je puis dire que Dieu s'est donné, par un acte de liberté, une nature temporelle, qu'il a été partiellement et relativement *cause de soi.*

La théorie de Renouvier n'a pas, à mon sens, plus de valeur et ne résiste pas mieux à l'examen que celle de Secrétan. Selon Renouvier, Dieu n'est pas éternel, il est *cause de soi*, mais en ce sens seulement qu'il n'a pas été causé, qu'il a commencé sans cause et sans antécédent (*de nihilo*). Son existence n'a pu commencer, sans qu'il fût aussitôt et nécessairement cause d'autrui. C'est ainsi que l'idée de création vient se joindre à celle du premier commencement. C'est ainsi que le philosophe des *Essais de Critique générale* entend que « les deux membres de l'existence, les deux facteurs de la création, la création de soi et la création d'autrui, soient réunis dans le point initial et ne posent plus à l'entendement qu'un seul et même problème insoluble ». Il veut que « l'on envisage l'acte créateur à la première apparition de la conscience première aussitôt liée à la production des consciences ses subordonnées ». Il tient que Dieu n'a pu exister, avoir conscience de lui-même, de ses attributs, de sa nature, sans créer immédiatement et nécessairement le monde, parce qu'il n'a pu exister

---

1. *La Philosophie de Charles Secrétan*, p. 136-143.

comme *sujet* sans se donner à lui-même pour objets d'autres consciences, d'autres êtres.

Voilà une raison, qu'il est vraiment difficile de prendre au sérieux. Les termes de *sujet* et *d'objet* sont logiquement inséparables ; mais l'idée d'objet est très générale ; elle peut s'appliquer à un élément quelconque de la conscience isolé des autres. Stuart Mill a très bien montré qu'une conscience peut trouver son objet en elle-même, dans les sensations, idées, sentiments, dont elle se compose, qu'elle peut donc être conçue sans relation avec d'autres consciences[1]. On ne peut donc pas dire que la création du monde soit liée immédiatement et nécessairement au premier commencement de la conscience divine. Il est clair d'ailleurs que, si la création du monde était nécessaire pour que Dieu eût conscience de lui-même, le mot *création* n'aurait plus de sens ; la création ne serait, en réalité, qu'une sorte d'émanation. L'idée de création, inséparable de celle de liberté, implique, en même temps que la liberté divine créatrice, la préexistence du créateur au monde créé. C'est cette préexistence, logiquement liée à l'idée de création, qui, seule, exclut toute espèce de panthéisme. Comme Renouvier ne l'admettait pas, j'ai pu dire, dans l'*Année philosophique* de 1912, qu'il ne s'était jamais complètement dégagé de l'esprit panthéiste.

F. PILLON.

1. Voyez *La Philosophie de Hamilton*, trad. Cazelles, p. 252.

LE « RETOUR ÉTERNEL » DE NIETZSCHE

Si Nietzsche n'a pas inventé l'idée du Retour éternel, il est
sûr qu'il l'a exprimée avec une intensité et un relief uniques,
à telles enseignes que plusieurs, prenant, il est vrai, Nietzsche
lui-même au mot, ont vu en lui le tout premier auteur
de cette idée, et, bien loin d'ailleurs de lui en faire un
extraordinaire mérite, ont cru pouvoir la traiter par le
mépris en prononçant du bout des lèvres : folie ! détraque-
ment mental ! aliénation pure !... Mais la folie, si folie il y a,
a été le fait, avant Nietzsche, de penseurs qui ont certes pu
se tromper, mais qui se sont trompés de sens rassis et de sang
froid. Les stoïciens, Plotin, Blanqui, Spencer, Le Bon,
Guyau, etc... n'étaient pas tous des aliénés. La prétendue
« insanité » est après tout dans le prolongement même du
mécanisme, et il ne suffit pas, pour l'écarter, de la stigmati-
ser brutalement de folie nietzschéenne. C'est une folie en tout
cas qui, à bien des égards, mérite d'être étudiée.

I

Nietzsche lui-même a raconté comment, dans l'Engadine,
au mois d'août 1881, jaillit comme un éclair dans son cerveau
en feu cette hypothèse du Retour éternel. « J'allais en ces jours
le long du lac de Silvaplana, à travers la forêt, dit-il ; près d'un
roc puissant qui se dressait en pyramide, non loin de Surlei,
je fis halte. C'est là que l'idée vint à moi. » A cette minute et
à cette place, il pensa : dans tel nombre de jours, imprévi-
sible, immense, mais limité, un homme, en tout semblable
à moi, moi-même enfin, assis à l'ombre de ce roc, retrouvera
ici même cette même idée. Et cette même idée sera, par cet

homme, retrouvée non pas seulement une fois, mais un nombre de fois infini, car le mouvement qui ramène les choses est infini.

L'émotion de la découverte fut si vive qu'il pleura, et resta longtemps abîmé dans les larmes. En quelques lignes, il formule et date l'idée : « Commencement d'août 1881, à Sils Maria, à 6 500 pieds au-dessus de la mer et beaucoup plus au-dessus de toutes choses humaines ! » Puis il vit durant quelques semaines dans un état de ravissement et d'angoisse. Il éprouve un orgueil divin. Mais dans le même temps il s'épouvante, envisageant avec un indicible effroi la perpétuité des Retours. Ce lui est une attente insupportable, un supplice; mais il aime ce supplice, et s'impose l'idée du Retour éternel comme un ascète s'impose le martyre. Il y voit une nécessité scientifique qui soumet son optimisme à une rude épreuve. Ce n'est pas seulement la douleur qu'il faut maintenant choisir et prendre en partage : il faudra aussi toujours endurer de nouveau ce qu'on a déjà souffert. «*Lux mea crux,* écrit-il dans ses notes, *crux mea lux!* Lumière ma croix, croix ma lumière! » Son agitation ne s'apaise pas avec le temps, elle grandit au point de l'effrayer lui-même : « A mon horizon s'élèvent des pensées, quelles pensées! écrit-il à un ami le 14 août. Je ne soupçonnais rien de tel. Je n'en dis pas davantage, je veux maintenir en moi un calme inébranlable. Hélas, ami, des pressentiments me traversent parfois l'esprit. Il me semble que je mène une vie très dangereuse, car ma machine est de celles qui peuvent *sauter!* L'intensité de mes sentiments me fait frémir et rire — deux fois déjà j'ai dû rester à la chambre, et pour une raison ridicule : j'avais les yeux irrités, pourquoi? parce qu'en me promenant j'avais trop pleuré; non pas des larmes sentimentales, mais des larmes de joie; et je chantais et disais des folles, plein d'une nouvelle idée que je dois proposer aux hommes... »[1]

C'est alors qu'il conçoit l'idée de son *Zarathoustra,* comme l'indique une note de quatre lignes rapidement tracées et qui porte ce titre : *Midi et éternité* et ce sous-titre : *Signe d'une vie nouvelle.*

En septembre, la saison devint tout à coup froide et neigeuse. Il dut quitter l'Engadine. Il fut éprouvé par les intempéries, son exaltation tomba, et une longue période de dépres-

---

1. Daniel Halévy. *La vie de Frédéric Nietzsche,* 5e édition, p. 235.

sion commença. Il pensait constamment au Retour éternel,
mais, ayant perdu courage, il n'en sentait plus que l'horreur.

L'année suivante, en août 1882, il expose à une amie sa doctrine : « Inoubliables sont pour moi ces heures où il me révéla
ses pensées, écrit Mlle Lou Salomé. Il me les confiait, comme
si elles eussent été un mystère indiciblement pénible à dire :
il n'en parlait qu'à voix basse, avec toutes les apparences de
la plus profonde horreur. Et véritablement la vie était pour
lui une si vive souffrance qu'il souffrait du Retour éternel
comme d'une certitude atroce[1]. »

Ses cris de victoire furent d'autant plus vibrants quand
il eût maîtrisé la crainte que lui inspirait ce recommencement,
et il trouva dans la victoire remportée l'affirmation de la vie
la plus haute qui puisse être. C'est à cette conclusion qu'arrivent les hommes supérieurs que Zarathoustra a réunis à
la nuit tombante, devant sa grotte, sous la voûte constellée du
ciel, lorsqu'il leur a exposé sa nouvelle table des valeurs et
montré la vraie beauté, la vraie grandeur de la vie :

« Et ils se tenaient silencieux l'un près de l'autre — tous
étaient vieux, mais leur cœur était consolé et plein de vail-
lance, chacun s'étonnait, à part soi, qu'il fît si bon sur la
terre. Et le silence de la nuit mystérieuse parlait toujours
plus distinctement à leur cœur... Alors se passa la chose la
plus prodigieuse de ce long jour si riche en prodiges :
l'Homme le plus hideux se mit encore une fois et pour la dernière fois à souffler et à gargouiller, et quand il parvint à pro-
férer des mots — voici qu'une question jaillit, ronde et pure,
de ses lèvres, une bonne et profonde et claire question — et
tous ceux qui l'écoutaient sentirent leur cœur tressaillir dans
leur poitrine.

O vous tous, mes amis, dit l'Homme le plus hideux, que
vous en semble ? — Pour l'amour de ce jour — je suis, moi, pour
la première fois heureux d'avoir vécu la vie.

Et ce n'est pas encore assez de rendre ce témoignage. Il est
bon de vivre sur la terre : un seul jour, une seule fête avec
Zarathoustra, m'a appris à aimer la terre.

« Est-ce là — la Vie ? dirai-je à la Mort. Eh bien alors —
encore une fois ! »

Mes amis, que vous en semble ? Ne voulez-vous pas comme

1. Ibid., p. 253.

moi dire à la Mort : « Est-ce là la vie ? Pour l'amour de
Zarathoustra, alors, — encore une fois ! »[1]

II

Un critique, M. Benoist Hanappier[2], cherchant la cause
psychologique de cette intuition qui est venue à Nietzsche
comme une révélation du génie, hasarde l'hypothèse suivante :
il rappelle le phénomène que l'on étudie en psychologie sous
le nom de *fausse reconnaissance*. Ce phénomène est plus ou
moins connu de la plupart des gens. Mais ceux qui l'ont
ressenti le plus vivement et noté de la façon la plus imprévue
étaient en général, comme Nietzsche, des individus nerveux
et raffinés, des hyper-sensitifs tels par exemple que Pierre
Loti, Alphonse Daudet. De leurs fragments autobiographiques
bien connus et souvent reproduits, l'analyse que fait Romain
Rolland d'impressions de ce genre mérite d'être rapprochée,
bien qu'elle se rencontre dans un roman. Après une description de paysage, Romain Rolland continue : « Il lui semblait
qu'il avait déjà vu cela : ces deux arbres, cet étang... — Et
brusquement, il eut une de ces minutes de vertige, qui s'ou-
vrent de loin en loin dans la plaine de la vie. Une trouée dans
le Temps. On ne sait plus où on est, qui on est, dans quel
siècle l'on vit, depuis combien de siècles on est ainsi. Chris-
tophe avait le sentiment que cela avait déjà été, que ce qui
était maintenant n'était pas maintenant, mais dans un autre
temps. Il n'était plus lui-même. Il se voyait du dehors, de très
loin, comme un autre qui déjà s'était tenu debout, ici, à cette
place. Il entendait en lui une ruche de souvenirs et d'êtres
inconnus; ses artères bruissaient : Ainsi... Ainsi... Ainsi... Le
grondement des siècles passait en lui...[3] »

Il est fort possible, d'après M. Benoist Hanappier, que
Nietzsche ait, lui aussi, éprouvé de telles sensations. De là à
concevoir la répétition, le retour indéfini d'existences identiques et le perpétuel recommencement de tout, il n'y avait
qu'un pas, pour une imagination hardie et prophétique comme

---

1. Henri Lichtenberger. *La philosophie de Nietzsche*, pp. 164-165.

2. Benoist-Hanappier. *Le prophète Nietzsche*, Pages libres. Septembre
1907.

3. *La Révolte*, pp. 327-328.

celle de Nietzsche. M. Benoist Hanappier ajoute à propos de
ces « fausses reconnaissances » qui peuvent avoir été l'origine
psychologique de la théorie du Retour éternel de Nietzsche :
« Qu'il faille y voir de véritables « ressouvenirs » ou simplement des hallucinations de la mémoire, peu importe ! » Mais
il importe beaucoup au contraire ; car, si les fausses reconnaissances ne sont en effet, comme leur nom même l'indique,
que des hallucinations de la mémoire, la base psychologique de la doctrine de Nietzsche se montre impuissante à
soutenir l'édifice, et il est avéré que l'on peut expliquer les
phénomènes psychologiques par la psychologie pure sans
recourir à l'hypothèse métaphysique que Nietzsche a voulu
construire. Or c'est précisémeut le cas. La psychologie propose deux interprétations, entre autres, de ces phénomènes
de fausse reconnaissance, — deux interprétations entre lesquelles d'ailleurs on n'est pas forcé de choisir, car elles
peuvent être vraies toutes deux, suivant les cas. Un objet peut
faire sur notre esprit une impression qui demeure d'abord
subconsciente, parce que le moi officiel est occupé ailleurs.
Lorsque le moi réfléchi remarque enfin l'objet, en même temps
qu'il l'aperçoit, l'impression subconsciente affleure à la conscience et le sujet a l'impression, en voyant, qu'il a déjà vu.
Et l'autre interprétation est celle-ci : Parmi les sentiments
intellectuels — c'est-à-dire parmi les sentiments qui accompagnent le fonctionnement de notre intelligence — figure une
certaine nuance affective qui correspond à la réminiscence.
Par suite de circonstances physiologiques ou mentales, ce
sentiment normalement provoqué par la réminiscence peut
se produire indépendamment de toute réminiscence vraie,
et donner l'illusion, produire l'hallucination de la réminiscence, parce qu'il est normalement lié à la réminiscence
vraie.

On pourrait, à l'appui de la conjecture de M. Benoist Hanappier, faire observer tout d'abord que Nietzsche lui-même
signale un changement curieux qui s'est opéré dans son état
affectif et qui annonçait et préparait le bouleversement émotif
d'où a jailli l'idée du Retour éternel. Des sensations analogues
de nouveauté inattendue accompagnent parfois les phénomènes de fausse reconnaissance. « Si à compter de ce jour (le
jour où l'idée du Retour vint à lui), écrit Nietzsche, je me
reporte de quelques mois en arrière, je trouve comme signe
précurseur de cet événement une transformation soudaine,

profonde, et décisive de mon goût, surtout en musique[1]. Peut-être doit-on ranger mon *Zarathoustra* sous la rubrique Musique ; ce qui est sûr, c'est qu'il supposait au préalable une *régénération* totale de l'art d'entendre. A Recoara, petite ville d'eaux près de Vicence, où je passai le printemps de l'année 1881, j'observai avec mon maëstro et ami Peter Gast, — un *régénéré* lui aussi — que le phénix Musique volait près de nous, paré d'un plumage plus léger et plus brillant qu'autrefois. [2]»

1. C'est en se fondant sur ces déclarations que Dom L. Pastourel a rapproché les impressions ressenties par Nietzsche des impressions ressenties par certains hommes religieux au moment de la « conversion » : « M. W. James a parfaitement décrit ce passage d'un état instable, troublé, à un état de tranquillité et de paix. C'est ainsi qu'un Nietzsche aperçoit un jour en lui un malaise accompagné d'un changement complet de ses goûts, principalement en musique. Cela lui permit d'établir une nouvelle échelle des valeurs, et c'était le signe de la mirifique découverte qu'il allait faire. Quelque temps après, il donnait au monde son Zarathoustra. La conversion chrétienne peut avoir les mêmes caractères que celle de Nietzsche, mais c'est extérieurement. Nous aimerions à connaître le conversion de Jean de la Croix... Il a dû, lui aussi, établir une inversion des valeurs. Tout progrès psychologique est à ce prix. Jean de la Croix n'a point fait de confidences comme les Jean-Jacques et les Nietzsche... » (La doctrine mystique de saint Jean de la Croix dans les *Annales de philosophie chrétienne du Père Laberthonnière*, octobre 1912, pp. 57-58.) Le rapprochement établi entre J.-J. Rousseau et Nietzsche ne manque pas de vérité. On se rappelle l'émotion éprouvée par Jean-Jacques, en tombant, dans le *Mercure de France*, sur la question proposée par l'Académie de Dijon : « A l'instant de cette lecture, je vis un autre univers et je devins un autre homme... arrivant à Vincennes j'étais dans une agitation qui tenait du délire... cette effervescence se soutint dans mon cœur durant plus de quatre ou cinq ans... » Toutefois, si rien n'est plus fréquent dans les conversions religieuses que le phénomène de la non-reconnaissance, le sentiment et l'illusion de la nouveauté, on n'y trouve guère, que je sache, le phénomène de la fausse reconnaissance. Par là, la « conversion » de Nietzsche différerait à coup sûr des conversions chrétiennes, telles que celles de saint Paul, de saint Augustin, de Pascal, de Wesley (en même temps que de la « conversion » extra-religieuse de Rousseau), et la différence ne porterait pas seulement sur le fond, mais même sur la forme psychologique. — On peut ajouter que les sentiments d'horreur, d'angoisse, produits chez Nietzsche par l'idée nouvelle, sont sans analogie dans les conversions religieuses, où au contraire l'angoisse précède la crise et se transforme au cours de la crise en joie tantôt paisible, tantôt débordante. Il arrive bien à Nietzsche de verser des larmes de joie en pensant à sa découverte, mais la joie chez lui semble plutôt provenir de l'orgueil qu'il éprouve à la pensée que c'est lui le premier qui a trouvé une vérité de cette envergure. Pour ce qui est de la vérité elle-même, il en parle à voix basse, avec horreur, comme on parle d'un mystère indiciblement pénible à dire ; il en « souffre » : ce n'est décidément pas l'état d'âme d'un « converti ».

2. Friedrich Nietzsche. Aphorismes et fragments choisis par Henri Lichtenberger, Paris. F. Alcan. 1899. p. 171-172.

Toujours à l'appui de la conjecture de M. Benoist-Hanappier on peut faire observer qu'il y a une très grande analogie entre les sentiments d'horreur, d'angoisse, etc., éprouvés par Nietzsche lors de sa pseudo-découverte et les sentiments qu'accusent bien des sujets lors des fausses reconnaissances. Un sujet cité par MM. N. Vaschide et H. Piéron s'exprime comme suit : « ...Rien de plus ordinaire à coup sûr que ce spectacle dans ses détails et dans son ensemble. Ni l'heure, ni la saison n'étaient de celles qui devaient, ce semble du moins, déchaîner les orages de la pensée. Cet assemblage insignifiant d'objets vulgaires ne pouvait faire songer qu'à une paisible continuation de l'entretien commencé, à une soirée finie au coin du feu, entre quelques bouteilles de vin et quelques conserves de fruits. Cependant l'*effet* produit en moi fut *immense*. Je me rappelais avoir vu en rêve, et bien longtemps avant, ce site exactement reproduit. Le *frisson* me prit, une sorte d'*horreur* s'empara de moi. Je dus quitter aussitôt la place[1]. » Chez l'un des sujets cités par M. Eugène Bernard-Leroy, la fausse reconnaissance s'accompagne d'une impression pénible qui prend la forme d'un vertige extrêmement violent : « L'angoisse que j'éprouve à ce moment est indicible, raconte-t-il : je me sens devenir fou, et j'en défaille, non métaphoriquement, mais littéralement, ma tête tourne, mon cœur bat à se rompre, et je tomberais à la renverse si un bras ami ne me retenait. » Et cet état se prolonge assez longtemps[2].

On peut contester cependant l'explication psychologique de M. Benoist-Hanappier. Il écrit : « La théorie du Retour éternel n'est pas la seule idée de Nietzsche dont on puisse dire qu'elle n'était pas absolument neuve. Et si pour celle-là toute préoccupation d'influence semble devoir être écartée, pour beaucoup d'autres la présomption se change en certitude[3]. » A y regarder de près, il n'est pas du tout sûr que la présomption d'influence doive être écartée pour ce qui concerne la théorie du Retour éternel. M. Höffding estime que Nietzsche a connu l'idée du Retour éternel par ses études classiques et par ses lectures[4]. Alfred Fouillée trouve aussi que « Nietzsche

1. *La valeur prophétique du rêve d'après la psychologie contemporaine*, dans *La Revue* du 15 juin 1901.

2. *L'illusion de fausse reconnaissance*, p. 39.

3. Art. cité, p. 304.

4. *Philosophes contemporains*, p, 204 (note sur la p. 166).

en sa qualité de professeur de philologie grecque, ne pouvait guère ignorer que les Stoïciens faisaient recommencer le monde après chaque conflagration[1]. » La preuve formelle que Nietzsche avait emprunté son idée prétendue « nouvelle » à l' « antique » idée des physiologues grecs, c'est qu'il leur emprunte le nom même de la grande année : « Il y a une grande année du devenir, un monstre de grande année, écrit Nietzsche. En sorte que nous sommes semblables à nous-mêmes, dans toute grande année, en grand et aussi en petit. » C'est donc bien chez les Grecs que le philologue-philosophe de Bâle avait pris son idée fondamentale, qu'il crut voir tout d'un coup jaillir en lui-même tandis qu'il errait sur les hauteurs de l'Engadine[2]. Aussi bien Nietzsche avait lu et annoté les pages de l'*Esquisse d'une morale sans obligation ni sanction*, où Guyau parle de « la nature avec ses ondulations sans fin, ses flux, ses reflux, les changements perpétuels de sa surface qui cachent sa profonde et monotone uniformité. » Il paraît aussi « difficile d'admettre que l'attention de Nietzsche n'ait pas été attirée sur une page très importante de l'*Histoire du Matérialisme*, où, dans une note de son chapitre sur Lucrèce, Lange, se souvenant de l'*Eadem sunt omnia semper*, cite l'ouvrage de Blanqui, l'*Éternité par les astres* : « Rappelons, dit Lange, un fait qui ne manque pas d'intérêt. Dernièrement un Français a de nouveau formulé la pensée que tout ce qui est possible existe ou existera quelque part dans l'univers, soit à l'état d'*unité*, soit à l'état de *multiplicité*; c'est là une conséquence irréfutable de l'immensité absolue du monde, ainsi que du nombre fini et constant des éléments dont les combinaisons possibles doivent être également limitées. » On reconnaît l'argument de Nietzsche, et presque dans les mêmes termes[3].

Mais il y a plus fort encore. Frédéric Nietzsche semble avoir eu lui-même et très jeune encore, l'idée du Retour éternel. On la trouve exprimée dans une page qui date de l'époque où il se détache avec lenteur et crainte de la foi religieuse, chrétienne, et que M. Halévy insère dans son premier chapitre intitulé : *Les Années d'enfance*. « Qu'est-ce donc que l'humanité ? écrit Nietzsche. Nous le savons à peine : un degré dans un ensemble, une période dans un

---

1. *Esquisse d'une interprétation du monde*, p. 216.
2. Fouillée. *Nietzsche et l'immoralisme*, pp. 213-214, cf. p. 206.
3. Fouillée. *Esquisse d'une interprétation du monde*, pp. 215-217.

devenir, une production arbitraire de Dieu ? L'homme est-il
autre chose qu'une pierre évoluée à travers les mondes intermédiaires des flores et des faunes ? Est-il dès à présent un
être achevé, ou que lui réserve l'histoire ? Ce devenir éternel
n'aura-t-il pas de fin ? Quels sont les ressorts de cette grande
horloge ? Ils sont cachés ; mais, si longue soit la durée de la
grande heure que nous appelons l'histoire, à chaque instant
ils sont les mêmes. Les péripéties sont inscrites sur le cadran :
l'aiguille progresse, et, quand elle a passé la douzième heure,
recommence une série : c'est l'ouverture d'une période dans
l'histoire de l'humanité [1]. » Sur quoi M. Halévy ajoute ces
réflexions : « Quel merveilleux instinct apparaît dans cette
page ! Frédéric Nietzsche pose les questions précises qui
retiendront ensuite sa pensée, et laisse pressentir les réponses
énergiques dont les hommes seront troublés : l'humanité est
un néant, une production arbitraire de Dieu ; un devenir
absurde l'entraîne vers des recommencements sans terme,
des retours éternels ; toute souveraineté revient à la force, et
la force est aveugle, elle suit le hasard [2].... » On pourrait donc
soutenir que lorsque à Surlée, Nietzsche crut — et sans doute
il était de bonne foi, comme le dit Fouillée — avoir pour la
première fois l'idée du retour éternel, il fut victime en effet
d'une paramnésie, mais d'une paramnésie inverse de celle
que diagnostique M. Benoist-Hanappier. S'il y a un phénomène
tel que celui de la fausse reconnaissance, il y a un phénomène
contraire : la non-reconnaissance, l'illusion de nouveauté. La
paramnésie qui fait prendre du neuf pour du vieux a pour
symétrique la paramnésie qui fait prendre du vieux pour du
neuf. M. Flournoy estime que les faits de ce genre qu'il
appelle cryptomnésies, sont beaucoup plus fréquents qu'on ne
croit, et que les simples mortels, comme les plus grands
génies, sont exposés à ces lapsus de mémoire portant, non sur
le contenu *mnésique* lui-même, puisque précisément ce contenu revient avec une exactitude parfois désolante et traî-
tresse, mais sur des associations locales et temporelles (ou sur
son caractère de « déjà vu ») qui l'auraient fait reconnaître
pour ce qu'il est et auraient empêché le sujet de se parer
innocemment des plumes du paon. C'est naturellement chez
les individus prédisposés aux phénomènes de dissociation

---

1. Daniel Halévy. *La vie de Frédéric Nietzsche*, p. 15.
2. Ibid., pp. 15-16.

mentale et de dédoublement de la personnalité que la cryptomnésie atteint son apogée. Or il se trouve que l'on a précisément découvert de ces cryptomnésies chez Nietzsche [1], dont le Zarathoustra renferme de petits détails provenant à son insu d'un ouvrage de Kerner que le philosophe avait étudié à l'âge de douze ou quinze ans. Décidément Nietzsche était coutumier de ces sortes de confusions de la mémoire.

Ajoutons que ce genre de paramnésie se produit très particulièrement dans les moments d'exaltation affective intense. Car un sentiment intense *apparaît*, et même *il est* toujours nouveau, et il colore aisément de sa nouveauté l'élément intellectuel qui l'accompagne et qui peut être très ancien. Nietzsche, bouleversé par l'idée du Retour éternel, devait être aisément conduit à considérer cette idée comme neuve — neuve en ce sens qu'elle se produisait pour la première fois en ce monde et en Nietzsche, quoiqu'elle fût vieille d'après lui en ce sens qu'elle s'était déjà produite un nombre infini de fois dans les mondes infinis antérieurs et dans la succession infinie des innombrables Nietzsche de jadis.

En définitive il y a eu double erreur chez Nietzsche : erreur de croire nouveau ce qui était ancien (l'idée du Retour éternel dans l'esprit de Nietzsche, l'idée du Retour éternel dans l'histoire de la pensée), erreur de croire ancien ce qui était nouveau (à savoir l'ensemble de la vie de Nietzsche depuis sa naissance jusqu'à sa mort, et le détail de ses émotions dans les quelques minutes troublantes et agitées de Surléy). Il semble vraiment qu'à la paramnésie d'illusion de nouveauté s'ajoute la paramnésie de fausse reconnaissance, et que le cas de Nietzsche soit comme une synthèse de ces deux paramnésies inverses l'une de l'autre

Au reste, à la différence de M. Schuré, par exemple, qui invoque en faveur des réincarnations ces fausses reconnaissances [2], ce n'est pas sur des considérations psychologiques

1. V. Iung. *Zur Psychologie und Pathologie sogenannter occulter Phenomene*, Leipzig, 1902, p. 112. Cité par Flournoy, *Esprits et médiums*, p. 342.

2. Cf. Introduction du livre publié par Alphonse Roux et Robert Veyssié sur Edouard Schuré, son œuvre et sa pensée, pp. xxxvii-xxxviii. — Si l'on pouvait trouver dans des phénomènes de ce genre une preuve de quelque théorie transcendante, il semble qu'on y trouverait plutôt un argument favorable au Retour éternel qu'une démonstration de la métempsycose. Le Retour éternel implique la répétition littérale de ce qui a été. La transmigration implique la réapparition de l'être dans des circonstances changées pour répondre à la conduite qu'il a tenue et lui servir de sanction. L'impression du *déjà vu* n'équivaut pas au souvenir

que Nietzsche appuie sa doctrine. Voyons comment il la résume et l'établit.

III

La somme des forces qui constituent l'univers est *constante* et *déterminée*. Nous ne pouvons en effet supposer qu'elle décroisse ; car si elle diminuait, si peu que ce fût, elle aurait actuellement disparu, puisqu'un temps infini s'est déjà écoulé avant le moment présent. Nous ne pouvons pas davantage concevoir qu'elle puisse grandir indéfiniment : pour croître à la manière d'un organisme par exemple, il lui faudrait se nourrir, et se nourrir de manière à produire un excédent de force ; or, d'où pourrait provenir cette nourriture, ce principe d'accroissement ? Supposer une progression indéfinie des forces de l'univers, ce serait croire à un miracle perpétuel, ce serait concevoir le monde comme un Dieu capable de se créer librement lui-même, *causa sui*, ce serait admettre que la force a non seulement l'intention, mais le pouvoir de se renouveler, de s'accroître. Gardons-nous de ces antiques erreurs. Évitons la conception de l'accroissement *e nihilo* qui n'est pas moins arbitraire, fantaisiste et absurde que celle de la création *e nihilo*, et concluons que la somme des forces de l'univers est constante et déterminée. Elle n'est donc pas infinie. Et chacune de ces forces est en elle-même déterminée, et possède des propriétés déterminées.

Ces forces réagissent les unes sur les autres dans l'éternité du temps. Admettre qu'elles aient commencé d'agir à un certain moment et que de même elles cesseront une fois d'agir, est absurde. Elles sont éternellement identiques à elles-mêmes et éternellement actives. Il n'y aurait rien d'impossible en soi, a priori, à ce qu'elles atteignent la position d'équilibre. Si cet état d'équilibre était jamais atteint, le monde deviendrait aussitôt immobile, car il est impossible de concevoir comment l'équilibre parfait, une fois atteint,

net d'avoir vu des choses *autres* que celles qu'on voit. Et c'est cela qui serait intéressant pour établir la théorie des transmigrations. J'ai vécu jadis dans une île de l'Océanie, je vis aujourd'hui en France. Si j'avais, sans quitter la France, un souvenir distinct et précis de choses, de paysages et de gens océaniens, voilà qui serait suggestif. Par malheur je ne me ressouviendrai de l'Océanie que si j'y retourne et si je la revois. Et je ne me ressouviendrai que de ce que je reverrai... en admettant même que je me ressouvienne à tort ou à raison de quoi que ce soit !

viendrait à se rompre. Puisque le monde bouge, c'est donc que cet état d'équilibre n'a pas [encore été atteint. Si cet état était réalisable en fait, il aurait été déjà réalisé, puisqu'un temps infini s'est écoulé avant le moment présent. S'il ne s'est pas réalisé, c'est qu'il ne peut pas en fait se réaliser, et qu'il ne se réalisera jamais. Les forces du monde n'ont jamais atteint et n'atteindront jamais la position d'équilibre.

Nous sommes donc en face de forces constantes quant à leur somme, déterminées, finies, éternellement identiques et éternellement actives, qui produisent dans l'infini du temps une suite ininterrompue de combinaisons. Puisque le temps est infini et que la somme totale des forces est déterminée, il viendra nécessairement un moment où — si grande qu'on suppose cette somme de forces et si colossal qu'on imagine le nombre des combinaisons qu'elle peut engendrer, — le jeu naturel et inintelligent des possibilités ramènera une combinaison déjà réalisée. Mais cette combinaison entraînera aussitôt après elle, en vertu du déterminisme universel, la série totale des combinaisons qui l'ont déjà suivie. En sorte que l'evolution universelle ramène indéfiniment les mêmes phases et parcourt éternellement un cercle immense. Chaque vie particulière n'est qu'un fragment imperceptible du cycle total : tout individu a donc déjà vécu un nombre infini de fois la même vie, et la revivra éternellement à nouveau :

« Tous les états que ce monde peut atteindre, écrit Nietzsche [1], il les a déjà atteints, et non pas seulement une fois, mais un nombre infini de fois. Il en est ainsi de ce moment : il *était* déjà une fois, beaucoup de fois, et de même il reviendra, toutes les forces étant réparties exactement comme aujourd'hui ; et il en est de même du moment qui a engendré celui-ci et du moment auquel il a donné naissance. Homme ! Toute ta vie, comme un sablier, sera toujours à nouveau retournée et s'écoulera toujours à nouveau, — chacune de ces existences n'étant séparée de l'autre que par la grande minute de temps nécessaire pour que toutes les conditions qui t'ont fait naître se reproduisent dans le cycle universel. Et alors tu retrouveras chaque douleur et chaque joie, et chaque ami et chaque ennemi, et chaque espoir et chaque erreur, et chaque brin d'herbe et chaque rayon de soleil, et toute l'ordonnance de toutes choses. Ce cycle dont tu es un grain,

---

1. Henri Lichtenberger. *La philosophie de Nietzsche*, p. 160.

brille toujours à nouveau. Et dans chaque cycle de l'existence humaine, il y a toujours une heure où chez un individu d'abord, puis chez beaucoup, puis chez tous, s'élève la pensée la plus puissante, celle du Retour éternel de toutes choses — et c'est chaque fois pour l'humanité l'heure de *midi*. »

Gardons-nous, ajoute Nietzsche, d'assigner à ce cycle un but, un effort, de le déprécier comme ennuyeux, stupide. Assurément il contient en lui, dans sa succession totale, les plus hauts degrés de stupidité aussi bien que ceux de l'intelligence. Mais les attributs de raison ou de déraison ne peuvent pas être appliqués au *tout*. Il est, il est simplement. C'est ce qu'il faut se borner à dire, en passant à l'ordre du jour et en repoussant toute addition. Il n'est pas *devenu*. Il ne faut pas croire qu'il y ait eu avant lui un chaos, d'où cet ordre serait peu à peu sorti. Rien n'est devenu. Tout est éternel. S'il y avait eu un chaos à l'origine, ce chaos reviendrait aussi dans chaque cycle. Le cycle est la loi primitive, de même que la somme et la nature déterminée des forces [1].

Tout d'abord Nietzsche garda pour lui sa doctrine nouvelle. Une exposition générale du *Retour éternel* qui avait été esquissée dès l'été de 1881, resta inachevée. Dans un aphorisme de *Gaie science,* pour la première fois, Nietzsche émit publiquement l'idée d'un Retour éternel comme une sorte de paradoxe inquiétant. Il suppose qu'un démon vienne formuler cette hypothèse, en une heure solitaire, à l'oreille du penseur : « Ne te jetterais-tu pas contre terre, conclut-il, ne grincerais-tu pas des dents et ne maudirais-tu pas le démon qui t'aurait parlé ainsi ? Ou bien as-tu vécu la minute ineffable où tu pourrais lui répondre : tu es un dieu et je n'ai jamais ouï parole plus divine ! Si cette pensée prenait possession de toi, — tel que tu es, elle te transformerait et peut-être t'écraserait. Cette question posée à tout instant de ta vie : « veux-tu cela encore une fois, éternellement » ? pèserait d'un poids formidable sur toute ton activité ! Ou alors combien il te faudrait aimer et toi-même et la vie, pour ne plus souhaiter autre chose que cette suprême et éternelle consécration et confirmation ? [2] »

Bientôt Nietzsche songea à consacrer dix ans de sa vie à étudier l'histoire naturelle à Vienne ou à Paris. Il voulait

---

1. Mæterlinck a exposé ces mêmes idées dans *La Mort,* pp. 203-205.
2. Henri Lichtenberger. *La philosophie de Nietzsche,* p. 161.

donner à son hypothèse une base scientifique, et, après des années de silence, rentrer en scène comme un prophète du Retour éternel. Il ne tarda pas à renoncer à ce projet pour diverses raisons, dont la principale fut qu'un examen superficiel du problème au point de vue scientifique lui révéla aussitôt l'impossibilité de démontrer sa doctrine du Retour, en se fondant comme il pensait le faire sur la théorie atomique. Toutefois son hypothèse n'en demeura pas moins le point central de sa pensée.

Mais ce n'est pas seulement au point de vue scientifique qu'il est impossible de démontrer le *Retour éternel*, dirons-nous ; c'est aussi au point de vue rationnel. Quoi que Nietzsche ait pu en penser, les fondements de sa doctrine paraissent des plus branlants.

IV

Höffding a fait à la théorie de Nietzsche une objection dont il faut bien reconnaître qu'elle ne touche pas cette théorie. « Nous n'avons pas de raison d'admettre un recommencement absolu, écrit-il. L'expérience ne nous montre rien de pareil, et plus devient profonde notre connaissance de l'existence, plus cette existence nous semble inépuisable, en nous présentant une variété toujours plus grande et des possibilités toujours plus lointaines [1]. » Höffding semble avoir confondu la théorie de Nietzsche avec la théorie des cycles historiques de Vico, l'idée des *corsi e ricorsi*. Contre les constructions de Vico, les remarques de Höffding sont justes. M. Gaston Richard refuse de donner pour fondement aux prévisions sociologiques la notion du rythme ou du recommencement perpétuel des séries historiques. « Le devenir social ne se répète jamais avec une entière uniformité, et il semble même que les variations gagnent en intensité et en ampleur à mesure que l'activité humaine se distingue davantage de la nature et subit moins directement l'empire des lois inorganiques et organiques... L'aptitude humaine à l'invention et à l'initiative modifie assez chaque processus historique pour qu'il ne soit jamais le recommencement pur et simple d'un processus antérieur [2]. »

1. *Philosophes contemporains*, p. 168 (Paris, F. Alcan).
2. *La Sociologie générale et les lois sociologiques*, pp. 225-219.

Mais tel n'est pas du tout le point de vue de Nietzsche. Comme les stoïciens et à la différence de Blanqui, Nietzsche écarte l'idée que dans l'intérieur d'un cycle, entre un état total du monde et la répétition intégrale la plus rapprochée chronologiquement de cet état, il puisse y avoir des phénomènes, mêmes partiels, identiques. Entre deux états du monde successifs, il n'y a absolument rien de pareil. Nietzsche écarte de même l'idée que, dans un état total donné, il puisse y avoir deux phénomènes partiels contemporains qui soient identiques. On peut, certes, contester la force logique de ces assertions. Mais elles montrent en tout cas que l'objection de Höffding ne porte pas telle quelle. D'après Nietzsche, il n'y a jamais, dans l'intérieur d'un cycle, de répétition partielle entre termes successifs ou simultanés. La répétition ne se produit jamais que sous forme globale, lorsqu'un cycle ayant épuisé la série des combinaisons possibles, se termine sur la réapparition de sa combinaison initiale qui introduit un second cycle totalement identique au premier.

Höffding élève contre Nietzsche une objection plus fondée lorsqu'il fait observer que chez Nietzsche, la théorie de la nécessité du retour n'est pas conséquente avec d'autres doctrines qu'il a également exposées. En effet, dans sa théorie de la connaissance, il insiste avec énergie sur cette idée, que le principe d'identité et les autres principes fondamentaux sont des postulats de notre volonté, et expriment notre désir de soumettre la nature à notre pouvoir. C'est nous-mêmes qui introduisons, d'après lui, l'identité dans la nature. « Il ne faut pas, écrit-il dans la *Volonté de puissance*, interpréter la contrainte qui nous pousse à former des concepts, des espèces, des formes, des fins et des lois (un monde de cas identiques) en ce sens que, par là, nous serions à même de fixer le véritable monde ; c'est au contraire la nécessité d'apprêter à notre usage un monde où notre existence serait rendue possible : — nous créons ainsi un monde qui est déterminable, simplifié, compréhensible pour nous, etc... »[1] Si Nietzsche admet qu'en fait il n'y a pas de cas identiques, il doit alors, pour être conséquent, renoncer à la foi en un retour absolu. L'objection est fondée. Elle a été reprise par Alfred Fouillée[2].

---

1. *Philosophes contemporains*, p. 203.

2. *Nietzsche et l'immoralisme*, p. 218, cf. p. 222. Cf. *Esquisse d'une interprétation du monde* pp. 221-222. — L'argument de Hoffding et de Fouillée est à vrai dire plutôt et surtout un argument *ad hominem*. Nous ne pour-

Aux objections de Höffding et de Fouillée, Nietzsche aurait répondu sans doute, ce qu'il dit d'ailleurs, que l'idée du retour éternel est peut-être une erreur, mais que peu importe, pourvu qu'on y croie. Si une erreur est utile, il faut l'affirmer et la propager, et faire *comme si* on y croyait[1]. Il est permis de n'éprouver qu'une sympathie mitigée pour ce pragmatisme, et un peu d'étonnement en face du cas psychologique de ce penseur qui, considérant une thèse comme erronée, y trouverait pour son compte un puissant mobile d'action et s'efforcerait de répandre parmi les hommes l'idée du retour éternel tout en établissant d'autre part ou en reconnaissant que cette idée ne tient pas debout. Croit-il donc tout le monde bâti comme lui et susceptible de se passionner pour une erreur reconnue erreur ?

En réalité, très probablement Nietzsche lui-même n'était pas absolument fixé. Tantôt il considérait la croyance au retour éternel comme une vérité absolue, tantôt il la considérait comme une croyance incertaine, peut-être erronée, mais assez utile pour qu'il valût la peine de vivre comme si elle était vraie.

Sur quoi nous avons à nous demander : 1° Si cette croyance est vraiment une croyance utile, au cas où on l'estimerait vraie; 2° si on peut l'estimer vraie, si elle est réellement soutenable.

V

A première vue, la croyance nietzschéenne vraiment utile, encore que, pour mériter cette épithète, elle requière de sérieuses et importantes corrections, c'est celle du Surhomme et non point celle du Retour éternel. Et la première impression qu'on éprouve, c'est qu'entre ces deux concepts de Nietzsche, il y a une irréductible contradiction. C'est l'impression qu'a éprouvée et très nettement formulée M. Daniel Halévy. Il nous montre Nietzsche en train de se débattre, sans

rions, quand à nous, consentir sans explications, réserves, distinctions, à envisager les concepts, les catégories, les lois logiques, rationnelles, mathématiques, comme totalement étrangères au vrai fond des choses. Les lois de la pensée sont bien les lois de l'être, car l'être est toujours pensée à quelque degré. C'est à l'espace seul que peut être attribué ce caractère de relativisme illusoire — à l'espace et à ce qui en relève, comme le principe de la conservation de l'énergie, etc.

1. Cf. Henri Lichtenberger. *La philosophie de Nietzsche*, p. 104.

réussir à s'en dépêtrer, dans l'antinomie insoluble de ses deux idées favorites. Rien n'est plus significatif à cet égard que le Zarathoustra.

Dans la première partie, l'idée du Retour éternel est absente. Nietzsche suit l'idée du Surhomme, symbole d'un progrès réel qui modifie les choses, promesse d'une évasion possible hors du hasard et de la fatalité. Le Retour éternel ne le satisfait plus : il n'accepte pas de vivre emprisonné dans une nature aveugle. « Malgré tout, écrit-il à Peter Gast, je ne voudrais pas revivre ces derniers mois. » « Je ne veux pas le recommencement », écrit-il dans ses notes. L'idée du Surhomme le captive au contraire : c'est un principe d'action, un espoir de salut.

Dans la deuxième partie du Zarathoustra, Nietzsche reprend l'idée du Retour éternel qu'il avait écartée de sa première partie.

Plus tard, il fait un effort énergique pour terminer le Zarathoustra. Mais il se heurte à d'insurmontables difficultés. Si Zarathoustra enseigne le Retour éternel, il ne pourra pas susciter dans les âmes une croyance passionnée en la surhumanité. Et s'il enseigne le Surhomme, il ne pourra pas propager le terrorisme moral du Retour éternel. Frédéric Nietzsche lui assigne pourtant ces deux tâches; le désordre et la hâte de ses pensées l'acculent à cette absurdité contradictoire. Les deux doctrines sur lesquelles il fait porter son poème, le Retour éternel et le Surhomme, forment ensemble un désaccord qui rend impossible l'achèvement de l'œuvre. De l'un à l'autre, il n'y a nul passage, la contradiction est entière [1].

Effectivement, la pensée de Nietzsche se présente à nous comme des plus incohérentes. La théorie du Surhomme est une doctrine de contingence et de finalité opposée au rigoureux déterminisme du Retour éternel. D'un côté, Nietzsche nous dit : Il faut trouver ou inventer quelque chose qui n'ait pas été. La grande mission à laquelle doivent se vouer les libres esprits, c'est de préparer l'avènement de la nouvelle noblesse, de cette aristocratie future qui donnera un sens à la vie. Si, jusqu'à présent, c'est toujours au hasard ou à la nécessité qu'a été due l'apparition des puissants et des races fortes, aujourd'hui les hommes sont en état de travailler consciemment à produire les conditions qui rendent possible une amé-

---

1. D. Halévy. *La vie de Frédéric Nietzsche*, pp. 261-282.

lioration du type humain. Et de telles exhortations impliquent évidemment, avec une comparaison de valeur, la possibilité d'autre chose que ce qui est. Mais, d'un autre côté, Nietzsche proclame : Tout est nécessaire, tout passe et revient. Il n'y a aucune fin et aucun sens aux choses. On ne peut rien y changer, on ne peut les faire « dévier vers un idéal quelconque », on ne peut éviter l'inévitable loi de l'éternelle fuite et de l'éternel retour. Tout, dans les moindres mouvements, accomplit le rite prédestiné, tout, y compris le Surhomme lui-même, mirage éphémère qui s'est produit déjà un nombre infini de fois et a disparu un nombre infini de fois, qui se reproduira de même infiniment pour disparaître non moins infiniment.

M. Ernst Horneffer [1] estime cependant que le Surhomme et le Retour éternel ne sont pas deux concepts opposés, que ce sont les pensées nécessaires d'*un seul* homme, d'*une seule philosophie*, qu'elles se conditionnent l'une l'autre. Seul l'homme agrandi, le Surhomme, peut désirer le Retour éternel ; c'est seulement au Surhomme que peuvent aboutir les effets de la doctrine du Retour éternel. Les deux concepts forment un ensemble, un tout inséparable. En effet qui peut *désirer* le retour de la vie ? L'homme grand, fort, heureux, dont la vie a tant de valeur à ses propres yeux, qu'un retour, et un retour toujours nouveau de cette vie, est pour lui une belle pensée. La perspective doit être redoutable à tout autre, au malheureux, au raté, qui regarde sa propre vie avec mécontentement et antipathie. Seule la vie victorieuse peut supporter cette pensée. L'homme doit devenir autre, plus grand, plus heureux, il doit s'élever jusqu'au Surhomme, s'il veut trouver fortifiante, inspirante, l'attente du Retour éternel de toutes choses. Il ne lui reste pas de choix. Il n'a pas d'autre issue. Nécessairement, d'elle-même, cette doctrine et son influence épanouiront l'homme en Surhomme. Il n'y aura nul besoin d'une prédication bruyante, d'une acceptation en masse de la doctrine. Automatiquement elle exercera une influence favorable sur l'éducation de l'homme, et l'élèvera par degrés au Surhomme. Qu'on y réfléchisse : ceux-là manifestement remporteront la victoire dans le combat de la vie, qui prennent la vie très au sérieux. Celui qui prend la vie au

---

1. *Nietzsches Lehre von der ewigen Wiederkunft und deren bisherige Veröffentlichung von Ernst Horneffer*. Leipzig. Naumann, 1900.

sérieux fait quelque chose pour elle. Il jette toute sa force
dans le plateau de la balance. Dans la mesure où il attribue
de l'importance à la vie, il doit remporter la victoire sur ses
concurrents. Mais qui peut tenir la vie pour plus importante
que celui qui la tient pour *éternelle*, que celui qui croit que
cette vie lui reviendra éternellement telle qu'il la vit ? Est-ce
que celui-là ne doit pas tout faire pour la rendre grande et
belle et magnifique, afin qu'il puisse supporter l'éternel retour
en fait, et d'ores et déjà la pensée de ce retour ? La foi au retour
éternel est manifestement l'influence la plus décisive que l'on
puisse concevoir. Celui qui considère sa vie comme éternelle
et qui vit en conséquence, celui qui attribue une importance
éternelle à chaque instant, à l'action de chaque instant, et la
considère comme une destinée éternelle — sans aucun doute,
celui-là combat le combat de la vie avec des moyens supérieurs.
Devant lui doit s'évanouir tout ce qui a une foi moindre, une
foi de moindre portée. Le philosophe, d'après Nietzsche, est un
éducateur de l'humanité. La pensée du Retour éternel est son
grand et terrible moyen d'éducation. C'est le grand instru
ment du triage, l'instrument inexorable du choix qui doit
élever l'humanité. Celui qui croit à l'éternité, agit dans la
pensée de l'éternité, est victorieux ; celui qui s'imagine la vie
courte et pauvre en signification, succombe, et c'est bien fait.

   C'est ainsi que Nietzsche exhorte ses adeptes à devenir des
Surhommes, afin de pouvoir se réjouir à l'idée du Retour
éternel, à prendre la vie au sérieux, à la tenir pour éternelle,
et à *agir en conséquence*, afin que, dans l'avenir, ce soit une
vie pleine, belle, heureuse, riche, qui revienne et qui revienne
toujours : « Ma doctrine déclare : vivre de telle façon que tu
doives *désirer* de revivre, c'est là la tâche, le devoir. » — « Non
pas regarder à des félicités et à des bénédictions et à des
grâces lointaines et inconnues, mais vivre de telle façon que
nous voulions vivre encore et que nous voulions revivre ainsi
éternellement ! Notre tâche surgit devant nous à chaque instant [1]. » D'après M. Benoist Hanappier, Oskar Ewald a tiré
deux impératifs catégoriques nietzschéens, l'un du Retour
Éternel, l'autre du Surhomme. Celui qu'il a tiré du Retour
éternel est ainsi conçu : « Agis à chaque instant de ta vie
comme si cet instant avait une valeur éternelle, et devait se
multiplier à l'infini », et celui qu'il a tiré du Surhomme est

1. Ernst Horneffer. S. 80.

ainsi conçu : « Agis toujours comme si tu voulais que le Surhomme naquit de toi, cherche à le réaliser en toi, dans la mesure de tes forces ».

Il est tout de même difficile de prendre bien au sérieux ces impératifs quand on remarque que la doctrine nietzschéenne n'est pas seulement un déterminisme rigoureux, mais que c'est le déterminisme élevé à la puissance infinie. M. Ewald est vraiment bon de nous conseiller d'agir comme si l'instant devait se multiplier à l'infini. Mais c'est que ce même instant s'est déjà multiplié à l'infini dans le passé, exactement tel qu'il a lieu aujourd'hui, et c'est que déjà un nombre infini de fois j'ai accompli ce qu'il est naturellement impossible que je n'accomplisse pas maintenant et que je n'accomplisse encore dans l'éternité future un nombre infini de fois. Si cette vie actuelle était la première de toutes, chronologiquement, si elle n'avait été précédée par aucune autre, si ce que je fais aujourd'hui devait se reproduire à l'infini dans l'avenir, et si j'étais libre, maître de donner à ma vie le tour qui me plairait, la situation changerait à coup sûr. On pourrait me conseiller, me prescrire d'agir en me représentant que, par ma liberté, je façonne actuellement le personnage que je jouerai *ne varietur* dans toute l'éternité. Mais Nietzsche représente l'enchaînement des phénomènes à l'intérieur du cycle comme absolument déterminé, se reproduisant parce qu'il est déterminé ; il considère le retour éternel comme ayant déjà amené dans le passé un nombre infini de fois le déroulement des phénomènes en général et de ma propre vie personnelle en particulier, tel qu'il va se produire maintenant, demain et les jours d'après. Alors, en vérité, que signifie l'exhortation qui m'est adressée de vivre comme vivant une vie éternelle? Vous voulez que je me considère comme libre, alors que je ne le suis pas ; que je me considère comme un esprit capable de tendre en avant, de se dépasser lui-même, d'essayer de réaliser des combinaisons supérieures, de jouer une partie formidable avec le hasard, alors que je ne puis réaliser que les combinaisons qui découlent fatalement des combinaisons précédentes ; que je me considère comme capable de donner un sens à la vie, alors que la vie n'en a point, et alors que moi-même, simple résultat du jeu aveugle de forces inintelligentes, je suis parfaitement incapable de faire que ce qui a été ne soit pas ou soit autrement. Lorsque Nietzsche suppose qu'un démon vienne murmurer à l'oreille d'un penseur l'hypothèse du Retour éternel, et qu'il ajoute : « Cette question posée à tout instant de ta vie : Veux-tu cela encore une fois, éternellement ? péserait d'un poids formidable sur toute ton activité », il provoque immédiatement cette réponse : mais si la théorie du Retour éternel est vraie, il ne dépend pas de moi que cela revienne ou ne revienne pas ; que je le veuille ou non, cela reviendra ; je n'y puis rien. Et la doctrine est bien faite à coup sûr pour peser d'un poids formidable sur mon activité, mais pour la décourager et la paralyser, bien plus que pour l'exciter, et pour me faire prendre en dégoût ce rabachage perpétuel en quoi consiste, dites-vous, l'existence.

Nietzsche se pose à lui-même l'objection : « Si tout est nécessaire, comment puis-je disposer de mes actions ? » Et il répond : « La pensée, la croyance, est un poids décisif qui pèse sur toi à côté de tous les autres poids, et plus qu'eux. Tu dis que la nourriture, le lieu, l'air, la société te transforment et te déterminent ? Tes opinions le font encore plus, car elles te déterminent à cette nourriture, à cet air, à ce lieu, à cette société. Si tu t'incorpores la pensée des pensées (celle du Retour éternel), elle te transformera. La question à propos de tout ce que tu veux faire : « est-ce que cela est tel que je veuille le faire des fois innombrables ? » est le poids le plus considérable[1]. » Avec Stuart Mill, avec quantité de déterministes présents et passés, Nietzsche prétend opposer à la liberté non pas le fatalisme mécanique, extérieur, mais un déterminisme psychologique interne. Nous sommes déterminés, en partie tout au moins, mais en très grande partie, par nos opinions. Qu'un homme en vienne à admettre dans son esprit l'idée du Retour éternel, cette idée même le déterminera par son effet naturel à s'efforcer de devenir un surhomme, puisque c'est seulement à condition de devenir un surhomme qu'on peut supporter la pensée. Si on ne veut pas chercher à devenir un surhomme ou si l'on échoue à le devenir, tant pis ! on succombera dans la lutte, on laissera la place à d'autres, la faiblesse même que l'on aura manifestée sera récompensée par la défaite et l'expulsion de la vie. Mais les forts, fouettés, exaspérés par la pensée du Retour éternel, déploieront, pour devenir des surhommes, des trésors d'énergie qu'ils n'auraient jamais déployés sans cela. Et ainsi, sous l'influence croissante de l'idée du Retour éternel, les faibles, de plus en plus éli-

_____

1. Ernst Horneffer. S. 79.

minés, laisseront la place aux forts qui réaliseront des états de grandeur, de plénitude, dont aucun utopiste n'a encore pu jusqu'à aujourd'hui effleurer seulement l'idée. D'ailleurs, c'est ce qui s'est passé déjà un nombre infini de fois. Dans tous les mondes identiques qui se succèdent à travers l'infinité du temps, il y a toujours eu un moment où l'idée du Retour éternel a jailli. Dans tous ces mondes divers, c'est toujours l'incomparable Nietzsche qui a refait, de monde en monde, son éternelle découverte. Il est le centre de l'histoire de chacun de ces mondes, celui vers qui tout converge et d'où tout repart. Et une fois cette découverte faite, à mesure que l'humanité s'en est pénétrée, l'élévation de l'homme vers le surhomme s'est précipitée avec une intensité démesurément accrue. Il ne faut pas dire : Nietzsche m'a révélé que je ne puis rien faire d'autre que ce que j'ai déjà fait ; il faut dire : Nietzsche m'a révélé que, déjà dans le passé, la découverte du Retour éternel m'a enflammé d'ardeur ; c'est ce qu'elle va faire encore maintenant.

Encore faudrait-il pourtant que la pensée en elle-même eût de quoi déterminer à l'action. Si je m'incorpore la pensée du Retour éternel, je me l'incorporerai *tout entière*, je ne m'incorporerai pas seulement cette moitié : ce que je vais faire, je le referai éternellement dans l'avenir, donc prenons garde à ce que je vais faire, — je m'incorporerai aussi cette autre moitié : ce que je vais faire, c'est ce que j'ai déjà fait éternellement dans le passé ; donc il est inutile de m'imaginer que j'y puisse rien changer, je ne puis pas ne pas refaire ce que j'ai déjà fait. Et autant la pensée de l'avenir semblait propre tout d'abord à me pousser à l'action, *parce que je ne réfléchissais pas*, autant la pensée du passé que je dois joindre à celle de l'avenir, si je veux être intelligent, rabat mon ardeur, me ralentit, m'arrête, me paralyse, et me détermine à ne pas agir. Si ce monde était chronologiquement le premier, je comprendrais encore que vous me disiez : faites votre vie aussi grande, aussi magnifique que vous pourrez, puisqu'elle doit revenir indéfiniment — et je comprendrais même que vous ajoutiez : sans doute, vous n'êtes pas libre, mais l'idée même du retour futur, saisie, embrassée par vous, peut devenir le puissant facteur qui vous déterminera à vous évertuer vers le Surhomme. Mais à l'instant où je vais m'abandonner à l'ardeur que doit susciter en mon âme la pensée que ma vie actuelle décide de ce que sera éternellement ma vie dans l'avenir, voici que l'idée de la répétition de cette même vie dans le passé vient glacer mon zèle, et me rappeler qu'en somme rien ne dépend de mes efforts puisque tout est déjà réglé.

Il est bien vain de prétendre que l'effet psychologique produit par l'adoption de cette idée du Retour éternel pourra être un effet d'exaltation et d'exaltation féconde, efficace. Puisqu'il n'y a ni liberté ni nouveauté possible en ce monde, je serais bien nigaud de me donner du mal. « Imprimons l'empreinte de l'éternité sur notre vie ! » déclame Nietzsche. La belle exhortation ! Comme si cela dépendait de nous ! Et comme si ce n'était pas *déjà fait !* La foi au retour éternel tend à créer l'abandon de soi, la passivité absolue, à décourager toute lutte. L'Ecclésiaste avait encore plus raison qu'il ne croyait — puisqu'il ignorait après tout les retours éternels — lorsqu'il s'écriait : « Vanité des vanités, tout est vanité. Quel avantage revient-il à l'homme de toute la peine qu'il se donne sous le soleil ?... Ce qui a été, c'est ce qui sera, et ce qui s'est fait, c'est ce qui se fera : il n'y a rien de nouveau sous le soleil. S'il est une chose dont on dise : Vois ceci, c'est nouveau ! cette chose existait déjà dans les siècles qui nous ont précédés... J'ai vu tout ce qui se fait sous le soleil ; et voici, tout est vanité et poursuite du vent[1]. » Effectivement la théorie interminable des mondes identiques qui se répètent manque étrangement d'imprévu et de variété. C'est bien le cas de s'écrier : *Ab uno disce omnes !*

La pensée du Retour éternel pourra sourire à l'homme heureux pour qui la vie, somme toute, a eu et a plus de satisfactions et de joies que de tristesses ; celui-là peut à la rigueur considérer ses tristesses et ses misères comme la rançon nécessaire de ses victoires et de ses joies, quoiqu'il y ait certaines tristesses et certaines misères qu'aucune compensation ne puisse faire accepter, à plus forte raison appeler le cœur débordant d'enthousiasme. La pensée du Retour éternel pourra sourire à l'homme qui n'a pas beaucoup de scrupules moraux, et, si on peut dire, à l'homme qui n'a pas beaucoup de conscience. L'homme consciencieux, l'homme moral ne pourra vraiment accueillir avec enthousiasme la honte de penser qu'il est condamné à accomplir un nombre infini de fois toutes les fautes publiques ou cachées dont le seul souvenir fait monter la rougeur à son front.

1. Ecclés. 1. 2. 3, 9, 10, 14.

La pensée du Retour éternel me réjouira dans les moments où je ferai le bien et où je serai heureux... Pourtant la répétition éternelle, même de ce qui est le plus beau et le plus grand, si c'est une répétition littérale et stérile, ne peut qu'être fastidieuse. Ce n'est pas à tort qu'Alfred de Vigny s'est écrié :

> Aimez ce que jamais on ne verra deux fois.

Même pour le Surhomme l'avenir risque de n'être pas fort reluisant. « Si quelqu'un, disait Léopardi, se trouvait dans la plus heureuse condition du monde avec la certitude de ne pouvoir jamais avancer d'aucune manière, ni d'aucun côté, cet homme serait le plus malheureux de tous les mortels[1]. »

La pensée du Retour éternel me réjouira dans les moments où je ferai le bien et où je serai heureux. Mais dans les autres?... Dans les autres, la peur seule du Retour éternel, si j'en étais bien convaincu, et si j'y pensais sans cesse, suffirait à empoisonner ma vie. Dans les autres... et ces « autres » ne sont-ils pas après tout les plus habituels et les plus nombreux? La séduisante perspective que celle d'avoir à souffrir une infinité de fois les mêmes souffrances ! Le précieux encouragement que celui d'avoir à recommencer la même lutte avec les mêmes péripéties pour subir la même inéluctable défaite ! La belle consolation pour une Jeanne d'Arc que de se dire : « Je serai brûlée encore une infinité de fois, et tout ce que j'a essayé de fonder sera une infinité de fois anéanti![2] » Même chez les meilleurs, d'après Nietzsche, rares sont les heures de réussite de la vie, rares sont les heures de plénitude et de force ; innombrables sont les instants de fatigue, de découragement ou de désarroi. Qu'est-ce qui donnera un sens à notre vie? Notre force ou notre faiblesse? Nos plus hautes affirmations, les fonderons-nous sur nos instants privilégiés de force, de santé et de bonheur — ou nous seront-elles dictées par nos heures de tristesse, de maladie et de découragement?

Nietzsche a prétendu être le joyeux messager de son époque, apporter à l'humanité qui *souffrait* du monde et de sa propre humanité, une « Annonciation » libératrice, une « valeur » supérieure, une raison nouvelle de croire, des germes d'avenir et de vie « surhumaine » jetés dans les consciences et qui, là,

---

1. *Opuscules et pensées*, pp. 150-151.
2. Fouillée. *Esquisse d'une conception du monde*, p. 222 (Paris, F. Alcan).

lèveront en une moisson invisible. Le Retour éternel répond bien mal à ces prétentions et à ces désirs. Il va exactement à fin contraire. Si l'idée du Retour a produit à certains moments des effets d'exaltation dans l'âme de Nietzsche, à d'autres moments elle ne lui a procuré que terreur et dégoût. Désillusionné, il a laissé échapper ces aveux que nous avons déjà relevés : « Malgré tout, je ne voudrais pas revivre ces derniers mois... Je ne veux pas le recommencement. » Ailleurs il a reconnu qu'il est impossible de réaliser véritablement l'idée du Retour éternel sans y voir un de ces cauchemars monstrueux qui glacent le sang dans les veines et arrêtent les battements du cœur.

Il est assez curieux que, lorsque Nietzsche nous exhorte à nous demander comment la pensée que quelque chose se répète a agi jusqu'à présent sur l'humanité, il ne pense à citer comme exemples que des cas insignifiants ou sans réelle ressemblance, comme il l'a déclaré lui-même ailleurs, à savoir le retour de l'année, ou des maladies périodiques, ou de la veille et du sommeil[1]. Ce ne sont pas là des analogies véritables. Car il ne s'agit point là de répétitions *intégrales*, mais seulement de répétitions partielles. Le soleil se lève et se couche, comme on dit en langage populaire, mais si les jours se suivent, ils ne se ressemblent pas... Je trouve plus d'analogie, malgré les différences, entre la conception générale de Nietzsche et les conceptions hindoues. On peut rapprocher à certains égards le Retour éternel de Niezsche des métempsycoses. De même que dans le brahmanisme et le bouddhisme le désir passionné d'en finir avec le monde douloureux de la naissance et de la disparition conduisait les âmes à chercher leur refuge dans la pensée de l'absorption en Brahma ou du Nirvana, de même, semble-t-il, chez ceux qui deviendraient les adeptes du Retour éternel, le désir d'échapper à cette perpétuelle répétition de naissance, de vie et de mort doit conduire à chercher une issue, une délivrance. Nietzsche consulte l'expérience ; il demande l'effet que produit sur les âmes la répétition des mêmes phénomènes ou la pensée de cette répétition. Nous avons une réponse dans l'histoire des religions de l'Inde. Sans doute la situation n'est pas identique, mais elle est parallèle. Dans l'Inde, les interminables vies successives sont autres, mais si les unes peuvent être plus heureuses que la vie

____

1. Ernst Horneffer. S. 80 (fragment 35).

présente, les autres peuvent être plus malheureuses, et l'on ne peut compter sur rien. Dans la théorie de Nietzsche les interminables vies successives sont toutes pareilles, mais si aucune ne peut être plus malheureuse, aucune ne peut être plus heureuse, et l'on peut, hélas ! compter sur la sempiternelle réédition de ce qui fut et de ce qui est. Je demande, des deux cauchemars, quel est au fond le pire. N'est-ce pas le cauchemar nietzschéen ? Car, après tout, la transmigration laisse subsister quelque possibilité d'amélioration, tandis que, à ceux qui sont une fois entrés dans la ronde circulaire du Retour éternel, on peut dire : « Laissez toute espérance... » Ah ! comment échapper à la loi cruelle des Retours éternels ? Comment sortir de ce cercle fatal qui condamne les âmes à renaître sous des formes toujours identiques ? Comment en finir avec le malheur de l'existence ? Est-il possible d'affronter, sans s'engloutir dans un abîme de désespoir, l'idée du Retour éternel, de la perpétuité du devenir, la conviction que le méprisable et douloureux non-sens d'une existence inutile et sans but recommence sans cesse, éternellement pareil à lui-même, sans qu'une catastrophe, un saut dans le néant, puisse jamais mettre fin à ce cauchemar ? Est-il possible d'accepter cette nécessité des cycles aussi macabre en vérité et même plus encore que celle des transmigrations, cette nécessité de renaître pour remourir ? C'est la mort tout entière à sa proie attachée. On passe l'éternité à mourir, et à mourir de la même mort. C'est l'éternité de la mort !

Une seule consolation me reste, c'est qu'après tout, il en est de la doctrine du Retour éternel de même que de la doctrine de la métempsycose brahmanique. Dans les mondes successifs et identiques, je ne conserve pas plus le souvenir de mes vies distinctes et pareilles que, dans le brahmanisme, je ne conservais le souvenir de mes existences différentes et successives [1]. Au fond, ce n'est pas *moi* qui reviens, c'est un autre « qui me ressemble comme un frère », mais ce n'est pas moi, puisque manque le souvenir. Lucrèce l'a bien vu. Eh ! que m'importe le sort futur ou passé de cet autre moi, qui n'est pas moi ? Cette pensée fait évanouir la terreur du poids déterministe du Retour. Je suis libéré de la crainte de revivre les choses viles et malheureuses : ce n'est pas moi qui les ai vécues jadis, ce

---

1. Car on ne peut assimiler à de véritables souvenirs les paramnésies de fausse reconnaissance dont il a été question plus haut.

n'est pas moi qui les revivrai dans le futur. Mais je suis aussi désintéressé de toute l'ardeur qu'on voulait me communiquer : vous me dites : faites votre vie belle et grande, parce qu'elle doit revenir. Pardon, répliquerai-je ; ce n'est pas elle qui reviendra, mais une autre qui lui ressemblera sans être elle, et qui concernera un être pareil à moi, mais qui ne sera pas moi. En définitive, il n'y a que ma vie actuelle dans le monde actuel qui me touche.

Il ne nous paraît donc pas que la croyance au Retour éternel puisse être envisagée comme une croyance vraiment utile et efficace pour ceux qui l'estimeraient vraie. Mais peut-on l'estimer vraie ? est-elle réellement soutenable ?

VI

L'absence de souvenir, à laquelle nous venons de faire allusion est une première objection, et, à notre sens, décisive contre la conception de Nietzsche. Des phénomènes psychologiques ne peuvent pas être *les mêmes,* s'ils ne sont pas rapportés à la même conscience. Ils peuvent être *semblables,* à toutes sortes de points de vue, ils ne sont pas *identiques*. Or ce n'est pas *la même* conscience qui reparaît d'un monde à l'autre, puisqu'il n'y a aucun fil de continuité psychique, aucun fil d'identité personnelle. aucun lien de mémoire. Certes, que la mémoire puisse être imparfaite, défectueuse, ce n'est pas en question. Mais si, tout d'un coup, à l'instant où j'écris ces lignes, je perdais complètement et définitivement la mémoire de tout ce qui a rempli ma vie jusqu'à présent, je cesserais d'être *moi*, pour devenir un autre moi. Nietzsche nous dit : « Vous pensez que vous aurez un long repos jusqu'au moment de votre renaissance — mais ne vous faites pas illusion ! Entre le dernier instant de la conscience, et la première apparition de la vie nouvelle, il n'y a pas de temps ; l'intervalle est aussi promptement passé qu'un éclair, quand bien même des créatures vivantes pourraient le chiffrer par billions d'années, et même ne pas arriver à le dénombrer[1]. » En d'autres termes, la doctrine du Retour éternel confère une existence éternelle, car l'intervalle de temps entre la mort (actuelle) et la renaissance (future), si long qu'il soit, équivaut au néant, n'existe

1. Ernst Horneffer. S. 81 (fragment 40).

pas *pour vous*. En attendant le grand jour de la renaissance, votre âme sera plongée dans une sorte de sommeil qui lui enlèvera la notion du temps et ne lui permettra par conséquent pas de s'apercevoir de la longueur de l'attente. Ce sera, pour vous, comme si cette renaissance se produisait immédiatement après votre mort, lui succédait sans intervalle, de sorte que, *pour vous*, ce sera comme si vous viviez toujours. Pardon ! répliquerai-je, ce n'est jamais moi qui renais, c'est toujours un autre. Et votre hypothèse du Retour éternel se brise contre les faits. Il n'est pas vrai que mon moi ait vécu des nombres infinis de fois, puisqu'il ne s'en souvient pas. Aux mondes identiques du Retour éternel, il faudrait substituer des mondes simplement semblables.

Mais, de proche en proche, cela ne conduira-t-il pas à d'autres modifications encore ? Ce n'est pas la conscience A qui reparaît dans les mondes 2 000, 3 000, 4 000, etc... Ce sont des consciences A′, A″, A‴. Mais, pour être discernables les unes des autres, ces consciences, suivant le grand principe de Leibniz, ne devront-elles pas différer plus que *solo numero* ? ne devront-elles pas différer les unes des autres par un élément qualitatif ? Et voici décidément la nouveauté, la différence qui se réintroduit, et largement, dans cette succession de mondes semblables.

Dira-t-on : ces consciences A, A′, A″ seront qualitativement identiques, mais elles ne différeront pas seulement *numero*, elles différeront aussi *tempore*, les unes étant antérieures, les autres postérieures ? Nous sommes conduits par là à une autre remarque : Par un tour de raisonnement analogue à celui, bien connu, de Leibniz, on peut objecter à Nietzsche : votre conception doit aboutir à nier la réalité de cette succession de mondes identiques que vous avez prétendue infinie. Les mondes identiques qui se succèdent l'un à l'autre d'après vous sont en eux-mêmes indiscernables les uns des autres, puisqu'ils ne présentent aucune différence intrinsèque. Il n'y aurait moyen de distinguer ces mondes les uns des autres que si vous mettiez une limite aux phénomènes et aux mondes du passé, si par exemple tel monde pouvait être dit le premier, le suivant le second, etc... Mais lorsqu'on déclare avec vous que le temps est infini dans le passé, qu'à chaque instant il y a eu un nombre infini de termes antérieurs, on s'enlève tout moyen de discerner temporellement ces mondes les uns des autres : ils sont tous identiques *encore sur ce point,* c'est que chacun,

si loin qu'on recule dans le passé, a été précédé par un nombre
infini de mondes identiques, comme il sera suivi d'un nombre
infini de mondes identiques dans l'avenir. Ces mondes identiques, étant indiscernables temporellement devraient ne différer que par le nombre seul, *solo numero*. Il suit de là qu'ils
se ramènent pour la raison à un seul, et que l'hypothèse du
Retour éternel se détruit elle-même. C'est une simple vue de
l'imagination qui ne résiste pas au contrôle rationnel. Nietzsche
avait plus raison qu'il ne croyait, et dans un autre sens qu'il
ne croyait, lorsqu'il écrivait ces mots : « Que tout revienne
sans cesse, c'est l'extrême rapprochement d'un monde du
devenir avec un monde de l'être : sommet de la méditation [1]. »

En résumé, Nietzsche est pris dans ce dilemme : ou bien les
mondes identiques ne diffèrent que *numero*, ne pouvant pas
différer par le temps ni l'espace, et alors ils sont indiscernables, et la répétition de ces mondes indiscernables est aussi
absurde que leur prétendue multiplicité. Ou bien les mondes
successifs diffèrent non seulement par le nombre, mais aussi
par la qualité ; et alors la multiplication de ces mondes est très
admissible, mais ce ne sont plus des mondes identiques. Il
faut choisir entre l'identité et la multiplicité : ou identiques et
indiscernables, ou discernables et différents.

VII

Envisageons maintenant, pour passer à un autre ordre de
critiques, cette idée d'infini qui joue un si grand rôle dans le
système de Nietzsche comme dans celui de Blanqui.

De deux choses l'une, ou bien on accepte sans scrupules
l'idée de l'infini, ou bien on l'envisage comme contestable,
voire même comme absurde, parce que contradictoire. Quel
que soit le parti que l'on adopte, l'hypothèse de Nietzsche ne
tient pas debout.

Si, malgré la contradiction inhérente au nombre infini, à
l'infini de quantité réalisé, Nietzsche croit pouvoir admettre
un nombre infini de siècles écoulés, de mondes passés, on ne
voit pas pourquoi il limiterait les forces du monde qui, à
chaque instant, réagissent les unes sur les autres. A l'infini
des phénomènes dans le temps, répondrait assez bien, semble-

1. D. Halévy. *Ouv. cité*, p. 234.

t-il, l'infini des phénomènes dans l'espace, et dès lors le nombre
des combinaisons possibles devant être considéré comme infini,
jamais, quelque temps qu'on y mette, n'arrivera un moment
où toutes les combinaisons possibles auront été épuisées, en
sorte que doive recommencer identiquement ce qui aura déjà
été. On peut opposer à Nietzsche les déclarations d'un autre
partisan du Retour éternel, Blanqui : « Cette énigme (celle de
l'infini), dit Blanqui, se pose la même pour l'infini dans le
temps que pour l'infini dans l'espace... Infini dans le temps,
pourquoi la matière ne le serait-elle pas dans l'étendue ? Les
deux infinis sont inséparables [1]. » Il est vrai que Blanqui considère l'univers infini comme ne renfermant en soi que 64
espèces chimiques. Le nombre de leurs combinaisons possibles
étant limité, ces combinaisons devraient se reproduire toujours pareilles. Mais un bon infinitiste ne va pas s'arrêter au
chiffre dérisoire de 64. Quelles que puissent être les révéla-
tions ou les inductions de la science, au lieu des 64 ou
des 100 corps simples de Blanqui, il n'hésitera pas à en
admettre un nombre infini. Il n'y a que 64 corps de constatés
dans le coin de l'univers où nous sommes ? La belle avance !
Qui vous dit qu'il n'y en a pas 64 différents dans la partie
de l'univers qui commence là où nos instruments cessent
d'atteindre ? Qui vous dit qu'il n'y a pas un nombre infini
de fois 64 corps simples dans l'infini de l'univers ? « Quand
la nature a diversifié à ce point son mode d'opérer sur ce
petit globe, dit Hume, pouvons-nous imaginer qu'elle ne fait
plus que se copier tout le long de l'immense univers ? » Et
il n'accorde pas « qu'une partie de la nature serve de règle
pour une autre, si elles sont très distantes entre elles »[2].
« ... Quel nombre de principes autres ne pouvons-nous pas
naturellement supposer que nous trouverions dans l'immense
étendue et la variété de l'univers, s'il nous était donné de
voyager de planète en planète, et de système en système, afin
d'examiner chaque partie de cette puissante fabrique[3] ? » Si
on adopte l'idée d'infini, il faut la pousser jusqu'au bout, et
elle fait disparaître inévitablement la nécessité des répétitions.

Mais le résultat est le même si, avec W. Thomson, avec

1. *L'éternité par les astres, hypothèse astronomique*, p. 6.

2. Les dialogues de David Hume sur la religion naturelle. Trad. par
Renouvier. Critique philosophique. 30 avril 1887. p. 267-268.

3. Ibid. 31 juillet 1887. p. 38.

Armand Sabatier[1], on considère l'univers comme un système limité, si avec Galilée, Cauchy, Poincaré, avec Renouvier, Evellin, avec MM. Pillon, Dauriac, Lechalas, avec le philosophe allemand Eugène Dühring, on voit dans le nombre infini le type même de l'absurdité contradictoire. On pourra dire à ce point de vue : La somme des forces qui constituent l'univers est limitée. Nietzsche a raison à cet égard. Mais le nombre des combinaisons déjà effectuées dans le passé est limité lui aussi. Par suite il y a eu jadis une première combinaison qui s'est produite en un instant chronologiquement premier. Et dans l'intervalle écoulé depuis cet instant jusqu'à aujourd'hui, il n'est nullement prouvé que les combinaisons possibles aient déjà toutes vu le jour. Il se peut qu'il en reste encore beaucoup d'inédites, que nul à aucun moment n'a jamais contemplées. Il n'est nullement prouvé que le monde actuel répète un monde passé. — Il n'est nullement prouvé non plus qu'il vienne un moment où, toutes ces combinaisons ayant vu le jour, le monde recommencera identiquement la même succession de faits. Il n'est nullement prouvé que ce recommencement soit possible. Car il n'est nullement prouvé qu'il n'y ait dans le monde que les forces et les lois mécaniques et que la conscience ne soit qu'un épiphénomène. La conception de Nietzsche est une conception étrangement mécaniste. Il ne s'agit que de groupements atomistiques de forces conçues comme des jetons séparés, que l'on combine ensemble suivant les règles arithmétiques et algébriques de la combinaison. C'est une vue matérialiste de l'esprit, qui est en opposition avec les résultats et les postulats les plus clairs de la psychologie qui veut être fidèle à l'expérience. Si on se rend compte que « la vie et la conscience ne peuvent être une simple transposition d'atomes stupides et morts dans l'espace et dans le temps », que « ce n'est pas en changeant de place de petits cadavres infinitésimaux, de façon à mettre l'un à droite, l'autre à gauche, qu'on engendrera la vie, surtout la vie qui se sent elle-même»[2], si on restitue à la conscience sa valeur, si on comprend qu'elle a non seulement plus de réalité que le mécanisme, mais qu'elle est la seule réalité profonde et véritable, on s'apercevra du même coup que la vie originale et l'activité contingente des consciences s'opposent absolument à une répétition servile

---

1. *Philosophie de l'effort*, pp. 431-432.
2. Fouillée. *Esquisse d'une interprétation du monde*, p. 230.

des mêmes séries de phénomènes physiques. Car la conscience, par ses modifications propres, entraîne dans la succession des phénomènes physiques des modifications imprévisibles qui viennent bouleverser sans remède le défilé des événements et les empêcher de se dérouler sans variation. La conscience est créatrice de combinaisons inattendues. Lorsqu'on redoute que le nombre des combinaisons physiques ne soit un jour épuisé, on ressemble à Stuart Mill qui, pendant la fameuse crise qu'il a racontée dans ses Mémoires, était « sérieusement tourmenté de l'idée que les combinaisons musicales pourraient s'épuiser. L'octave, explique-t-il, ne se compose que de cinq tons et de deux demi-tons, qui ne peuvent former entre eux qu'un nombre limité de combinaisons, parmi lesquelles un petit nombre seulement sont belles. La plupart, me semblait-il, avaient déjà été inventées, et il pourrait ne plus se produire de Mozart, ni de Weber, pour exploiter comme eux des veines toutes nouvelles d'une richesse incomparable en beaux effets musicaux. On trouvera peut-être que cette préoccupation qui me causait une véritable angoisse ressemble beaucoup à celle des philosophes de Laputa qui craignaient que le soleil ne vînt à se consumer tout entier... »[1]. — Il n'est nullement prouvé d'ailleurs que le monde physique actuel soit le seul théâtre possible de l'existence et de l'activité des esprits et qu'après avoir vécu ici-bas dans un monde passager, l'âme qui est supérieure à l'organisme, qui lui est liée actuellement en fait, mais qui n'en dépend pas absolument, nécessairement, en droit, ne soit destinée à revivre en d'autres conditions d'existence supérieures et d'ailleurs indescriptibles a priori, et à voir s'ouvrir devant elle une carrière inépuisable de découvertes et d'inventions, de progrès et de nouveautés sans fin.

VIII

D'ailleurs, Nietzsche fait grand état du principe de la conservation de l'énergie. Mais ce principe qui a tyrannisé toute la science du xixᵉ siècle et d'où elle s'est imaginé pouvoir faire jaillir, comme conséquence inéluctable, l'éternité de l'univers, ce principe n'est pas le seul. Il y a aussi « le second principe de

---

1. *Mes Mémoires. Histoire de ma vie et de mes idées*, par John Stuart Mill. Trad. par E. Cazelles, pp. 138-139, 2ᵉ édit. (Paris, F. Alcan).

la thermo-dynamique », le principe de la dégradation de l'énergie. Comme l'ont établi les travaux de nombreux savants, depuis Carnot, William Thompson (plus tard Lord Kelvin), Robert Clausius, l'énergie totale de l'univers se conserve et demeure en quantité invariable, mais elle se divise en deux parts : énergie utilisable et énergie de déchet. Et l'énergie de déchet augmente sans cesse aux dépens de l'énergie utilisable. L'énergie, sans cesser de se conserver, se dégrade. Dès lors, avec M. Lalande, dans son beau livre sur *la dissolution opposée à l'évolution,* on peut admettre que les transformations successives de l'univers physique ont pour effet de détruire les modalités les plus hautes de l'énergie, et que les éléments de l'univers tendent vers un état d'équilibre uniforme qui ne laissera plus de place au mouvement ni à la vie. Il y a un sens naturel dans lequel marchent les phénomènes physiques et qui achemine peu à peu l'univers vers cet état d'équilibre parfait que Nietzsche lui-même ne déclare pas impossible en soi et qui, une fois atteint, équivaudrait à la mort pure et simple de cet univers matériel sans possibilité de retour.

Sans doute ces conséquences de la loi de la dégradation d'énergie sont contestées par quelques savants. Il est permis de se demander s'ils ne subissent pas, plus qu'ils ne veulent le dire, l'influence de la théologie du monisme, alors qu'ils affichent la prétention de dédaigner la théologie. L'idée que le monde puisse mourir entraîne pour eux celle qu'il a été créé, ce qu'ils jugent *a priori* inadmissible. Dans leur antipathie pour toute doctrine de création initiale, ils postulent *a priori* la durée éternelle du monde physique, en vertu de laquelle, dans l'univers, rien ne se détériore qui ne se puisse restaurer de soi-même, et rien ne se détruit que le libre jeu des lois naturelles ne puisse régénérer. Mais ce postulat à l'établissement ou à l'exposition duquel la plupart des savants qui l'affirment avec énergie n'hésitent pas à employer sans scrupule des conceptions naïvement réalistes de l'espace, du temps, de la matière même qui n'ont pas subi l'épreuve de la critique rationnelle, — ce postulat demeure jusqu'à aujourd'hui une vue de l'esprit, et d'un ordre comme d'une origine infiniment plus métaphysique ou pseudo-métaphysique que scientifique.

On pourrait, il est vrai, alléguer en faveur du Retour éternel la théorie récente du physicien suédois Arrhénius, la théorie de la pression de rayonnement qui le conduit au résultat suivant : Par la compensation qui résulte de l'action combinée de la force de pesanteur et de la pression de rayonnement, ainsi que de l'égalisation de la température et de la concentration de chaleur, il devient possible que l'évolution du monde se meuve en un mouvement circulatoire continuel dans lequel nous ne pouvons apercevoir ni commencement ni fin et dans lequel aussi la vie a l'espérance de continuer à exister toujours et sans aucune diminution. Mais les théories d'Arrhénius sont loin d'être définitivement établies. Dans l'avant-dernier cours qu'il a professé à la Sorbonne, Henri Poincaré, paraît-il, a analysé finement ces idées d'Arrhénius. Il leur a opposé quelques difficultés. Et voici quelle a été sa conclusion à la fois prudente et dubitative : « De cette discussion, je ne veux pas tirer de conclusion définitive; il semble que, par ce processus, la mort calorifique de l'univers sera énormément retardée, mais on peut croire qu'elle ne sera que retardée. »[1]

Admettons toutefois cette théorie. Admettons un mouve-circulaire de séries absolument identiques jusque dans les plus petits détails. Admettons un recommencement minutieusement identique de tout le passé jusqu'en ses plus infinies parcelles. S'ensuivrait-il que le Retour éternel de Nietzsche fût établi ? Il ne serait établi que si l'on envisageait le mécanique, le physique, le matériel, comme exprimant le fond même et l'essence des choses, et la conscience comme constituant un simple accessoire, une résultante, un épiphénomène. C'est là une opinion métaphysique que tous les progrès et toutes les acquisitions de la philosophie moderne ont de plus en plus tendu à discréditer. Ici encore revient la critique du mécanisme nietzschéen. Supposons que les états mécaniques, physiques, chimiques, physiologiques même, et même cérébraux, se répètent identiques de nature et de succession. Il faudrait prouver qu'à un état mécanique donné, qu'à un état cérébral donné correspond un état psychologique déterminé rigoureusement, et « cette démonstration est encore à faire », comme le dit fort bien M. Bergson[2]. Il faudrait prouver la vé-

---

1. Cf. *La mort de l'univers*, par M. Charles Nordmann. *Revue des Deux Mondes*, 1er juillet 1913, pp. 212-213. Henri Poincaré a également montré que l'emprunt d'une partie des énergies de l'Univers aux matériaux radio-actifs ne peut guère avoir d'autre effet que de « prolonger un peu le malade ». (*Ibid.* p. 215.)

2. *Essai sur les données immédiates de la conscience*, p. 112.

rité absolue, intégrale, de l'hypothèse étroite du parallélisme psycho-physique, hypothèse d'origine spinoziste et leibnitzienne, qui date du jour où l'on a cru au mécanisme universel. Autre chose est de croire qu'une relation existe entre l'activité cérébrale et la pensée, autre chose d'affirmer, que cette relation est celle d'un parallélisme rigoureux, ou, en d'autres termes, qu'un interprète autorisé pourrait lire, dans les mouvements moléculaires ou autres de la substance cérébrale, tout ce qui se passe à l'intérieur de la pensée. On peut aussi bien — et même mieux — soutenir que sur un état cérébral donné peuvent se greffer plusieurs états psychologiques. Il est permis d'admettre qu'étant donné un état psychologique, une partie seulement de cet état est représentée dans le cerveau : le reste en est indépendant et n'a pas d'équivalent cérébral. De sorte qu'à un même état cérébral donné peuvent correspondre bien des états psychologiques, non pas des états quelconques, mais enfin des états qui tout en ayant en commun le même « schéma moteur », ne laissent pas d'être tout à fait différents. En généralisant ces remarques de M. Bergson[1], on arriverait à concevoir qu'une répétition d'états mécaniques, physiques, puisse se dérouler parallèlement à une succession inédite, originale, d'états psychologiques. La répétition d'une part n'entraîne pas la répétition de l'autre. Et l'on pourrait dire avec Alfred Fouillée : « La nature se répète toujours mécaniquement, elle change toujours mentalement[2]. » Et si l'esprit déborde véritablement le cerveau, si le corps est simplement utilisé par l'esprit, si le cerveau se borne à traduire en mouvements une petite partie de ce qui se passe dans la conscience, si l'indépendance au moins partielle de l'âme à l'égard du corps est un fait d'expérience, on n'a plus le droit de soutenir que la conscience doit suivre les destinées du cerveau et que la mort doit être la fin de tout, on n'a plus aucune raison de supposer que le corps et l'esprit soient inséparablement liés l'un à l'autre, l'immortalité devient possible, probable[3].

Il y a plus. Sans se soucier des protestations du sens commun et de la science proprement dite, la métaphysique

1. *Le parallélisme psycho-physique et la métaphysique positive. Bulletin de la Soc. fr. de philosophie*, 1re année, n° 2, juin 1901, p. 51.

2. *Esquisse d'une interprétation du monde*, p. 231.

3. Cf. la conférence de M. H. Bergson sur l'Ame et le Corps, dans le *Matérialisme actuel*, pp. 45-48.

idéaliste ose dire que l'idée de la force physique ne représente pas une vraie réalité, pas plus que celles de la matière, de l'espace et du mouvement, auxquelles elle est inséparablement liée. La vraie réalité n'est pas dans les phénomènes physiques, dans leurs rapports, dans les catégories qui régissent exclusivement ces rapports. Elle est dans les phénomènes psychiques et dans toutes les catégories qui s'y appliquent. La répétition qui découle du mécanisme et de la conservation de l'énergie, n'est que l'apparence extérieure et illusoire que prend, au point de vue de la sensibilité spatiale, la réalité ultime toujours nouvelle et changeante en son véritable fond. La nouveauté originale des êtres est symbolisée par la répétition apparente, résultat de la conservation de l'énergie. Et la science n'interdit certes pas à la métaphysique, à la croyance religieuse et morale de postuler pour l'individu, après la destruction de l'organisme terrestre, une autre vie plus harmonieuse, plus une, où l'esprit ne se heurte plus aux fatalités de la conservation et de la dégradation, mais puisse s'élancer sans cesse en avant, où matière et espace soient abolis et un nouvel ordre de choses conforme à la conscience soit définitivement établi dans la sainteté et la félicité intégrale.

Dans un article demeuré célèbre sur la *Crise de la morale*, après avoir signalé « une transformation générale dans le sens de la médiocrité et de la vulgarité », la marche vers « un certain niveau de bien-être, de savoir-faire et d'instruction, l'égalité et l'uniformité d'un monde où les forces en s'usant se sont équilibrées », Edmond Scherer ajoutait avec une poignante mélancolie : « Toute vallée sera comblée, annonçaient déjà les prophètes d'Israël, et toute montagne sera abaissée. Ainsi soit-il ! Le monde, de ce train, ressemblera un jour à la plaine Saint-Denis. Et dire ce qu'il en aura coûté de cris et d'écrits, d'encre et de sang, d'enthousiasmes et de sacrifices pour réaliser cet idéal ! » Cette conclusion amère ne serait vraie que pour celui qui n'admet pas d'autre univers que l'univers matériel, ou qui soumet l'univers spirituel à la même loi de dégradation d'énergie que celle qui régit le monde physique. Mais si la loi de la conservation de la force et de la dégradation de l'énergie prévaut dans le monde physique, c'est une loi bien différente qui règne dans le monde de l'esprit, la loi que Wundt appelle la loi de l'accroissement de l'énergie spirituelle. Il n'y a pas de limite à l'accroissement positif de l'être sous le rapport spirituel. La force spirituelle est une force qui ne s'épuise pas dans ce qu'elle donne et dans ce qu'elle paraît, mais qui a toujours en elle du mouvement pour aller plus loin. L'esprit est essentiellement créateur; il porte en lui, non l'infini contradictoire du nombre donné, mais l'infini logiquement irréprochable de la puissance, de la virtualité. L'esprit peut grandir indéfiniment, il le doit; c'est même ainsi que l'homme peut et doit devenir un surhomme. L'esprit peut et doit se dépasser sans cesse lui-même et s'accroître sans limites. La loi de l'esprit, c'est la loi du renouvellement et du progrès.

Nietzsche, à coup sûr, s'en est douté. Insensible à la contradiction interne de ses pensées et de ses aspirations, dans le même temps où il exprimait sa foi au piétinement universel du Retour, il formulait sa conception de « la vie qui va toujours en avant ». Dans ce même chapitre intitulé les *Années d'enfance* où nous avons relevé la première mention du recommencement perpétuel, M. Halévy cite des paroles qui traduisent de tout autres sentiments et de tout autres idées — et combien plus vrais ! « Cette impression qui en cette minute fait tout ton bonheur ou ta peine, va glisser dans un instant, peut-être, comme la draperie d'une impression plus profonde encore, et s'évanouira devant celle-ci, qui est plus haute. Ainsi vont s'approfondissant les impressions de nos âmes, toujours uniques, incomparables, indiciblement jeunes, et rapides comme l'instant qui les apporta. En cette minute, je pense à telles personnes que j'ai aimées, tels noms, telles physionomies, passent dans mon esprit — je ne veux pas dire que réellement leurs natures deviennent incessamment plus profondes et plus belles ; du moins est-il vrai que chacune de ces réminiscences, lorsque je la retrouve, m'entraîne vers quelque impression plus aiguë — parce que l'esprit ne supporte pas de revenir au niveau qu'il a déjà franchi ; l'esprit a besoin de s'élargir toujours. Je vous salue, chères impressions, ondulations merveilleuses d'une âme agitée. Vous êtes nombreuses comme la nature, mais plus grandioses ; parce que vous croissez et vous efforcez sans cesse — la plante, au contraire, embaume aujourd'hui comme elle embaumait au jour de la création. Je n'aime plus, comme j'aimais il y a quelques semaines, et je ne suis plus disposé, en cette minute, comme je l'étais quand j'ai pris cette plume[1]. »

1. D. Halévy. *Ouvr. cité*, p. 21-22.

De même, plus tard, lorsqu'en 1880, à Vienne, Nietzsche dicte ses pensées à Peter Gast et projette un recueil auquel il songe à donner pour titre : *L'Ombra di Venezia*, il discute la formule de Schopenhauer : « La vie, disait Schopenhauer, est une pure *volonté de vivre* ; tout être aspire à persévérer dans l'être. C'est trop peu dire, pense Frédéric Nietzsche. La vie aspire toujours à s'étendre, à grandir. Elle veut, non se conserver elle-même, mais s'accroître ; un principe de conquête et d'exaltation doit être lié à son essence [1]. »

On comprend qu'oubliant sans doute à ce moment-là la théorie du Retour éternel, M. Simmel ait cru pouvoir écrire : « L'idée que la vie contient, de par son essence même et dans ses énergies les plus profondes, la possibilité, l'élan, la garantie d'une progression vers des formes plus parfaites, vers une affirmation plus complète qui dépasse toute actualité, est certainement aujourd'hui la grande consolation de l'esprit moderne, consolation qui ne se perdra plus, car elle est devenue, grâce à Nietzsche, la lumière qui éclaire tout le paysage de l'âme [2]. » A la bonne heure ! mais alors la 'grande consolation, il faut l'étendre au delà de l'actualité même de cette vie, au delà même de ce que peut comporter de possibilités le monde présent. Il faut dire qu'à cet univers matériel, destiné à périr sans retour quand il aura rempli sa, mission transitoire, et servi à ses fins passagères, survivra éternellement l'esprit, non point pour de stériles recommencements, comme les reprises dans un morceau de musique où tout revient dans le même ordre et jusqu'au moindre détail, ou comme les écholalies de ces malheureux fous qui redisent sans cesse la même phrase ou se font l'écho de toute phrase dite devant eux, non point pour de monotones répétitions telles que le mouvement de l'écureuil qui tourne indéfiniment dans sa cage ou que celui du kaléidoscope qui, à force de tourner, ramène la même série de visions, mais pour, des créations nouvelles, inédites, pleines d'imprévu et de véritable intérêt.

IX

Nouveauté ! création ! force de production infatigable, rayonnement, et, pour parler la langue de Leibniz, fulguration

1. *Ibid.*, p. 224.
2. *Mélanges de philosophie relativiste. Contribution à la culture philosophique*, p. 15.

incessante ! tel est l'idéal du véritable optimiste, de l'homme qui dit : oui ! à la vie. Celui-là ne veut pas revivre le passé, ni même tel quel le présent. Il ne veut pas s'attarder à ressasser les mêmes thèmes, en piétinant sur place. Il plaint les consciences vieillies, incapables de se rajeunir, et de fondre les expériences accumulées en une synthèse féconde susceptible de devenir le point de départ d'une vie psychique nouvelle. Il n'accepterait pas un ciel même où les impressions devraient se reproduire éternellement pareilles. Il redouterait l'ennui de l'uniformité jusque dans la béatitude infinie. A plus forte raison repousse-t-il de toute l'énergie dont il est capable non seulement la perspective d'éprouver les mêmes malheurs, mais la honte d'avoir à commettre les mêmes fautes. Il veut vivre un avenir nouveau et meilleur, où il profite des expériences du passé et du présent pour mieux vivre, j'entends plus pleinement et plus noblement. Il n'envisage pas le monde comme une comédie universelle qu'il ne se lasserait pas de voir représenter et où il ne se fatiguerait pas de jouer son rôle. Les meilleures plaisanteries sont les plus courtes. Le véritable optimiste est sérieux. Il croit le progrès possible, et c'est parce qu'il croit le progrès possible et qu'il se sent appelé à y travailler, qu'il trouve la vie digne d'être vécue et digne d'être éternisée.

Si Nietzsche n'a pas écarté, aussitôt conçue, son idée malheureuse du Retour éternel, n'est-ce pas parce que, si épris qu'il fût de la vie [1], il n'avait aucune préoccupation, aucun sens de cela seul qui rend la vie digne d'être vécue et lui communique une valeur véritable, à savoir la grandeur morale ? Nietzsche est toujours immoral, ou, si on préfère, immoraliste. Même lorsqu'il se contredit, par exemple dans la juxtaposition du Surhomme et du Retour éternel, il ne se contredit pas sur ce point. Lorsqu'il préconise le Retour éternel, il déclare que l'enseignement suprême où aboutit la science moderne, c'est que tout est *nécessaire* et par conséquent innocent : pour celui qui a cette foi, il n'y a donc plus de péché dans le monde. Et lorsqu'il préconise le Surhomme, il enseigne que la race des Surhommes est une race « qui s'octroie tous les luxes, assez forte pour pouvoir rejeter la

---

1. Et encore ce grand amour de la vie avait-il des intermittences dans cette âme foncièrement incohérente. Ne lui est-il pas arrivé d'écrire à Lou Salomé ce court billet : « Au lit. Terrible accès. *Je méprise la vie* » ? (D. Halévy. *Ouv. cité*, p. 254.)

tyrannie de l'impératif du devoir, une race vivant par delà le bien et le mal, une pépinière de plantes étranges et rares ». C'est ainsi que Nietzsche prétend s'élever bien au-dessus de l'idéal chrétien. Le disciple du Christ dit en effet « non » au mal ; il condamne la vie dans la mesure où elle est corrompue par le péché. Or, c'est là pour Nietzsche un blasphème contre la vie. Mais c'est le Nietzschéisme, avec ses déclamations sensationnelles et tapageuses sur l'existence par delà le bien et le mal, qui constitue un blasphème contre la conscience, c'est-à-dire contre la source même de toute valeur absolue. C'est un blasphème que de dire « oui » au mal moral, « oui » au crime, « oui » à l'iniquité sociale, « oui » aux infamies. C'est un blasphème — doublé d'une inintelligibilité — que le culte de la vie pour la vie, car c'est bien là

Propter vitam vivendi perdere causas.

Henri Bois.

I

MÉTAPHYSIQUE, PSYCHOLOGIE

ET

PHILOSOPHIE DES SCIENCES

ARCHAMBAULT (Paul). — Essai sur l'individualisme
(in-12, Bloud : 216 p.).

Cet ouvrage comprend trois parties : I. *Au cœur de l'individualisme*
(La Science de la Morale de Ch. Renouvier) ; — II. *En de ça de l'indi-
vidualisme* (Droit social et droit individuel, d'après M. Duguit) ; —
Au delà de l'individualisme (Positivisme et catholicisme selon le
P. Laberthonnière).

La première partie est la plus importante et celle que nous avons
lue avec le plus d'intérêt. L'auteur y soumet à son examen critique
la doctrine morale et sociale de Ch. Renouvier. Il voit et montre en
cette doctrine de « graves erreurs ». Il lui reproche « sa conception
atomistique de l'individu, qui le condamne à l'impuissance, en l'iso-
lant à la fois de l'humanité, du monde et de Dieu ; son incomplète
théorie de la justice ; son incompréhension de l'amour et du sacrifice,
de leur signification morale et sociale (p. 118) ». Mais il ne veut être
ajoute-t-il, « ni dupe, ni complice de la réaction à laquelle ces
erreurs ont servi de prétexte aussi souvent que de raison », et il se
refuse « à mettre au compte de l'individualisme lui-même les dévia-
tions contingentes de l'individualisme ».

« Ce n'est pas pour être resté trop fidèles à leur idéal essentiel du
développement intégral de toutes les personnalités que les Rousseau,
les Kant et les Renouvier sont tombés dans ces erreurs ; c'est au con-

---

traire pour ne l'avoir pas assez entendu, pour ne pas avoir été assez logiques avec lui, pour ne pas en avoir accepté assez hardiment toutes les nécessaires conséquences.

« Pour le fond, ils ont raison. Ils sont partis d'où il fallait partir. Ils sont dans la voie qui mène à la vérité. Il ne s'agit donc pas de nier ou de détruire ce qu'ils ont fait, mais de le redresser et de le parfaire. Le programme de la *contre-révolution* est un des plus creux et des plus vides qui puissent être proposés à l'activité des hommes. L'œuvre à faire, au contraire, c'est de s'assimiler assez profondément cette philosophie du droit, balbutiée seulement par nos pères, pour pouvoir lui rendre son sens plénier et sa fécondité entière. C'est de la débarrasser des illogismes, des limitations et des négations artificielles qui se sont introduits en elle, non pas en vertu, mais en dépit de son principe, mais l'ont rendue méconnaissable (p. 119). »

Dans la seconde partie de l'ouvrage, M. Archambault expose les principes sociologiques de M. Duguit, d'après lesquels droit social et droit individuel se fondent, non sur des concepts, mais sur le fait positif de la solidarité sociale. La critique qu'il fait de ces principes nous paraît très judicieuse.

La troisième partie est consacrée à ce que l'auteur appelle le *spiritualisme social* du P. Laberthonnière. Nous avons parlé dans l'*Année philosophique* de 1911 (p. 244) de la distinction établie par ce dernier entre le libéralisme de neutralité et le libéralisme de charité. M. Archambault s'efforce d'expliquer et de justifier cette distinction. Mais il nous paraît que sur ce sujet, ses vues, comme celles du P. Laberthonnière lui-même, restent vagues et imprécises. « Le P. Laberthonnière, dit-il, indique des directions plus qu'il ne fournit des solutions, il communique un esprit plus qu'il n'accumule des résultats (p. 210). »

BECHTEREW (W.). — **La Psychologie objective**, traduit du russe par *N. Kostyleff* (in-8, F. Alcan, Bibliothèque de philosophie contemporaine : III-478 p.).

Il y a deux ou trois ans, à la Société de Psychologie, j'écoutais attentivement un exposé de M. Pierron. J'ai oublié le sujet de cet exposé. Mais je me souviens très bien des qualités de méthode qui me frappèrent et dont je fis nettement l'éloge. Je louai M. Pierron d'avoir esquissé la solution d'un problème de psychologie objective sans avoir jamais fait intervenir... la conscience. C'est qu'en effet la phychologie objective, non seulement doit chercher à se passer de la conscience, mais encore doit y parvenir sous peine d'échec. M. Bechterew vient de réaliser aussi complètement que possible cette économie d'un facteur hétérogène, inutile et troublant. Ce sont là des épithètes dont je prends la responsabilité, tout philosophe et métaphysicien que je passe pour être, et

cela sans m'effrayer aucunement de ce qui en adviendra. Je pense en
effet que le jour où la métaphysique aurait cessé d'être, si ce jour
était appelé à venir ne serait point un jour néfaste. Car une recherche
n'abdique jamais sans qu'un surcroît de lumière vienne éclairer. ses
partisans et leur faire quitter la fausse route pour le droit chemin. Je
pense également que, si la métaphysique a le droit de vivre, elle aura
d'autant plus conscience de son droit qu'elle sera véritablement chez
elle sans la présence encombrante de locataires ou de commensaux
étrangers. Notre maître, M. Jules Lachelier, exprimait vers 1885 une
opinion toute semblable et sur laquelle il nous a longuement donné à
réfléchir. C'est donc un progrès que de chasser de la psychologie
proprement dite la conscience, cette conscience, dont M. Th. Ribot
nous écrivait, il y a près de trente ans, « qu'elle fait plus de bruit que
de besogne ». Je ne suis pas sûr qu'elle soit réduite au rôle de mouche
du coche. Je suis tout près de penser que sa besogne regardera de
moins en moins les psychologues.

Mais comment mettre la conscience à la porte ? En la remplaçant.
C'est ce que M. Bechterew a tenté. On sait qu'un acte réflexe est tout
entier tourné vers le dehors. Ce qu'il pourrait y avoir en lui de psychologique échappe. Et si l'on risque l'affirmation ou de la présence
d'un élément, ou de la réalité d'un aspect psychique, on ne tarde pas
à s'apercevoir qu'on parle à peu près pour ne rien dire. La vérité est
que l'acte réflexe peut se traduire en termes de conscience. La vérité
est aussi que l'acte réflexe peut se « décrire » de son point de départ
à son point *terminus*. Pareillement, s'il s'agit d'une réaction neuro-
psychique, on est en mesure de se la représenter. Or, « nous dit-on,
tout acte neuro-psychique peut être réduit au schéma d'un réflexe où
l'excitation atteignant l'écorce cérébrale éveille les traces des réactions
antérieures et trouve dans celles-ci le facteur qui détermine le processus de la décharge ». Admettez que le tissu nerveux du cerveau
se modifie sous l'influence de réactions neuro-psychiques, laisse des
traces et qu'on les puisse reconnaître sans aucun appel à la conscience ; admettez que, pour les reconnaître, il suffise d'être averti de
la direction que prendront les réactions ultérieures, la psychologie
objective sera fondée. Elle repose, cette psychologie, et chacun le
devinerait aisément, sur la généralisation de l'acte réflexe considéré
comme le type auquel tout phénomène psychologique, de quelque
ordre qu'on l'imagine, se laisse réduire. Bref nous voyons ici s'accomplir une réduction comme il s'en accomplit partout dans la série
des sciences, celle du qualitatif au quantitatif, soit de la différence
dite « de nature « à la différence « de degré ». Et l'on peut aisément
prévoir le parti que l'on peut tirer d'une telle réduction en psychologie animale. Je ne doute pas que cette idée nouvelle d'une psychologie entièrement objective n'ait quelque mal à entrer dans les
esprits. Je rappelle à ces esprits récalcitrants qu'ils auraient tort
de s'abriter derrière Descartes et son *Cogito* : l'auteur du *Traité*

de l'homme donnerait raison à M. Bechterew, et cet auteur est Descartes.　　　　　　　　　　　　　　　　　　　L. D.

BENDA (Julien). — **Une philosophie pathétique**
(in-12, rue de la Sordonne, 8 ; 140 p.).

M. J. Benda s'est proposé de considérer, en ce volume, « non plus le bergsonisme, mais le succès du bergsonisme, l'embrassement qu'en fait toute une société, et de marquer en quoi cette philosophie vient en effet répondre à des passions de ce temps (p. 13) ».

Il rappelle, dans une brève conclusion qui résume son livre, les passions de la société présente auxquelles le bergsonisme apporte satisfaction, soit par ce qu'il promet, soit par ce qu'il donne, soit par ce qu'il édicte : — « Toucher un « absolu », jouir du « principe » des choses à l'évanouissement de toute raison, ignorer le genre, ne savoir que l'objet, mépriser le nombre, jouir de la « qualité » ; — croire au seul mouvement, toucher le « pur devenir », ne savoir que le « vivant » ; — se croire la seule chose existante, la seule digne d'intérêt, toute d'exception devant le connaître, essence profonde du monde ; — se sentir et s'honorer, au plus profond de son être au plus trouble et au plus troublant, pur instinct, pure « mouvance », pur « vouloir », pur « agir » — se croire « libre » ; — contempler un contradictoire, se fondre aux autres âmes en une seule âme suprême... Toutes ces passions reviennent à une seule : éprouver un état des sens et du cœur par la spéculation philosophique. Si l'on appelle, suivant une dénomination évidemment abusive, mais généralement reçue, *aristocratie* une société éprise ou du moins révérente des seuls états de raison, et *démocratie* une société en quête du seul sentir, qu'elle veut sous toutes ses formes possibles, qu'elle cherche aux voies les plus étranges et que seul elle honore parmi les états de l'âme, on peut dire que de même que le cartésianisme aura été la philosophie d'une aristocratie, le bergsonisme est rigoureusement la philosophie d'une démocratie (p. 102). »

Selon M. J. Benda, la doctrine bergsoniste serait une philosophie qui opposerait systématiquement le sentiment aux principes de la raison : de là le titre de l'ouvrage : *Une philosophie pathétique.*

M. J. Benda est peut-être, croyons-nous, un peu trop porté à juger la doctrine de M. Bergson d'après l'interprétation qu'en donnent les disciples et les admirateurs de ce philosophe, d'après les sentiments dont ils croient trouver la satisfaction dans l'enseignement suggestif du maître. On peut, nous semble-t-il, *se croire libre*, sans subordonner ou ramener au sentir les concepts de l'intelligence, sans mépriser le nombre et sans croire au seul mouvement. M. J. Benda a-t-il suffisamment réfléchi à la distinction que la critique de l'infini numérique conduit et oblige à établir entre les concepts de la philosophie et ceux de la science proprement dite ?

BERGSON, POINCARÉ (H.), GIDE (Ch.). WAGNER (Ch.), ROZ (Firmin), WITT-GUIZOT (de), FRIEDEL, RIOU (Gaston). — **Le matérialisme actuel**, préface par Paul Doumergue (in-12, Flammarion, Bibliothèque de philosophie scientifique (à 3 fr. 50) ; 261 p.).

Sous ce titre ont été réunies huit études qui ont d'abord été données à Paris aux Conférences de *Foie et Vie* : — I. *L'Ame et le Corps*, par H. Bergson ; — II. *Les Conceptions nouvelles de la Matière*, par H. Poincaré ; — III. *Le Matérialisme et les données actuelles des sciences de la Vie*, par Jean Friedel ; — IV. *Le Matérialisme et l'économie politique*, par Charles Gide ; — V. *Le Matérialisme et la littérature*, par de Witt-Guizot : — VI. *Du Naturalisme à l'idéalisme*, par Gaston Riou ; — VII. *Le Matérialisme au théâtre*, par Firmin Roz ; — VIII. *Le Matérialisme dans les mœurs*, par Charles Wagner.

Ces huit études sur l'état actuel du matérialisme en France sont fort intéressantes. L'impression qui en ressort est que le matérialisme, considéré comme explication dernière des choses, est partout mis en question, battu en brèche. Nous regrettons de ne pouvoir les analyser en cette notice. Nous devons signaler, comme appelant particulièrement l'attention, celle de M. H. Bergson sur *L'Ame et le Corps* et celle du philosophe mathématicien Poincaré sur *Les Conceptions nouvelles de la Matière*.

L'auteur de cette dernière explique pourquoi la Science est condamnée à aller constamment de l'atomisme au continuisme, du mécanisme au dynamisme et inversement, et pourquoi ces oscillations ne s'arrêteront jamais. « Nous ne sommes pas près, dit-il en conclusion, de voir finir la lutte entre les deux façons de penser, celle des atomistes qui croient à l'existence d'éléments ultimes, dont les combinaisons en nombre fini, mais très grand, suffiraient pour expliquer les aspects variés de l'univers, celle des partisans du continu et de l'infini. Cette lutte durera tant qu'on fera de la Science, tant que l'humanité pensera, parce qu'elle est due à l'opposition de deux besoins inconciliables de l'esprit humain, dont cet esprit ne saurait se dépouiller sans cesser d'être : celui de comprendre et nous ne pouvons comprendre que le fini, et celui de voir, et nous ne pouvons voir que l'étendue, qui est infinie. Si cette guerre ne doit pas aboutir à la victoire définitive de l'un des combattants, cela ne veut pas dire qu'elle soit stérile ; — à chaque nouveau combat, le champ de bataille se déplace, c'est donc chaque fois un pas en avant, une conquête, non pour l'un des deux belligérants, mais pour l'humanité (p. 67). »

Nous accordons sans peine que la lutte dont il s'agit n'est pas stérile au point de vue scientifique. Mais elle est, dirons-nous, certainement stérile au point de vue philosophique. Le besoin de comprendre, qui exige des éléments ultimes, en nombre fini, ne peut être satisfait par la Science. Il faudrait que ces éléments, pour être ultimes, fussent *réellement* indivisibles, c'est-à-dire de *réels* atomes. Mais des éléments réellement indivisibles, de réels atomes, ne sauraient être étendus ni localisés. Or les atomes que la Science postule ne peuvent être des principes du monde physique, ne peuvent fournir une explication scientifique qu'à la condition d'être étendus, de ne pas être étrangers à l'espace, de pouvoir tomber sous la perception sensible, sous l'imagination spatiale. L'atomisme de la Science n'est pas plus intelligible que le continuisme. Il renferme, lui aussi, le continu ; il est formé par le continu. Pas plus que le continuisme, il ne donne le fini à l'entendement qui l'exige. Ne suppose-t-il pas, lui aussi, l'étendue, qui est infinie (infiniment divisible, donc infiniment composée), à quelque petitesse qu'on en réduise le volume.

Nous rappellerons ici que, dans son ouvrage sur l'*hypothèse des atomes*, Hannequin a très bien montré la contradiction résultant, dans la science proprement dite, de l'hypothèse à la fois nécessaire et impossible des atomes classiques traditionnels, c'est-à-dire localisés et étendus. Ce qu'il faut, dirons-nous, conclure de cette contradiction, c'est que la science proprement dite ne peut nous donner la vraie représentation de la réalité, c'est qu'elle est, par sa nature, par le rôle qu'y jouent l'idée d'espace et les idées connexes, relative, subjective, symbolique (Voyez l'*Annnée philosophique* de 1895, p. 215 et l'*Année philosophique* de 1898, p. 189).

CELLARIER (Félix). — **La Métaphysique et sa méthode**. Préface de
M. *Émile Boutroux* (in-8°, F. Alcan ; VIII-792 p.)

L'objet de cet ouvrage posthume[1] est de déterminer la nature, l'objet de la Métaphysique et la méthode à suivre dans son étude. Il est divisé en trois livres : I. *De la Métaphysique en général ;* II. *Des facultés servant à l'étude de la Métaphysique ;* III. *Méthode de la Métaphysique.* L'auteur indique lui-même, dans une courte *Introduction*, les questions qu'il s'est proposé de traiter dans ces trois livres :

« Dans le premier livre, dit-il, nous examinerons ce qu'a été la Métaphysique dans le passé, ce qu'elle doit être dans l'avenir et ce qu'il faut faire pour la tirer de l'ornière où il semble qu'elle soit restée jusqu'à présent embourbée. Nous aurons, à cette occasion, à nous demander ce qu'est la connaissance, ce qu'est la science, en quoi elles se distinguent l'une de l'autre, quels sont leurs rapports, quelle est la nature et le but de la science, comment on doit la diviser. Nous passerons ensuite à l'objet et à la nature de la Métaphysique, et nous en donnerons la définition, d'après l'idée nouvelle que nous nous en

---

1. M. Cellarier a publié lui-même, en 1890, un autre ouvrage intitulé : *Rapports du relatif et de l'absolu* (in-12, F. Alcan). Nous en avons parlé dans l'*Année philosophique* de 1890, p. 230.

faisons. Après quoi, nous montrerons qu'il est possible de la constituer comme science concrète ; et nous ferons voir enfin quelle en est l'importance par l'universalité de son application.

« Le deuxième livre sera consacré à l'étude des facultés qui doivent être les instruments principaux des recherches métaphysiques. Nous y étudierons en premier lieu la perception interne qui comprend, selon nous, deux facultés distinctes, la conscience psychologique et le sens intime ; en deuxième lieu, l'imagination et la mémoire ; et en troisième lieu, la raison considérée au double point de vue du rôle qu'elle joue dans la formation des idées nécessaires et des principes rationnels.

« Enfin, dans le troisième livre, le plus important par son étendue, nous aborderons l'étude de la méthode applicable à la métaphysique. Nous y traiterons de tout ce qui a rapport aux faits et aux définitions, fondement de toutes les sciences, aux divers instruments employés à la découverte de vérités nouvelles, et aux axiomes qui règlent et dirigent l'usage de ces instruments. Nous ferons ensuite une application spéciale à la Métaphysique des procédés précédemment énumérés ; et nous terminerons par un coup d'œil d'ensemble sur notre œuvre et un résumé rapide des conclusions qui en résultent (p. 4). »

Tous les chapitres dont se composent ces trois livres sont d'un haut intérêt philosophique. Ceux qui, selon nous, doivent retenir surtout l'attention du lecteur sont : dans le premier livre, le chapitre III (*Possibilité de la Métaphysique comme science concrète*) et le chapitre IV (*Importance de la Métaphysique démontrée par l'universalité de son application*) ; dans le livre II, le chapitre IV (*De la raison*) ; dans le livre III, le chapitre V (*Des axiomes*), le chapitre VII (*Application du procédé déductif à la Métaphysique*) et le chapitre VIII (*Application du procédé inductif à la Métaphysique*).

Dans la *Préface* qui précède le volume, M. E. Boutroux indique très exactement, croyons-nous, le point de vue auquel s'est placé l'auteur de l'ouvrage et les considérations d'où il a tiré sa conception de la Métaphysique.

« La Métaphysique (selon Cellarier), remarque-t-il, n'a pas à chercher sa matière en dehors du domaine des sciences, dans je ne sais quel monde totalement distinct du nôtre. Mais, tandis que les sciences proprement dites se partagent en quelque sorte les deux aspects du réel, les unes étudiant la forme, par où il participe de l'absolu. les autres le fait par où il est posé en soi, indépendamment de la perception que nous en avons, la Métaphysique cherche à concevoir dans leur pénétration et leur unité initiale et radicale ces deux conditions de l'existence, c'est-à-dire à connaître en lui-même, et non pas seulement à construire logiquement, l'absolu concret. La Métaphysique, en ce sens, ne serait pas une étrangère à l'égard des sciences. Elle serait leur racine commune, le fondement de leur solidarité, de leur harmonie et de leur valeur.

« Tandis qu'une Métaphysique transcendante et séparée appellerait une méthode sans analogue dans la recherche scientifique : intuition mystique ou expérience surnaturelle, une Métaphysique foncièrement positive, comme celle qu'ici l'on a en vue, ne requiert pas d'autres instruments que ceux dont l'esprit se sert dans la vie commune et dans la science : constatation des faits, raisonnement, axiomes directeurs. Mais la Métaphysique s'applique à combiner et élaborer ces instruments, de manière à accroître leur puissance. Elle élargit l'intelligence, elle discerne les limites de la compréhension des choses propres aux différentes sciences, et elle s'efforce, sans perdre le fil conducteur de l'expérience et du raisonnement, à dépasser ces limites (*Préface*, p. VI). »

Cette idée d'une Métaphysique qui ne serait pas « une étrangère à l'égard des sciences », qui serait « leur racine commune, le fondement de leur solidarité, de leur harmonie et de leur valeur », est développée et soutenue dans l'ouvrage de F. Cellarier, avec une remarquable ingéniosité. Mais elle ne peut, selon nous, résister aux objections que lui oppose l'idéalisme néo-monadiste. Nous rappellerons ici que ces objections se fondent sur la critique finitiste du continu, qui démontre la subjectivité des concepts proprement scientifiques, espace, temps, durée, et mouvement.

DELBET (Pierre). — **La Science et la réalité** (in-12), Flammarion
    Bibliothèque de philosophie scientifique (à 3 fr. 50) ; 340 p.)

Dans la Préface, par laquelle s'ouvre l'ouvrage, M. P. Delbet fait une profession de foi absolument déterministe. « J'ai, dit-il, la sensation nette et précise d'être complètement dépourvu du libre arbitre (p. 1). « Il nous apprend, qu'il s'est élevé aux quatre notions philosophiques suivantes qui lui permettent d'affirmer la valeur de la science :

« Le transformisme Lamarckien permet de comprendre l'homme. C'est le seul garant, mais il est bon, de la valeur de son cerveau.

« L'énergétique rélise l'unité rêvée de la science et débarrasse l'esprit de la hiérarchie des lois.

« La théorie cinétique, en changeant l'échelle des problèmes scientifiques, réduit la notion de causalité à une nécessité arithmétique.

« Certaines connaissances acquises sur les molécules et les atomes ont un caractère absolu (p. 3). »

L'ouvrage de M. P. Delbet comprend cinq livres divisés en chapitres : I. *Le transformisme ;* — II. *L'abstraction et les grandes abstractions ;* — III. *Généralisation et extrapolation ;* — IV. *Démonstration et découvertes ; le hasard ;* — V. *Bases de la science.* Les chapitres que nous avons lus avec le plus d'intérêt et que nous devons particulièrement signaler à l'attention des philosophes sont : dans le livre II, le chapitre III (*L'Espace*) et le chapitre IV (*le Temps*) ; dans le livre III, le chapitre I (*La Généralisation*) ; dans le livre IV, le chapitre II (*Le Hasard*).

Nous remarquons que dans le chapitre sur l'Fspace, l'auteur soutient que la géométrie euclidienne est la seule vraie :

« Les problèmes de géométrie analytique, dit-il, sont des problèmes à trois variables, qui correspondent aux trois dimensions de l'espace. Certains géomètres introduisent une quatrième variable et déclarent qu'ils font de la géométrie à quatre dimensions. Est-ce bien de la géométrie qu'il font ?

« Les plus grands savants n'ont aucun doute à ce sujet. Tannery, comparant la géométrie euclidienne aux géométries non euclidiennes, écrit : « La question de savoir si l'une est plus vraie que l'autre ne se pose pas ». H. Poincaré pense de même, qu'entre ces géométries, il n'y a qu'une différence de commodité.

« Ce qui donne à cette conclusion sceptique une apparence de vérité, c'est que les diverses géométries arrivent au même résultat pratique. Le plan n'est plus un plan, la sphère n'est plus une sphère, un cylindre n'est plus un cylindre, mais la mesure des distances, des surface, et des volumes donne le même résultat.

« Si les géométries non euclidiennes conduisent au même résultat que la géométrie euclidienne, c'est donc que les variables au-dessus de la troisième ne servent à rien. Ou bien : elles ne représentent rien ou bien elles représentent quelque chose qui est sans action sur l'espace, le temps, par exemple. Mais on n'a aucun droit d'affirmer qu'elles représentent une dimension de l'espace,..

« H. Poincaré, dit que nous pourrions concevoir, vivant dans notre monde, des êtres pensants dont le tableau de distribution serait à quatre dimensions et qui par conséquent penseraient dans l'hyper- · espace. Il n'est pas nécessaire de discuter la valeur ou l'intérêt de cette conception, car M. Poincaré ajoute : « Il n'est pas certain que de pareils êtres, en admettant qu'ils y naissent, pourraient y vivre et s'y défendre contre les mille dangers dont ils seraient assaillis ». C'est l'aveu que la géométrie euclidienne n'est pas seulement la plus commode, mais qu'elle est aussi la seule vraie ; c'est-à-dire que l'espace a réellement trois dimensions.

« L'espace a résisté aux attaques. Comme toutes les abstractions légitimes, il n'est que du concret épuré ; il est une réalité et, comme toutes les réalités, il est intangible. L'idée qu'on s'en fait n'a aucune importance. D'ailleurs, pour le transformiste lamarkien, l'idée est nécessairement calquée sur la chose, car ce n'est pas l'intelligence qui a façonné l'espace, c'est l'espace qui a façonné l'intelligence. L'espace ne dépend pas de ce que Poincaré appelle notre tableau de distribution, c'est au contraire notre tableau de distribution qui dépend de l'espace (p. 147 et suiv.). »

Nous accordons sans peine à l'auteur que l'on ne peut opposer sérieusement les géométries non euclidiennes à la réalité de l'espace à trois dimensions considérée au point de vue scientifique. C'est au point de vue philosophique que l'on doit, croyons-nous, lui refuser la vraie et ultime réalité ; et c'est la critique idéaliste et finitiste du continu qui conduit et oblige à la lui refuser.

DEPLOIGE (S.). — **Annales de l'Institut supérieur de philosophie** t. II, année 1913 (grand in-8°, Louvain, 1, rue des Flamands, Paris, F. Alcan ; 688 p.).

Nous avons parlé du premier volume de ce recueil annuel dans l'*Année philosophique* de 1912, p. 191. Le second volume contient neuf mémoires : I. *La Méthode des Sciences sociales*, par Defourny ; — II. *La notion de Völkarpsychologie d'après Lazarus et Steinthal et d'après Wundt*, par G. Lambrecht ; — III. *La pédagogie sociale en Allemagne*, par F. da Hovre ; — IV. *La transposition platonicienne*, par A. Diès ; — V. *Introdution à la philosophie moderne, suivie d'un fragment de leçon sur Descartes*, par L. de Lantsheere ; — VI. *Confirmation expérimentale d'une théorie de Processus cognitif*, par Fr. Aveling ; — VII. *Le Problème pédagogique*, par M.-S. Gillet ; — VIII. *Deuxième étude sur la Mémoire logique. La Reproduction après des intervalles temporels de différentes longueurs*, par A. Michotte et Th. Portych ; — IX. *Note sur le Problème de la Connaissance*, par L. Noël.

Ces Mémoires des collaborateurs de M. Deploige sont tous fort instructifs. Ils témoignent d'une rare érudition philosophique. Ceux que nous avons lus avec le plus d'intérêt et qui nous paraissent surtout mériter l'attention des lecteurs, sont ; le premier (*La Méthode des Sciences sociales*) ; le troisième (*La pédagogie sociale en Allemagne*) ; le cinquième (*Introduction à la philosophie moderne*) ; le septième (*Le problème pédagogique*).

Nous devons en outre signaler l'étude biographique consacrée à l'un des collaborateurs, auteur du cinquième Mémoire, enlevé par une mort prématurée à l'Institut supérieur de philosophie.

DROMARD (Gabriel). — **Le Rêve et l'Action** (in-12, Flammarion, Bibliothèque de philosophie scientifique (à 3 fr. 50) ; 368 p.).

L'objet de cet ouvrage est de montrer la solidarité, l'unité de ces deux formes de l'énergie : penser, agir. Il est divisé en deux parties. La première partie comprend deux livres : I. *Hommes d'action et hommes de rêve* ; — II. *Rêveurs actifs et rêveurs passifs*. La seconde partie renferme quatre livres : I. *La vie, synthèse de rêve et d'action* ; — II. *L'isolement de l'action et le défaut d'inspiration créatrice* ; — III. *L'isolement du rêve et l'impuissance de réalisation créatrice* (im-

puissance par isolement du rêve constructeur); — IV. *L'isolement du rêve et l'impuissance de réalisation créatrice (impuissance par isolement du rêve destructeur).*

Dans une préface intéressante, l'auteur signale la faveur avec laquelle a été accueilli dans notre temps et dans notre pays ce qu'on appelle *philosophie de l'action* ou *pragmatisme*. Il distingue d'ailleurs fort bien du pragmatisme utilitaire d'origine américaine, qui est, dit-il, « adéquat au tempérament des Yankees (p. 5) », le pragmatisme bergsonien, qui soutient que l'intuition seule « nous conduit au cœur du réel », que « le réel ne peut être interprété que du point de vue de l'intuition (p. 6) ». Il parle de « l'alliance *assez trouble*, qui s'est opérée dans beaucoup d'esprits entre le démocrate pragmatisme de James ou de Schiller et l'aristocratie intuitionnisme d'Henri Bergson (p. 7) ». Et il fait remarquer l'influence exercée par les divers pragmatismes alliés sur la *renaissance religieuse* et sur la *renaissance patriotique* constatée au cours des dernières années dans la jeunesse française.

M. Dromard repousse, en conclusion, comme une dangereuse erreur l'antinomie entretenue entre la pensée et l'activité par les doctrines raisonnées aussi bien que par les préjugés vulgaires.

« Il nous faut reconnaître, dit-il, que l'action surgit de notre fond le plus intime, et que les manifestations extériorisées qui la traduisent ou plutôt l'achèvent ne sont après tout que la réalité de l'esprit projetée au dehors et devenue perceptible aux sens. Et ceci revient à dire que la connaissance théorique elle-même n'étant qu'un instant dans l'action, le dualisme est vain qui oppose aux actifs les intellectuels, et réciproquement...

« La vie pouvant se définir *une pensée agie*, le conflit est illusoire qui semble opposer la raison critique aux aspirations d'où sort notre activité. Le *libre examen* ne tue pas l'*idéal*, mais l'*idéal*, au contraire, se subordonne le *libre examen* et se sert de lui pour l'adaptation au *milieu vital*, comme l'*inspiration* exploite la *technique* et se la subordonne pour l'adaptation à la *matière d'art* (p. 359). »

ENRIQUES (Federico). — **Les concepts fondamentaux de la science,** traduit par L. Rougier (in-12, Flammarion, Bibliothèque de philosophie scientifique (à 3 fr. 50) ; 311 p.).

Cet ouvrage comprend quatre livres, divisés en chapitres : i. *La géométrie*; — ii. *La mécanique*; — iii. *L'extension de la mécanique*; — iv. *L'hypothèse mécanique et les phénomènes de la vie.* Dans les divers chapitres dont se composent ces quatre livres, l'auteur étudie la signification réelle et l'acquisition psychologique des concepts fondamentaux de la science, espace, temps, mouvement, etc. Il montre que ces concepts ne doivent pas être considérés comme des conventions simplement commodes, mais qu'ils trouvent leur justification dans les données de la physiologie des sens et l'analyse des sensations ou dans les lois générales de l'association des idées.

Entre ces chapitres, qui sont tous intéressants et instructifs, nous devons signaler particulièrement à l'attention des philosophes : dans le livre I, le chapitre II (*Les géométries non euclidiennes et leurs conséquences philosophiques*) ; — le chapitre IV (*La genèse psychologique des postulats géométriques*) ; — dans le livre II, le chapitre I (*Le temps et sa mesure*) ; — le chapitre III (*Les concepts et les principes fondamentaux de la mécanique* ; — dans le livre III, le chapitre III (*La thermodynamique et l'explication mécanique de la chaleur* ; — le chapitre V (*La théorie de Lorentz et la mécanique de la relativité*) ; — dans le livre IV, le chapitre I (*La possibilité d'une science de la vie*).

Nous remarquons que, dans ce dernier chapitre, l'auteur s'ingénie à établir que le déterminisme psychologique impliqué nécessairement par le déterminisme physiologique, n'est pas en contradiction avec l'intuition que chacun a de la liberté de sa propre volonté, si cette intuition est correctement interprétée. « Puisqu'on passe par degrés, dit-il, des formes inférieures de la vie aux formes supérieures, puisque les phénomènes de l'intelligence se développent par transitions insensibles des animaux à l'homme et font partie de la vie comme causes et comme effets, il faut se résoudre à cette alternative unique : ou admettre dans toute son extension le déterminisme psychologique et biologique, ou le nier et accepter l'idée de la *spontanéité* dans un sens qui exclut ou limite *a priori* dans ce domaine toute *possibilité de prévision* (p. 282). »

Nous ne voyons pas, dirons-nous, qu'il soit absurde d'admettre non seulement dans l'homme, mais dans tous les êtres, une *spontanéité* qui limiterait en eux, à des degrés divers, le déterminisme psychologique.

ESTÈVE (Louis). — **Une nouvelle psychologie de l'Impérialisme : Ernest Seillière** (in-12, F. Alcan, Bibliothèque de philosophie contemporaine ; XIX-274 p.).

M. Ernest Seillière a publié sur la « Philosophie de l'Impérialisme » quatre grands et gros volumes riches d'idées et de faits. L'impérialisme pourrait bien n'être qu'une des formes de la volonté de Puissance. L'originalité de M. Seillière est d'avoir rattaché à l'impérialisme, « le mal romantique », le mouvement démocratique, certains aspects du mouvement mystique, et d'avoir essayé de verser dans les eaux d'un fleuve unique, les eaux de ces divers courants issus de sources différentes. Il est vrai que M. Seillière admet un impérialisme irrationnel, et c'est par où le romantisme et le socialisme trouvent place dans sa construction. Mais, si paradoxale que semble la doc-

trine, car on peut presque ici parler de doctrine, elle se défend par des
raisons plausibles, en tout cas par des raisons dignes d'examen. Ajouterai-je que M. Seillière a fait connaître en France des écrivains qui,
depuis longtemps, méritaient d'être connus, ne serait-ce que le Français comte de Gobineau, l'Anglais Houston Stewart Chamberlain, le
plus éminent des wagnéristes. Savoir regarder du côté de l'étranger
n'est guère dans nos habitudes d'esprit. Or M. Seillière est un esprit
qui s'est plié à ce genre d'habitudes. Et c'est pourquoi il était digne
du travail que vient de lui consacrer M. Estève. M. Estève n'a, en
effet, écrit son livre que pour résumer l'œuvre considérable de M. Seillière. Il voulait la rendre instructive, attachante, sympathique. Il y a
fort bien réussi.

Peut-être cependant hasarderai-je une critique. Je crois bien que
M. Estève ne la prendra pas au sérieux, persuadé qu'elle tient à mon
âge et aux tendances misonéistes inséparables de tout âge avancé.
Donc je demanderai à M. Estève, et par son entremise à M. Seillière,
s'ils ne craignent pas d'avoir abusé de « l'impérialisme ». Car s'il
fallait, pour être impérialiste, se montrer âprement ambitieux, impla-
cablement égoïste, jouer à l'aristocrate, traiter ses semblables comme
autant de moyens en vue de ses propres fins, je comprendrais qu'un
Nietzsche, un Wagner, un Gœthe fussent taxés d'impérialisme.

Mais voilà qu'on nous présente les mystiques comme des impéria-
listes d'une espèce particulière. Après les mystiques ce sont les
timides. Et alors je ne comprends plus et j'ai peine à ne pas dire
tout haut ce que je pense tout bas : « Si tout le monde est impérialiste, c'est comme si personne ne l'était ». Très franchement je me
demande si le mot à qui M. Seillière a tenté de refaire un sort n'est
pas un mot à la mode, dont il s'est diverti à étendre et, par là même,
à détendre la connotation. D'avoir inventé le bouchon de carafe
n'est pas une raison suffisante pour se figurer qu'on a inventé la
carafe.   L. D.

FLOURNOY (Th.) et CLAPARÉDE (Ed.). — Archives de psychologie,
t. XII (in-8°, Genève, Kündig ; 403 p.).

Ce volume contient, comme les précédents, des articles originaux,
des recueils de faits, documents et discussions, des notes diverses et
des analyses bibliographiques.

Les articles originaux sont au nombre de 13 : *Description et fonctionnement d'un nouveau tachistoscope de comparaison* (avec 4 fig.),
par Michotte ; — *Le premier âge du dessin enfantin* (avec 2 fig.), par
Luginet ; — *Un Institut des Sciences de l'éducation et les besoins auxquels il répond*, par Claparède ; — *Comparaison de quelques processus
psychiques dans l'hypnose et dans la veille*, par Chojecki ; — *Observations relatives à l'évolution des notions de quantités continues et discon-*

tinues chez l'enfant, par Decroly et Degund ; — *De la durée de la mémoire des lieux chez la fourmi* Myrmococystus Cataglyphis bicolor, (avec 3 fig.), par Cornetz ; — *Le sommeil d'un petit enfant* (avec 8 graphiques), par Cramaussel ; — *Le cas de Renata : Contribution à l'étude de l'hystérie*, par Schnyder ; — *Les chevaux savants d'Elberfeld* (avec 1 fig.), par Claparède ; — *La faculté de lire est-elle localisée ?* (avec 1 fig.) ; par Weber ; — *Sur l'interprétation des lois de Weber et de Jost : Recherches sur les réactions des Cyclops exposés à la lumière ultra-violette* (avec 5 fig.), par Henri et Larguier des Bancels ; — *Reflexions sur l'amour maternel : Problèmes et méthodes*, par Mᵐᵉ de Maday-Hentzelt ; — *Contribution à la psychoanalyse*, par Menzerath.

Tous ces articles méritent l'attention des psychologues. Nous devons signaler comme particulièrement intéressant au point de vue philosophique celui de M. Claparède intitulé : *Un Institut des Sciences de l'éducation et les besoins auxquels il répond.*

FOUILLÉE (Alfred). — **Esquisse d'une interprétation du Monde,** d'après les manuscrits de l'auteur revus et mis en ordre par E. Boirac (in-8º, F. Alcan, Bibliothèque de philosophie contemporaine, xvi-417 p.).

C'est M. Boirac qui a écrit la préface du livre. C'est lui qui en a réglé l'ordonnance en se guidant sur le manuscrit d'un plan trouvé dans les papiers de l'auteur. Il a divisé l'ouvrage de son ancien maître (M. Boirac fut, au lycée de Bordeaux, l'élève d'Alfred Fouillée) en trois parties : 1º Une introduction ; 2º Le livre de l'*Interprétation du Monde* ; 3º Un *appendice* où sont réunis les fragments d'une œuvre qui n'a pu naître sur les *Équivalents philosophiques de la Religion.* Ce testament philosophique est donc d'une richesse d'idées rare. Et le dernier des livres de l'auteur n'en sera pas le moins significatif.

A. Fouillée écrivait dans sa *Philosophie de Platon :* « Qui n'embrasse pas assez, mal étreint. » Il se conforma à cette maxime, et cela, d'autant plus qu'elle lui avait été inspirée par la conscience de son propre tempérament d'écrivain. Cet écrivain était né improvisateur, orateur même. Il vivait sa pensée toujours. Il ne s'en donnait pas le squelette pour le recouvrir par après de muscles et de chairs. Il la créait et la laissait se développer sous sa plume. Avait-il lieu de se reprendre ? Il recommençait un autre livre sur un sujet voisin et se complétait sans se démentir, s'apercevant qu'il avait mal étreint n'ayant point assez embrassé. Aussi quand je cherche un mot, sinon pour définir, du moins pour qualifier sa doctrine, c'est le mot de « générosité » que je rencontre. L'âme était généreuse : l'esprit le fut comme l'âme, la doctrine comme l'esprit. Et l'on peut dire que l'homme mûr, à ce point de vue, continua le jeune homme et que le vieillard aurait continué l'homme mûr, si la mort, venue à un âge avancé pourtant, n'avait devancé la vieillesse. Je n'ai vu Alfred Fouillée qu'une fois : un an avant sa mort : j'admirai l'éclat de son regard, la légèreté de sa démarche, l'élan et l'ardeur de sa pensée. A peine avions-nous échangé les paroles d'usage qu'il me fit lire une lettre de Bergson me demandant presque de la lui expliquer : une lettre des plus curieuses en effet, où Bergson veut persuader à son correspondant que, pour s'entendre avec lui, il suffirait d'admettre « l'indivisibilité du temps et du mouvement ». Fouillée se désolait de ne pouvoir l'admettre. Il ne le pouvait véritablement. La philosophie de Bergson fut une des dernières inquiétudes de sa vie et, sans qu'il m'en ait rien dit, il m'en laissa beaucoup deviner. C'est qu'en effet si Bergson a raison, Fouillée a tort, mais avec lui ont tort les Kant, les Descartes, les Comte, les Renouvier. Il n'est jamais agréable pour un homme qui a produit près de quarante volumes de se dire : « J'aurai donc travaillé pour rien ».

Que ceux qui furent mêlés à la vie de Fouillée se rassurent. Non seulement Fouillée n'aura pas travaillé pour rien, mais encore, au moment des dernières pages, il aura excité des sympathies intellectuelles qui jusqu'alors s'étaient réservées. Au temps des grandes polémiques entre Renouvier et Fouillée j'étais, inévitablement, du côté de Renouvier, et cela d'autant plus que, si Renouvier avait, contre Fouillée, défendu en quatre articles sa *Science de la Morale*, il l'avait fait à ma prière. Hé bien ! au moment où parut le beau livre de Fouillée sur la *Pensée*, le dernier livre publié de son vivant, j'admirai comme toujours, cela va sans dire, mais j'approuvai et presque contre-signai.

Contre-signerais-je aussi aisément les thèses de l'*Interprétation du Monde* ? Je n'en suis pas sûr. Mais quand je songe à la dialectique des antinomies kantiennes, je ne puis méconnaître aux thèses un certain air d'intransigeance et de raideur, formant le plus singulier contraste avec l'aspect « généreux » des antithèses. Si l'infini est par définition ce qui ne peut être achevé, un monde où j'avancerai toujours sans avoir jamais à revenir sur mes pas, ne surpasse-t-il pas en « plus être » un monde fini, créé dans le temps, etc... ? J'aurais mauvaise grâce à penser que ces raisons, qu'avec Pascal on nommerait volontiers « raisons du cœur », ont dicté à Fouillée ses préférences. Et j'appelle l'attention sur le facile effort avec lequel l'auteur a su renouveler cette dialectique des antinomies, déjà vieille et que, sans lui, plus d'un eût crue démodée. Ajouterai-je que cette discussion des antinomies est précédée d'une discussion générale sur le dilemme : réalisme ou idéalisme et que Fouillée rejette décidément l'idéalisme? Il est vrai qu'idéalisme confine à « solipsisme » et que le solipsisme pourrait bien être l'exact contrepied de la générosité spéculative ! Or cette générosité-là s'atteste dès les premières pages. Au *Cogito ergo sum* de Descartes, Fouillée réplique par : *Cogito ergo sumus*.

Si le monde de la représentation n'est éventuellement qu'une partie du monde, si l'objet nous déborde, il va de soi que la nature de l'objet, en partie, nous échappe, et que les lois du réel ne coïncident point nécessairement avec celles de la pensée. Remarquez en effet que la solution kantienne des antinomies repose sur la distinction des phénomènes et des noumènes. On ne sait rien de l'objet en soi : donc il peut être ceci ou cela. La position d'Alfred Fouillée est un peu différente. De l'objet nous n'ignorons point tout et il ne faut plus dire, avec Kant, qu'entre l'être que nous sommes et les êtres hors de nous, rien n'est commun ; au contraire. Seulement, le sujet et l'objet ne s'appliquent pas exactement l'un sur l'autre. Si la réalité est plus riche que la pensée, il faut que le philosophe ceigne ses reins et tienne ses lampes allumées. Car la réalité peut, d'un moment à l'autre, faire irruption là où il habite et y bouleverser l'ameublement. En d'autres termes, il faut que le philosophe se défie de ses jugements sur les contradictoires. Observez en effet que le principe de contradiction peut intervenir à tout moment sans porter le moindre trouble dans la pensée. Car il n'est pas un criterium : il est un véhicule, non, une lumière. Or si l'on ne sait point, à l'avance, ce qui est ou n'est pas contradictoire, c'est à l'expérience à nous en intruire, à l'expérience d'aujourd'hui qui peut-être s'inscrira en faux contre l'expérience d'hier. Les jugements d'origine empirique sont, tous, virtuellement révisibles. Et si l'on fait au réalisme la part que Fouillée lui réserve, il n'est point d'affirmation du type assertorique que l'on ne doive se déclarer prêt à faire rétrograder jusqu'au mode problématique.

En somme, Fouillée se déclarerait, sans trop de réserves, partisan du devenir de la philosophie. Mais s'il osait dévoiler le fond de sa pensée, il avouerait franchement qu'à ses yeux il faut faire au bergsonisme sa part. Et il inviterait le lecteur à relire ses livres de doctrines afin de se persuader qu'avant l'apparition des *Données immédiates* de la Conscience cette part était déjà faite.

Il est visible que les doctrines de Bergson ont influé non seulement sur les idées-directrices de l'*Esquisse d'une interprétation du monde*, mais qu'elles en ont, jusqu'à un certain point, déterminé le plan. La philosophie de Bergson est-elle, aussi radicalement qu'A. Fouillée semble le croire, un essai de synthèse générale en fonction de la Durée? On ne le soutiendrait pas sans exactitude : on ne le soutiendrait pas davantage sans exagération. En tout cas le désir de discuter cet essai de synthèse lui a inspiré le dessein de recommencer, de son point de vue à lui, très original et très différent du point de vue de Renouvier, l'entreprise par laquelle se terminait le *Premier Essai de Critique générale*. L'auteur cherchait à obtenir une synthèse générale des phénomènes et des lois de l'Univers, successivement au point de vue : 1º de l'Espace ; 2º du Nombre ; 3º du Temps ; 4º de la Qualité, etc. C'était reposer le problème des catégories en s'interrogeant sur leur hiérarchie et en essayant de les dériver toutes d'une seule. A. Fouillée s'est posé un problème semblable et il a conclu en faveur d'une hiérarchie au sommet de laquelle la causalité règne et domine. Ainsi devait conclure l'auteur de la Philosophie des Idées-Forces.

Ainsi, ce n'est pas le temps « qui tisse la trame du monde aux mille couleurs. C'est la grande navette toujours active de l'universelle causalité ».

Il me paraît que cette *Esquisse* comptera dans l'œuvre de Fouillée à l'égal des livres où il a su le plus heureusement achever sa pensée. Ces quatorze chapitres sont animés du plus impérieux vouloir vivre et d'un vouloir vivre qui n'a point le moindre doute sur sa prétendue déraison, vous pouvez m'en croire. Et le philosophe qui en est l'auteur n'a jamais eu plus de confiance dans la vérité de sa philosophie. J'en atteste le caractère impérieux des conclusions par lesquelles chacun des chapitres s'achève : elles font honneur au caractère de l'homme qui ne s'est consacré au culte de la vérité que parce qu'il avait le ferme espoir de la rencontrer en cours de route, également éloigné de l'intransigeance dogmatique et du dilettantisme. Il lui déplaisait que l'on fît au dilettantisme de son cher J.-M. Guyau des allusions trop précises et que l'artiste, en J.-M. Guyau, fît oublier le philosophe. Il ne pouvait ignorer cependant à quels excès peut conduire la générosité spéculative, pas plus qu'il ne pouvait affirmer, dans son for intérieur, que Guyau se fût toujours gardé de ces excès. En tout cas Fouillée remua beaucoup d'idées dans sa longue et riche carrière, mais il en élimina sensiblement plus qu'il n'en approuva, et au terme de sa vie, il s'aperçut sans doute que le vieux proverbe avait décidément raison. Soyons plus avides d'embrasser que d'étreindre, mais à la condition de ne point ajourner indéfiniment le geste d'étreindre et de nous résigner aux négations impliquées dans nos affirmations.

Je n'ai parlé ni de l'*Introduction* du livre ni de l'*Appendice*. Je les juge dignes de toute attention. Dans les derniers « articles » l'auteur aborde le problème de la religion. Il y cherche, à vrai dire, plus qu'il ne trouve, mais ce qu'il trouve vaut assurément la peine d'être gardé. L'article cinquième est, entre autres, entièrement à lire et à méditer. Il y est question de « la méthode intuitionniste en philosophie » ; en voici les avant-dernières lignes.

« On aura beau dire et redire que ce flux hétérogène devient : le deve-
« nir ne nous apprendra rien sur le *possible*, rien sur le *nécessaire*, rien
« sur le *causal*, rien sur le *permanent*, rien sur le *moi*, rien sur le *non*
« *moi*, rien même sur la vie, rien sur le monde, rien sur l'être, encore
« moins sur le principe de l'être » (p. 275). L'homme qui rend de tels verdicts et les rend sur ce ton n'a décidément jamais senti couler dans ses veines le sang d'un dilettante.   L. D.

GAULTIER (Paul). — Les maladies sociales
(in-12, Hachette ; vi-270 p.).

Les maladies sociales sont : 1º le Crime, et le développement de la Criminalité ; 2º l'Alcoolisme ; 3º la Dépopulation ; 4º la Pornographie ; 5º le Suicide. D'où cinq livres en deux ou trois chapitres chacun : *a)* le fléau ; *b)* les causes du fléau ; *c)* les remèdes au fléau.

Ce genre de livres n'exige pas des mérites d'invention considérables. Il demande un certain art de lire, d'extraire, de résumer et de « présenter » ; un art qui ne va pas sans beaucoup d'abnégation, car il faut y renoncer à toutes vues personnelles et se sacrifier à l'exposition des idées d'autrui. J'imagine que l'ambition de M. Paul Gaultier est d'exceller à ce genre de sacrifices et, dans ce cas, je puis l'assurer qu'il a rempli son ambition.

Ajouterai-je qu'il écrit clairement, sans excès de sécheresse et qu'il sait éviter à ses lecteurs la peine de lire et de dépouiller de gros et indigestes ouvrages. C'est pourquoi je recommande le livre des *Maladies sociales* à tous nos députés, à ceux de nos députés qui n'ont pas le temps de beaucoup lire, particulièrement à nos députés conservateurs dont c'est le rôle — rôle souvent utile — de jouer au pessimiste et de se lamenter sur le malheur des temps.

Ceci dit, je regrette que l'auteur n'ait pas profité de l'occasion, à lui offerte, de traiter « généralement » le problème « général » impliqué dans son titre. Y a-t-il des maladies sociales, en tant que sociales ? Bref la notion d'épidémie peut-elle sortir du vocabulaire médical. Gagne-t-elle à en sortir ? Ou bien l'usage qu'on en pourrait faire, ailleurs que chez les médecins, ne risquerait-il pas de brouiller les idées ? J'avouerai pour mon compte que l'idée de phénomènes épidémiques peut se soutenir en dehors du sens courant attaché à l'adjectif. Encore conviendrait-il d'observer que les épidémies s'éveillent, croissent et décroissent. En est-il ainsi des « maladies sociales » ? J'en suis si peu certain que je le serais plutôt du contraire. Sans compter que l'imitation ne joue qu'un faible rôle dans les épidémies proprement dites. Je ne dis cependant pas que ce rôle soit nul, qu'il faut tenir compte de la contagion par obsession et des effets de la peur sur l'idée fixe d'un mal dont on se croit menacé.

A ce point de vue, les maladies sociales dont il nous est parlé dans le livre de M. Gaultier pourraient se différencier les unes des autres et les variations dans le processus, ici, de l'imitation, là, au contraire, de la contagion, au sens à peu près littéral du terme donneraient lieu, si je ne me trompe, à de curieuses et utiles remarques. Bref c'est le terme même de « maladies sociales » dont je voudrais qu'on analysât, du plus près possible, la connotation et la dénotation. Les données du problème sont extrêmement complexes et la solution peut s'en faire longtemps attendre. Raison de plus pour ne pas en ajourner l'examen.

L. D.

JAMES (William). — **L'idée de vérité**, traduit de l'anglais par Mᵐᵉ *L. Veil* et *Maxime David* (in-8°, F. Alcan, Bibliothèque de philosophie contemporaine ; xv-258 p.).

L'objet de cet ouvrage est d'expliquer et de défendre l'idée de vérité, telle que l'entend l'auteur d'après ses vues sur le pragmatisme. « J'ai réuni dans le présent volume, dit W. James dans la *Préface*, tous mes écrits relatifs à la question de la vérité. Le premier d'entre eux date de 1884 ; c'est l'article placé en tête du volume ; les autres suivent dans l'ordre de leur publication ; il en est deux autres qui paraissent ici pour la première fois (p. VI). »

Entre ces écrits, nous devons signaler particulièrement, en raison de l'attention spéciale qu'ils nous paraissent mériter, ceux qui forment le chapitre IV (*La relation entre le sujet connaissant et l'objet connu*), le chapitre VI (*Encore un mot sur la vérité*), et le chapitre VIII (*La théorie pragmatiste de la vérité et ceux qui l'entendent mal*). Dans ce dernier, qui est le plus important et que nous avons lu avec un vif intérêt, W. James signale les contre-sens qui ont été faits par les critiques dans l'interprétation de l'idée pragmatiste de la vérité. Il en compte huit : 1° Le pragmatisme n'est qu'une réédition du positivisme ; — 2° Le pragmatisme est avant tout un appel à l'action ; — 3° Les pragmatistes se retirent le droit de croire à des réalités extra-subjectives ; — 4° Aucun pragmatiste ne peut être réaliste en matière d'épistémologie ; — 5° Ce que disent les pragmatistes ne s'accorde pas avec le fait qu'ils le disent ; — 6° Le pragmatiste n'explique pas ce qu'est la vérité, mais comment on y parvient ; — 7° Le pragmatisme ignore tout besoin théorique ; — 8° Le pragmatisme est enfermé dans le solipsisme.

Nous remarquons qu'en s'appliquant à montrer l'erreur de ces jugements sur le pragmatisme et sur l'idée pragmatiste de vérité, W. James se croit obligé de reconnaître que « le nom de *pragmatisme*, qui suggère l'idée d'action, a été un choix malheureux (p. 100) ». Nous citerons le passage suivant sur le septième contre-sens : « Cette assertion (que le pragmatisme ignore tout besoin théorique) semblerait une calomnie absolument gratuite, si l'on ne pouvait lui trouver une certaine excuse dans les affinités linguistiques du mot *pragmatisme*, et dans certaines manières courantes de parler, dont nous avons fait usage, et qui supposaient trop de générosité de la part de notre lecteur. Quand nous parlions des conséquences *pratiques* qui constituent la signification des idées, ou des différences *pratiques* que nos croyances amènent pour nous ; quand nous disions que la vérité d'une croyance consiste en sa valeur *opérante*, etc., notre langage était évidemment trop négligé, car on s'est imaginé presque unanimement que, par le mot *pratique*, nous entendions l'opposé de ce qui est théorique et véritablement cognitif ; d'où l'on a ponctuellement tiré cette conséquence qu'une vérité ne saurait, à nos yeux, avoir de relation avec aucune réalité indépendante, ni avec aucune autre vérité, ni avec quoi que ce soit en dehors des actions que nous pouvons fonder sur elle ou des satisfactions que celles-ci nous peuvent apporter. La simple existence de l'idée, sans rien de plus, pourvu seulement que les résultats en fussent satisfaisants, lui conférerait pleine vérité, a-t-on prétendu, dans notre absurde épistémologie pragmatiste (p. 179) ! »

LADEVÈZE (E.). — La loi d'universelle Relation
(in-12, F. Alcan ; VIII-190 p.).

L'auteur de ce livre tente de démontrer la réalité du monde extérieur en commençant par nier le sujet connaissant. Il compose le
monde extérieur à l'aide de trois éléments : le sensible, le dynamique,
l'affectif. Un vain peuple de philosophes se figurera que ces trois éléments ont leur origine dans la conscience. Ce vain peuple se trompe.
Et M. Ladevèze, pour le détromper, s'exprime comme il suit : « Le
plaisir et la douleur viennent de notre fond intime. Comment ? En
passant par l'intermédiaire de notre corps. Des impressions physiques
de notre corps, conçues comme antécédents des faits de conscience,
plaisir et douleur, voilà les matériaux avec lesquels est construite la
faculté de sentir. Et il faudrait recommencer ici la démonstration
déjà faite pour le sujet connaissant ! Ce moi qui sent, ce n'est pas ce
moi coloré, étendu, tactile, résistant, qu'on appelle le corps, ce n'est
pas le moi qui veut, le moi désir ou le moi appétition. C'est un
autre moi que vous appelez sentant. Celui-ci est une abstraction. Le
premier et le second se peuvent saisir en eux-mêmes, sur le fait, dans
l'acte. Mon bras qui se déplace dans l'espace est une chose, ma volition
est une autre qui la précède. Ces deux Moi ne sont d'ailleurs unis que
par une succession constante. Je veux et mon bras se déplace dans
l'espace : mais il y a bien là deux corrélatifs. Mais où se trouve donc
cet autre Moi qui perçoit la douleur ? C'est-à-dire qui sent ? qui
éprouve ? Ce n'est pas le Moi corporel, ce n'est pas le Moi volontaire,
désir ou appétition. Il n'est pas saisissable en lui-même. Il n'existe
que dans le plaisir ou dans la douleur. Dès lors ce Moi qui sent n'est
qu'un fantôme, une hypothèse tout à fait inutile... etc. ». Si je ne
cite point davantage, c'est parce que j'ai suffisamment montré au lecteur la façon de penser personnelle de M. Ladevèze. Elle peut sembler
obscure. Et sa façon de raisonner risque de ne pas convaincre. En ce
qui me concerne, je ne me déclare point convaincu. Ainsi par exemple
j'admets volontiers avec M. Ladevèze qu'il n'est que des phénomènes.
L'auteur ajoute qu'ils peuvent être « avec connexion » ou « sans connexion ». Et il ne paraît pas se douter qu'il n'est pas indifférent de
choisir entre l'une et l'autre alternative. Car parler de connexion c'est
assujettir les phénomènes à des lois. Et alors il devient faux de prétendre qu'il n'y a que des phénomènes.   L. D.

LAPPARENT (A. de). — Science et philosophie.
(in-12, Bloud ; 255 p.).

Il est peu contestable que l'étude des sciences positives éveille notre
attention sur l'ordre qui règle la suite des phénomènes, leur distribution dans l'espace, leurs changements dans la durée. L'idée de force

elle aussi s'éveille à la faveur de celle de *cause* dont il est impossible
de se passer pour s'expliquer le changement. Il est également naturel,
en pensant à l'ordre, de penser à une intelligence suprême ; pareillement la notion de force appelle la notion d'une activité puissante,
éventuellement toute puissante. Enfin, si tout change, c'est que ce
changement incessant est subordonné à une fin. Et l'auteur ajoute :
« N'est-ce pas là un beau résultat ? Et n'est-on pas heureux de pouvoir joindre ces satisfactions philosophiques aux jouissances si multi-
pliées et si pures que les sciences réservent à ceux qui s'y livrent ? » Et
cette constatation est suivie d'un vœu, c'est que pendant le cours de
leurs études littéraires nos jeunes élèves de philosophie consacrent
plus de temps qu'ils n'ont coutume d'en consacrer à l'étude des
sciences. Ceci est à retenir. L'auteur juge les sciences moins fatales à
la foi religieuse que la philosophie, et l'on aurait tort de s'en étonner.

J'ai dit la conclusion de la première conférence qui ouvre le volume.
J'arrive à un article extrait des *Annales de philosophie chrétienne* sur
La Certitude dans les sciences. Il n'est pas rassurant. Je veux dire qu'il
est composé en vue de faire réfléchir le lecteur sur l'imperfection du
savoir humain, les doutes qui envahissent l'esprit dès qu'on se pose
un problème d'origine. A l'heure actuelle, il est impossible d'organiser
les sciences et de réaliser l'idée de la science. Avis à ceux qui voudraient organiser scientifiquement la société ! Et l'auteur en profite
pour prendre à partie les politiciens qui ne sont pas de son goût, à
commencer par les... idéologues. Quels sont ces idéologues. Il ne les
nomme pas. — Du moins il les désigne ! — Mais il y prend tant de
précautions, qu'en fin de compte on ne sait trop sur quel adversaire
il frappe. D'ailleurs, s'il attaque avec vigueur, M. de Lapparent y met
une indiscutable courtoisie.

J'ai lu d'ailleurs ces articles avec plaisir. Et je suis pleinement
d'accord avec l'auteur pour admettre que la cause du théisme n'est
nullement compromise par la science contemporaine. Et il ne me
déplaît pas qu'un homme assurément expert aux choses dont il parle,
trouve les gens du monde au courant des résultats les plus récents et
les plus incertains de cette science. Cela ne prouve pas que cette incer-
titude durera toujours. Mais, en méditant sur la difficulté pour
l'homme de savoir, passé certaines bornes, on fixe plus volontiers sa
pensée sur l'Être omniscient et l'on s'humilie de son ignorance. La
piété y gagne. Et la moralité aussi sans doute. Je demande seulement
que M. de Lapparent se souvienne de celui que Bossuet appelait « mon
grand apôtre » et dont il prononça un si mémorable panégyrique,
St Paul. St Paul s'adressait à tous les gentils. M. de Lapparent
s'adresse aux catholiques (sens romain), alors qu'il devrait s'adresser
à tous les catholiques (sens littéral). Je ne vois pas d'inconvénient à
mettre des études de ce genre sous l'éventuelle protection de Pie IX.
Je n'en vois pas du tout... à moins que pourtant la préoccupation de
ne rien affirmer qui déplaise au Vatican n'ait induit l'auteur de ces

conférences et de ces articles à exagérer les échecs de la science contemporaine et les incertitudes croissantes de la philosophie naturelle.
Après tout, si M. de Lapparent s'est contenté d'exagérer, le mal n'est
pas grand. Chaque fois que le lecteur verra un tréma, il le remplacera
mentalement par un simple point. Et tout sera remis en ordre. Et
l'on aura plaisir à lire ces articles qui sont un véritable modèle du
genre : récréation scientifique.   L. D.

LÉVY (Eugène). — L'Évangile de la Raison. Le problème biologique
                     (in-12, Perrin ; 297 p.).

L'intérêt de ce livre est dans ce qu'il nous apprend sur son auteur,
bien plutôt que ce qu'il voudrait nous apporter de nouveau sur les
sources de la matière et de la vie. On a beau de nos jours invoquer les
enseignements de la science et donner des avertissements à ceux qui
préfèrent soumettre la nature à un joug de leur fabrication exclusive,
la foi en eux-mêmes, le désir d'exprimer leur conviction jusqu'à la dernière syllabe les emporte au delà de ce que la sagesse la plus élémentaire leur conseille d'affirmer... et de nier. Je ne sais ce qu'est
M. Eugène Lévy ; où il a étudié, ce qu'il a étudié, je l'ignore. Je ne
puis cependant me défendre de lutter contre un penchant qu'il me
reprochera, le penchant à ne pas vouloir oublier tout ce que j'ai
appris pour m'ouvrir à l'influence de ses idées. Essayons quand même
de résumer notre auteur.

D'abord, il s'inscrit en faux contre la conception physique de la vie.
Non seulement il la croit fragile, mais il attribue aux défenseurs de cette
conception, le pressentiment obscur de sa fragilité. M. Eugène Lévy
proteste contre toute assimilation du cristal à un être vivant. Il qualifie « d'aveuglantes » les différences qui les séparent. Je ne sais si je
comprens mal, mais je crains que l'auteur n'ait écrit « aveuglantes »,
là où il voulait dire « éblouissantes ». Ce n'est là qu'une négligence
de plume : tout le monde y est sujet. Ce qui est quelque chose de plus
qu'un *lapsus* accidentel, c'est la tendance à croire qu'un savant
soutient une hypothèse pour ne pas se démentir sans être absolument
sûr de sa vérité.

En tout cas, il faut « supprimer les frontières » (p. 239) entre toutes
ces analogies qui tendent à rapprocher les corps bruts du monde
animé. On ne saurait « anthropomorphiser l'inorganique ». L'examen
des propriétés vitales trahit « l'intervention d'impulsions étrangères
au monde inorganique ». Il est possible. Mais Bergson soutient cette
thèse depuis longtemps. Et sa théorie trouve des adversaires. Peut-
être eût-il été plus économique et plus opportun d'adhérer au bergsonisme, en ajournant le moment de discuter avec l'auteur de
l'*Évolution créatrice* les questions de détail, — et surtout de lutter
avec les armes fournies par la science positive contre les adversaires

de l'*Élan vital* proche parent, selon toute vraisemblance, de l'énergie
dynamique de M. Eugène Lévy.   L. D.

LUQUET (G. H.). **Essai de logique systématique et simplifiée** (in-8°,
F. Alcan ; viii-192 p.).

M. Lalande a fait de cet ouvrage un compte rendu très étudié dans
la *Revue philosophique* de mars 1914. Il loue la finesse d'esprit de l'auteur : sa finesse psychologique. Et c'est précisément ce qui ne laisse
pas de m'embarasser. Je suis de la vieille roche. Et donc, si j'entendais
vanter les qualités littéraires d'un géomètre, je ne le choisirais pas pour
m'enseigner la géométrie. De plus je me figure mal quelles peuvent
être les vertus simplificatrices d'un philosophe chez qui domine l'esprit de finesse. Car le propre de cet esprit n'est pas de voir à distance.
La myopie est nécessaire au psychologue. Je me figure le logicien
d'après un autre type. Et c'est pourquoi je me prétends de la vieille
roche.

Aussi ai-je lu le livre de M. Luquet avec aussi peu de profit que j'y
ai pris de plaisir. Car j'y ai pris du plaisir. Rien n'est amusant comme
d'assister à l'introduction en logique formelle des trois questions
unde, quo, qua du vieux rudiment de Lhomond. Je dis que c'est amusant parce que les états psychologiques, décrits par M. Luquet
trahissent, à mon avis, tout au moins, autant d'imagination que
d'observation. Et c'est ce rôle de l'imagination en psychologie qui me
met en défiance.

Et ma défiance s'explique parce que M. Luquet fait appel à des
concepts sous-jacents. Or je croyais qu'en logique il n'est rien de sous-
entendu. Par exemple : quand je dis : « quelque homme est malade »,
vous venez me demander si je veux dire : quelque *seulement* ou
quelque *au moins*. Je vous répondrai : « votre question me fait réfléchir ». Cela signifie : « J'ai besoin de vous faire attendre ma réponse,
car je ne sais plus trop ce que j'avais dans l'esprit, vous me signalez
une équivoque à laquelle je n'avais pas pensé ». L'autre jour, je vais
acheter un porte-plume. Le marchand me demande « de quelle couleur ? » Je ne m'étais pas posé la question. Et j'en voulais à mon marchand du trouble dans lequel me jetait sa question malencontreuse.
Au fond cela *m'était* bien égal. Et voilà que cela ne *m'est* plus égal.
Mon état psychologique a changé. Et le besoin qu'il changeât ne
s'était point fait sentir.

Or donc M. Luquet s'est dit que la vieille logique formelle pourrait bien n'être que de la psychologie concentrée, réduite en formules,
qu'elle avait été faite à l'aide de sous-entendus explicités, qu'alors
cette science, non moins que toute autre, était perfectible. Après tout
ce n'est pas si mal raisonner. Et me voilà sur le point de me contredire. Pour un peu je me surprendrais en flagrant délit d'injustice. Je

savais mauvais gré tout à l'heure à M. Luquet d'avoir après maint autre
ébranlé le vieil artifice aristotélique. Et voilà que je l'en remercie,
me demandant, cette fois, si la meilleure façon de se montrer digne
d'Aristote n'est pas de perfectionner son œuvre, au lieu de la mettre
sous cloche.

Je poursuis. Et je constate que M. Luquet a voulu dégager de l'analyse psychologique de nos états d'esprit discursifs, les éléments d'une
induction formelle. Il remarque que nos deux modes de raisonnements, le déductif et l'inductif, reposent « sur une application inverse
d'un principe commun. Le raisonnement déductif suppose que
quand une notion est universellement connexe à une autre, c'est-à-
dire l'accompagne dans tous les cas, elle l'accompagne dans un cas
quelconque : inversement le fondement requis par le raisonnement
inductif est que, lorsqu'elle l'accompagne dans un cas quelconque elle
l'accompagne dans tous les cas ». « Tous », est l'équivalent de « tout »
signifiant « un quelconque [1] ». Ceci ne me paraît guère contestable.
Seulement si je disais « la déduction consiste à passer du plus au
moins ; l'induction à passer du moins « au plus », j'exprimerais,
d'une façon certes plus banale que M. Luquet, une pensée voisine de
la sienne. Mais quand j'aurais constaté qu'il y a là deux relations
inverses l'une de l'autre, je n'aurais rien établi du tout, car d'affirmer
que qui peut le plus peut le moins, cela me donne-t-il le droit d'affirmer que qui peut le moins peut le plus. M. Luquet sait bien que non.
Et pour justifier cette arrogance de la pensée, car il y a bien là une
attitude arrogante de l'esprit, il déploie des prodiges de finesse, d'ingéniosité auxquels je voudrais pouvoir m'arrêter. Il est évident d'abord
que si l'on surprenait le géomètre en flagrant délit d'induction tacite,
on désarmerait ceux qui exaltent le raisonnement déductif aux
dépens de l'autre. Or que fait le professeur de géométrie ? Il raisonne
sur une figure. Et il sous-entend que cette unique figure est dans le
cas de toutes les figures. Est-ce certain. J'ai toujours entendu dire le
contraire et je l'ai toujours cru. Ce n'est pas sur le triangle A B C que
que je raisonne pour démontrer l'égalité à deux droits des angles
A + B + C. Si j'ajoutais, fût-ce tacitement : *ab uno disce omnes*, je
croirais faire un sophisme. Car en réalité je ne raisonne pas sur
le triangle A B C, je m'appule sur ce triangle. Mais je raisonne sur une
suite de théorèmes et qui ne sont point tous empruntés à la théorie du
triangle. On remarquera, en effet, que le premier livre de la géométrie
élémentaire est consacré à cette théorie. Seulement pour la faire complète, il faut, de temps à autre, quitter le triangle et envisager entre
les droites des relations auxquelles on ne s'était pas appliqué : relations
de perpendicularité nécessaires à la théorie des triangles rectangles ;
relations de parallélisme nécessaires à la démonstration du théorème
des deux droits. La vérité n'est donc pas que je raisonne sur un

1. § 71, p. 140.

exemple. Je raisonne sur des concepts. En physique, oui, je raisonne sur un exemple; et c'est pourquoi mon droit d'induire exige une législation laborieuse et toujours discutable. Mais en mathématique c'est différent. L'introduction tacite de M. Luquet me fait l'effet d'être une induction... verbale, ce qui prouve que même, en se taisant, il arrive de parler pour ne rien dire.   L. D.

MARTIN (Eugène). — **Psychologie de la volonté**. Préface de *P. Malapert* (in-12, F. Alcan, Bibliothèque de philosophie contemporaine ; IV-176 p.).

M. Malapert, professeur au lycée Louis-le-Grand, recommande ce livre dans une engageante préface. Il est bref ; il est aisé à lire ; il est sagement conçu et ordonné. La table des matières contient, outre les titres généraux des chapitres, un résumé de chacun d'eux. D'abord c'est une description de la volonté, dans ses moments les plus immédiatement discernables : 1° la conception de l'acte à faire ; 2° la délibération ; 3° la décision ; 4° l'exécution. Si j'ouvrais les *Notions de Philosophie* de M. Charles Jourdain, ancien inspecteur général de l'Enseignement supérieur et jadis professeur de philosophie au lycée Bourbon, je n'y lirais pas autre chose. Mais il faut bien convenir que, si dans l'entourage ou dans le « régiment » de Victor Cousin on a souvent parlé pour ne rien dire, on a tout de même de temps à autre rencontré quelques vérités. Seulement on avait la prétention d'analyser et l'on se contentait d'imiter les camionneurs au moment où ils déchargent. Ils jettent des sacs sur la chaussée sans se préoccuper de ce qu'ils contiennent. Du temps de M. Charles Jourdain on jetait des sacs sur la chaussée et l'on remontait sur le siège pour aller en jeter d'autres ; et cela indéfiniment.

M. Martin a eu la curiosité d'ouvrir quatre de ces sacs et d'en faire l'inventaire. De cet inventaire est sorti son livre.

A la description générale l'auteur fait succéder un second chapitre où il ne sort pas encore des généralités du sujet. C'est qu'en effet la volonté a ses doctrinaires qui ne sont point toujours observateurs sagaces. Elle a ses intellectuels qui inclinent à faire prédominer dans l'acte de volonté l'influence de l'esprit. D'autres rattacheraient plutôt la volonté au désir. L'intérêt particulier de ce chapitre n'est pas dans l'attitude conciliatrice de l'auteur, encore qu'elle me semble plausible. Ce qui rend ce chapitre curieux et personnel, c'est le rôle attribué à l'attention. En fait, on ne veut jamais malgré soi. On veut toujours son vouloir. Un acte de volonté implique une posture. Il n'est pas de volition qui ne ralentisse et n'arrête le cours spontané des états de conscience. Tout acte de volonté débute par un point d'orgue. C'est ce que voulaient dire nos maîtres quand ils appelaient le premier moment de l'acte volontaire le moment de « possession de soi-même ». Ce n'était pas très clair, j'en conviens. Mais ils soupçonnaient qu'on ne peut vouloir sans faire quelque chose de semblable au geste d'un cocher arrêtant le cheval.

Un troisième chapitre a pour sujet *le rôle des fonctions intellectuelles dans l'activité volontaire* et en particulier celui de la mémoire ou de l'imagination. L'auteur, en ceci singulièrement bien inspiré, a compris que l'attitude de l'homme qui veut, j'oserais presque dire : qui veut vouloir, est favorable à l'esprit d'initiative. Vouloir, c'est arrêter un cours de manière à en modifier la suite, à le rendre différent de ce que, de lui-même, il n'eût pas manqué d'être. Toute réflexion est donc éventuellement inventive. L'artiste qui se surveille ne laisse ni un coup de pinceau, ni un trait de plume au hasard. Et par conséquent, s'il est écrivain. il empêche la phrase de se terminer telle que la laisserait « se terminer toute seule » le premier venu. Seulement il ne s'agit pas d'innover pour le simple plaisir d'innover dans sa vie intérieure et dans ce que l'on pourrait appeler les prolongements externes de cette vie. Il y a lieu de se demander *ce que vaudra* cela dont l'innovation se prépare et se prémédite, et alors à un geste intérieur de pousser en avant un geste d'inhibition succède. On s'interroge sur la *valeur de l'innovation*, sur son « droit à être ». L'histoire de nos actes volontaires se compose d'une série de tensions et de détentes, mais de détentes constamment surveillées.

L'activité intellectuelle. pour mériter son vrai nom, implique l'intelligence et la collaboration, au moins intermittente, d'à peu près toutes ses fonctions. Mais il convient aussi d'étudier *le rôle des tendances dans l'activité volontaire et l'aspect émotionnel* de cette même activité. Tel va être l'objet d'un quatrième et d'un cinquième chapitre. Une remarque intéressante de M. E. Martin est celle qui a pour objet la coexistence possible d'une passion et d'un état de calme. Cet état de calme simule étrangement la possession de soi, d'où résulte que, neuf fois sur dix, la passion peut nous porter à des actes dont le remords nous poursuivra sans relâche, bien qu'avant l'accomplissement de l'acte, toute idée d'un remords possible ne nous ait même pas effleuré. Autre remarque ingénieuse, plus qu'ingénieuse peut-être : nos états affectifs tendent à se modérer ; la répétition les use. Encore ferait-on bien de distinguer entre les effets de la répétition et ceux de la prolongation. La continuité fatigue. La répétition peut divertir quand l'acte répété survient après des moments de lassitude ou de déplaisir. Je remercie, en passant, M. Eugène Martin de ne pas avoir oublié de lire l'attachant et personnel Mémoire de mon vieux maître Albert Lemoine, un des psychologues les plus attentifs du siècle dernier. Je le remercie également, toujours en souvenir du même maître. de son chapitre : *l'action de la volonté sur la volonté*. La volonté est le seul spécifique efficace contre l'habitude de « penser toujours à autre chose ». Et plus on recourt à ce spécifique plus la volonté d'y recourir s'exerce aisément. Je me suis souvent demandé, à ce propos, comment s'exerçait cette curieuse espèce d'habitude et comment l'habitude s'y prenait pour rendre, occasionnellement, à la volonté, ce qu'elle en avait reçu. Je ne suis pas sûr que cette habitude ne gagne à être décomposée, divisée. Par exemple je m'applique à éviter le heurt d'un mur, avant que ma volonté d'éviter ce heurt ne s'éveille, et il faut que l'idée de l'éviter se présente. Or l'habitude pourrait influer sur le rappel de l'idée sans influer directement sur la volition consécutive. Et alors ce qu'Albert Lemoine appelait les habitudes de la volonté ressortirait plutôt à celles de l'intelligence réfléchie. Si Victor Egger vivait encore il me donnerait ses conclusions sur ce très important problème, et ces conclusions me tireraient vraisemblablement d'embarras.

Je n'ai plus maintenant qu'à renouveler mes remerciements et mes félicitations au très sage et très pénétrant auteur qui vient d'écrire un de nos meilleurs livres de psychologie appliquée à l'éducation. J'écrivais, il y a bien longtemps déjà, que le souci de l'application pédagogique ne pouvait manquer d'influer heureusement sur la position des problèmes de psychologie descriptive, en faisant saillir des éléments jusque-là inaperçus ou négligés. Le livre de M. Eugène Martin répond à ma prédiction en venant l'accomplir. Je ne puis que lui en être reconnaissant. Et je recommande ce livre à tous les maîtres de notre enseignement primaire. Ils y réapprendront leur psychologie, cette science que nul homme ne saura jamais entièrement et qui ne se passera jamais d'être continuellement apprise.   L. D.

MEUNIER (Raymond). — **Les sciences psychologiques, leurs méthodes et leurs applications** (in-12, Bloud; 180 p.).

Cet ouvrage se compose de quatre chapitres, qui traitent : le premier de l'objet de la psychologie; le second des sciences psychologiques; le troisième des méthodes psychologiques; le quatrième, des conséquences et des applications de la psychologie.

L'auteur distingue dix sciences psychologiques, qui, du point de vue méthodologique, sont toutes, dit-il, expérimentales et inductives ; la psycho-physique ; la psycho-chimie ; la psychologie physiologique : la psychologie pathologique ; la psychologie dite expérimentale ; la psychologie infantile ; la psychologie collective, la psychologie ethnique ; la psychologie comparée ; la métapsychie.

Selon M. R. Meunier, les sciences psychologiques présentent un caractère de certitude aussi élevé que les autres sciences expérimentales, bien que, parfois, un examen superficiel puisse en faire douter. Il explique ce doute par une triple cause ;

« 1° Les lois psychologiques, dès maintenant posées, sont en petit nombre, alors que les lois de la physique expérimentale, par exemple, sont plus nombreuses, tout en ayant exactement le même caractère de certitude scientifique, bien équivoque et bien peu philosophique pour désigner nos humaines approximations des humaines réalités ;

« 2° Toutes les conclusions des sciences psychologiques sont incontestablement plus riches de contenu philosophique que les conclusions de n'importe quelle autre science ;

« 3° L'interprétation des faits et l'intelligence de l'expérimentation jouent en psychologie un rôle plus grand qu'en toute autre science (p. 178). »

L'auteur insiste avec raison sur cette troisième cause. « Tout esprit normal, dit-il, quelle que soit son égalitaire médiocrité, doit comprendre les sciences et à l'aide de leurs méthodes, consciencieusement employées, contribuer à les faire progresser. C'est ainsi qu'on pourrait citer en chimie, par exemple, des découvertes importantes faites par des intelligences très vulgaires. Il n'en est pas encore de même en psychologie et probablement il n'en sera jamais de même à cause du rôle important que joue l'interprétation des résultats. Il faut être né psychologue pour faire de la psychologie, alors qu'on peut très bien n'être pas né chimiste et faire de la chimie. Les sciences psychologiques sont les plus difficiles de toutes les sciences, si l'on veut sérieusement s'y adonner, et cette simple constatation doit donner aux psychologues, en même temps qu'une excitation à l'effort, une grande leçon de modestie (p. 179). »

NICATI (William). — La perspective naturelle
(in-12, Schleicher frères ; 236 p.).

Voici le sommaire du premier chapitre dont le titre est : *Etablissement de la perspective :* Vers la lumière. — Le point de vue. — La donnée. — La visée sujet. — La visée objet. — Les ordonnées. — Anti-Nietzsche. — Le chapitre II établit *La perspective des tensions.* Il y est traité de l'Etre, de l'Existence, de l'Essence.

Bref, c'est de philosophie que l'auteur nous entretient et il s'intéresse visiblement aux problèmes qu'il aborde. Je reprocherai seulement à l'auteur un état d'esprit singulier dont il n'est pas l'unique exemplaire. Imaginez un voyage en dirigeable à travers les rues de Paris. Imaginez de plus un voyageur qui nous décrirait Paris comme s'il venait de découvrir une ville nouvelle et s'ingénierait à ne pas reconnaître les rues par lesquelles il passe, en vue de porter au plus haut degré d'intensité les joies de sa soi-disant découverte.

Imaginez, de plus, un lecteur récalcitrant ne pouvant s'empêcher de retrouver les rues dont on lui parle et se figurant décidément que le voyageur n'a rien découvert. J'ai le désagrément d'être ce lecteur-là. Et je souhaite à l'auteur du livre des lecteurs moins inaccessibles à ce genre de divertissement.

L. D.

PALANTE (G.). — **Pessimisme et individualisme**

(in-12, F. Alcan, Bibliothèque de Philosophie contemporaine ; vi-166 p.)

M. Palante me paraît avoir résolu un problème des plus attachants pour les amateurs de philosophie. Il est d'ailleurs, de leur famille, étant philosophe, selon moi, bien plus par son goût des idées générales que par une prédilection marquée pour telle ou telle des doctrines au sujet desquelles on a coutume de se disputer entre penseurs. Il s'agit donc de savoir si l'individualisme et le pessimisme s'accompagnent et, en cas d'affirmative, si c'est par accident ou pour des raisons plus sérieuses, autrement dit plus constantes. La réponse ne pouvait manquer d'être affirmative. Et l'on admet, et M. Palante n'est pas loin de cette opinion, que l'individualisme prend sa source dans une disposition à secouer le joug social. Je me souviens d'un drame très court d'Aurel intitulé : *l'Insociale*. Il s'agit d'une femme qui trompe son mari presque autant pour le plaisir de le tromper que pour se procurer l'état d'âme d'une femme qui... vient de tromper son mari. Et, comme elle découvre qu'elle ne l'en aime que davantage, elle se pardonne ; mieux que cela, elle s'approuve ; mieux que cela encore, elle veut que son mari l'approuve. On devine que cela ne va point tout seul. Je cite cet exemple pour montrer un type d'individualiste à l'état aigu et qui s'insurge moins encore contre les mœurs que contre les idées qui ont cours sur les mœurs ; d'où ne saurait résulter en fin de compte qu'une façon assez pessimiste d'envisager la vie.

L'individualiste voudrait être maître de la vie ; il lui plairait de la concevoir à sa guise et de la réaliser telle qu'il l'a conçue. Et comme il s'aperçoit qu'il ne suffit pas de vouloir pour faire tomber tous les obstacles, il donne tort à Pangloss.

L'intérêt du livre de M. Palante est dans sa composition. Il distingue : 1º un pessimisme romantique ; 2º un pessimisme historique ; 3º un pessimisme misanthropique ; 4º un pessimisme irrationaliste ; 5º un pessimisme scientifique ; 6º un pessimisme théologique. Dans sa seconde partie, de beaucoup la plus courte, mais non pas la moins intéressante, le livre de M. Palante comprend trois chapitres sur : *a* les causes, *b* les effets, *c* l'avenir du pessimisme.

Si je disais à l'auteur que sa classification des pessimismes n'est pas systématique, il me répondrait qu'il a été le premier à s'en rendre compte. En faisant œuvre d'amateur, il fait en même temps œuvre de moraliste. Un moraliste est, me disait-il, un homme qui regarde la vie telle qu'elle est : Et il est plus facile d'encadrer les soldats d'une compagnie que grouper les états d'âme de telle sorte qu'un groupe une fois formé ne se laisse jamais déposséder au profit d'un autre groupe. Je comprends parfaitement que l'irrationalisme fasse des pessimistes. Un monde qui est ce qu'il est, uniquement parce qu'il l'est, a des chances de passer pour le pire des mondes, attendu qu'on n'y peut compter sur rien. C'est le monde du hasard. Et l'on sait comment les épicuriens se comportaient dans un tel monde. Les uns s'amusaient toute la journée et prenaient leur parti d'ignorer s'il leur serait permis de s'amuser encore le lendemain. Les autres vivaient en ascètes, se refusaient tout plaisir, et ils se persuadaient que c'était là le plaisir. M. Palante, lui, penserait volontiers qu'une vie ainsi vécue serait le contraire d'une vie heureuse. D'autre part, si le monde est gouverné par une raison qui transparaît à travers l'ordre de la nature, cet ordre ne nous est pas nécessairement favorable, et, si nous n'en sommes pas satisfaits, tant pis pour nous. Car nous aurons toujours à nous plaindre de la destinée.

J'ai regret que M. Palante n'ait pas développé les derniers chapitres de son livre. Car c'était le moment d'expliquer et non plus seulement d'observer. Observer est certes plus amusant qu'expliquer. Ce n'en est pas moins pour expliquer que l'on observe ; il en est, croyons-nous, le plus souvent ainsi. — Je ne suis pas convaincu parce que nous dit l'auteur des causes « inverses » du pessimisme et de l'individualisme. Je ne vois rien d'étrange au pessimisme issu de la désintégration sociale ; et je m'explique que, sous l'influence de cette désintégration, le joug social devienne plus intolérable. Il s'est détendu ce joug, j'en conviens. En se détendant il a exalté les tendances individualistes. Ces tendances, en s'exaltant, ont aiguisé le sentiment de dépendance de l'individu à l'égard de la société. Dans une société bien organisée les individus obéissent aux nécessités sociales, mais leur obéissance leur coûte si peu qu'ils ne s'en rendent pas compte. Viennent-ils à s'en rendre compte, ils obéiront beaucoup moins ; mais obéir leur coûtera beaucoup plus. Je sais bien que M. Palante ne dit rien de contraire à ce que je viens d'écrire. Mais alors l'antinomie qu'il s'est donné la peine de résoudre pourrait bien être une autonomie imaginaire.   L. D.

PIAT (CLODIUS). — **La personne humaine**, 2ᵉ édition, revue et augmentée (in-8°, F. Alcan, Bibliothèque de philosophie contemporaine ; xv-404 p.).

La première édition de cet ouvrage a paru en 1897. Nous en avons parlé dans l'*Année philosophique* de 1897, p. 198, et nous renvoyons le lecteur aux réflexions que nous avons écrites à ce sujet, et dont nous n'avons rien à modifier.

Dans la Préface que contient la seconde édition, M. Piat s'applique à montrer que « ses thèses fondamentales n'ont pas vieilli ». « L'on peut même dire, remarque-t-il, qu'elles se sont faites avec le temps un régime d'actualité ; car c'est dans leur sens, et de plus en plus qu'a tourné le mouvement des idées philosophiques depuis ma première édition (p. 2). »

POINCARÉ (Henri). — **Dernières pensées** (in-12, Flammarion, Bibliothèque de philosophie scientifique (3 fr. 50); 258 p.).

Sous ce titre : *Dernières pensées*, ont été réunis divers articles et conférences que Henri Poincaré destinait lui-même à former le quatrième volume de ses ouvrages de philosophie scientifique. Les trois volumes précédents sont : *La Science et l'hypothèse*, *La Valeur de la Science* et *Science et méthode*. Nous avons parlé du premier dans l'*Année philosophique* de 1912, p. 167; du second dans l'*Année philosophique* de 1905, p. 193; du troisième dans l'*Année philosophique* de 1909, p. 204.

Les articles réunis dans le nouveau livre sont au nombre de neuf; — i. *L'Evolution des lois*; — ii. *L'Espace et le Temps*; — iii. *Pourquoi l'Espace a trois dimensions*; — iv. *La Logique de l'Infini*; — v. *Les Mathématiques et la Logique*; — vi. *L'hypothèse des quanta*; — vii. *Les rapports de la Matière et de l'Ether*; — viii. *La Morale et la Science*; — ix. *L'Union morale*. Tous ces articles témoignent de l'esprit philosophique singulièrement original que portait dans la science le profond mathématicien H. Poincaré. Tous appellent l'attention et la réflexion du lecteur. Nous signalerons, comme particulièrement important, le premier (*L'Evolution des lois*); le troisième (*Pourquoi l'espace a trois dimensions*); le quatrième (*La Logique de l'Infini*); le huitième (*La Morale et la Science*).

Nous citerons la fin de cette dernière étude :

« Nous nous sommes placés successivement aux différents points de vue d'où l'on peut envisager les rapports de la science et de la morale; il faut maintenant arriver aux conclusions. Il n'y a pas et il n'y aura jamais de morale scientifique au sens propre du mot, mais la science peut être d'une façon indirecte une auxiliaire de la morale : la science largement comprise ne peut que la servir; la demi-science est seule redoutable; en revanche la science ne peut suffire, parce qu'elle ne voit qu'une partie de l'homme, ou, si vous le préférez, elle voit tout, mais elle voit tout du même biais; et ensuite, parce qu'il faut penser aux esprits qui ne sont pas scientifiques. D'autre part, les craintes, comme les espoirs trop vastes, me semblent également chimériques; la morale et la science, à mesure qu'elles feront des progrès, sauront bien s'adapter l'une à l'autre (p. 247). »

Cette conclusion ne saurait, croyons-nous, être admise sans réserves. Ce qui ne permet guère de penser que la science et la morale puissent facilement s'adapter l'une à l'autre, c'est que la science est déterministe et que la morale exclut le déterminisme. H. Poincaré le reconnaît. « La science, dit-il, est déterministe; partout où elle pénètre, elle fait entrer le déterminisme. Tant qu'il ne s'agit que de physique ou même de biologie, cela importe peu; le domaine de la conscience demeure inviolé; qu'arrivera-t-il le jour où la morale deviendra à son tour objet de science? Elle s'imprégnera nécessairement du déterminisme et ce sera sans doute sa ruine (p. 245). »

Mais il se rassure et ne veut pas croire à l'importance pratique de cette opposition théoriquement incontestable de la science et de la morale. « Le déterministe le plus intransigeant, dit-il, continuera longtemps encore, dans la conversation de tous les jours, à dire : je veux et même je dois, et même à le penser avec la partie la plus puissante de son âme, celle qui n'est pas consciente et qui ne raisonne pas. Il est tout aussi impossible de ne pas agir comme un homme libre, quand on agit, qu'il l'est de ne pas raisonner comme un déterministe quand on fait de la science (p. 246). »

Il ne croit donc pas que l'on ait à s'inquiéter de l'opposition de principes qu'il constate lui-même. Le fantôme ne lui paraît pas « si redoutable qu'on le dit », et « il y a peut-être, ajoute-t-il, d'autres raisons de ne pas le craindre ».

Certainement, dirons-nous, il y a d'autres raisons, de meilleures raisons, de ne pas craindre le conflit de la science et de la morale. Ces raisons sont fournies par la distinction qu'établit la critique de l'infini numérique entre les concepts de la science proprement dite et les autres concepts de l'entendement. Si les concepts de la science proprement dite (étendue, mouvement, force physique) n'atteignent pas la vraie et ultime réalité, la morale n'a pas à se préoccuper, pour la valeur des concepts sur lesquels elle se fonde (obligation et liberté) du témoignage de la science en faveur du déterminisme.

REVERDIN (Henri). — **La notion d'expérience d'après William James** (in-8°, Fischbacher ; xxii-221 p.).

Je ne peux résumer ce travail des plus consciencieux et complets au degré souhaitable. Les divisions m'en semblent justifiées : 1° De la recherche philosophique : l'empirisme ; 2° L'expérience interne ; 3° L'expérience externe et les sciences ; 4° L'empirisme social ; 5° L'expérience religieuse.

Ce qui m'a frappé, chez M. Reverdin, c'est son aisance à saisir le devenir constant de la pensée philosophique chez ce philosophe de l'Expérience qui s'est appelé un empiriste radical, mais n'a jamais consenti à définir une fois pour toutes son empirisme. L'idée d'expérience, dans la pensée de James, implique celle de « variétés ». Elle implique celle d'individualité. Il n'y a pas l'expérience. Il y a la mienne, il y a la vôtre. Nos esprits n'ont qu'une propriété indivise: l'Espace : « Votre percept du Hall et le mien diffèrent : mais si « quelqu'un venait nous demander où nous localisons notre percept « nous lui donnerions une place identique. De même pour nos corps : « ce corps qui est le vôtre et que vous mouvez et sentez du dedans « doit être situé au même endroit que votre corps que je vois et

« touche. » A part cela, tout diffère. M. Reverdin interprète assez
bien, croyons-nous, son auteur, quand il écrit (p. 145) : « Dans l'em-
« pirisme radical il n'y a pas de ciment, ou du moins, il faut dire
« que ce sont les transitions expérienciées elles-mêmes qui sont le
« ciment; dans l'expérience telle que cette philosophie la conçoit et
« la décrit, les parties plus *substantives* et les parties plus *transitives*
« se tiennent les unes les autres. Elles ne forment pas des morceaux
« qu'on devrait joindre ; au reste toute séparation expérenciée doit
« être respectée et maintenue comme telle. »

Ceci est très exact. Je veux dire que M. Reverdin caractérise on ne
saurait plus fidèlement la mentalité de James et met en pleine
lumière les inconvénients de son attitude délibérément irrationaliste.
Non que W. James ait été un « misologue », au sens ancien du mot.
Même il n'est point assuré que les aprioristes du temps présent
n'aient quelque droit à compter James parmi les leurs. James croit
« que nos idées forment des systèmes liés qui correspondent, point
« par point, au système formé par des réalités » (p. 155). Il faut les
saisir à même l'expérience. Les rattacher à un absolu transphéno-
ménal équivaudrait à « déréaliser » d'un seul coup le monde de
notre expérience. A ce moment le philosophe parle en réaliste objec-
tiviste. Mais ailleurs, au dernier chapitre des *Principles of Psychology*
il reconnaît à l'esprit la possession de « tout un système de vérités
« nécessaires et immuables portant sur la comparaison » (p. 104). En
effet, toujours au même chapitre du même livre (ii, p. 646), James
parle du principe de la comparaison médiate qui serait « la loi la
« plus large et la plus profonde de la pensée humaine... l'axiome de
« l'omission des intermédiaires et du transfert des relations ». Ici
l'auteur des *Principles of Psychology* parle en termes que ne désa-
vouerait pas un *aprioriste* : peut-être insisterait-il toutefois, pour rectifier la formule ou l'expliquer. Et peut-être aussi, croyons-nous, conviendrait-il d'approuver ses réserves et ses exigences. De deux choses
l'une : ou les ressemblances existent hors de nous, ou elles existent
par ce que nous les constituons telles. Si c'est nous qui supprimons
les intermédiaires, cette suppression, notre œuvre après tout, est
indispensable à la perception de la ressemblance. Or, n'aurait-on pas
le droit d'attribuer cette perception à l'esprit? Mais, dirait-on, il
perçoit, donc il ne crée pas. Mais, répliquerai-je à mon tour, s'il ne
perçoit qu'après avoir supprimé des intermédiaires, il agit sur le réel
et n'imprime aux semblables le cachet de similitude qu'après les avoir
érigés tels. Toute philosophie de la ressemblance est orientée vers
l'apriorisme. Le véritable empirisme serait une philosophie de la
contiguïté, où l'on s'appliquerait à réduire les relations de similitude à
des relations de voisinage temporel ou spatial. C'est ce que M. Reverdin
a été bien près d'apercevoir et qu'il n'eût pas manqué de dire s'il avait
un peu plus insisté sur cette mobilité d'esprit qui fait le charme de la
pensée de W. James, et qui fait aussi le désespoir de ses interprètes.

C'est donc un bon livre que M. Reverdin vient de faire et qui pourra servir de « propédentique » à la philosophie du grand penseur américain. C'est même à certains égards plus qu'un bon livre. Les toutes dernières pages contiennent les éléments d'une critique très directe et qui, plus vigoureusement poussée, donnerait singulièrement à réfléchir sur la destinée des philosophies dont les philosophes furent et ne voulurent jamais être que psychologues. Ces philosophes là séduisent par leur extrême probité. Ils ne disent rien qu'ils ne constatent avant de le dire. Et comme ils sont d'une sincérité éprouvée, ils ne craignent nullement de se démentir. Après tout ce ne sont pas eux qui se démentent : c'est la réalité. Et puis pourquoi s'effrayer d'une réalité qui s'infligerait de temps à autre quelques démentis inquiétants? On pourrait, il est vrai, taxer cette réalité d'aliénation et l'on soupçonne qu'un reproche de cette gravité pourrait atteindre jusqu'à la Providence. Mais pour qu'il y ait aliénation, il faut qu'il y ait unité ou identité préalable dans le sujet aliéné. Or si, par hasard, il y avait pluralité de sujets, il n'y aurait plus d'aliénation du tout. Si je dis le pour et ensuite le contre, je me démens. Mais, si c'est mon voisin qui se charge de plaider le « contre », toute trace de démenti disparaît. D'où le « pluralisme » de William James et ce que notre très fin collègue Flournoy appelle son « Tychisme ». Qu'est-ce que le « Tychisme »? J'en proposerai cette définition : « C'est la philosophie du *sic*. » Vous ne comprenez pas? Je dirai alors : « C'est la philosophie « du fait, sous-entendu derrière lequel il n'y a rien, sauf peut-être « d'autres faits susceptibles de les contredire, auquel cas on enregistre « la contradiction quitte à la mettre sur le compte d'une causalité hélé- « rogène intercurrente. » Ici j'ai conscience de pousser à l'exagération les thèses de W. James mais je les pousse dans leur direction et sans leur faire changer de voie. Et je ne crains d'être démenti ni par M. Reverdin, ni par M. Flournoy, ni peut-être, même, par Emile Boutroux.   L. D.

RIBOT (Th.). — **La vie inconsciente et les mouvements** (in-12, F. Alcan, Bibliothèque de philosophie contemporaine; III-172 p.).

Le but de M. Th. Ribot, en cet *Essai*, est d'appeler l'attention sur les rapports de l'activité inconsciente avec les mouvements. L'étude de ces rapports l'a conduit à proposer cette hypothèse, « que le fond, la nature intime de l'inconscient ne doivent pas être déduits de la conscience, qu'ils doivent être cherchés dans l'activité motrice actuelle ou conservée à l'état latent (p. 511). »

L'ouvrage comprend quatre chapitres fort intéressants : I. *Le rôle latent des images motrices;* — II. *Les mouvements et l'activité inconsciente;* — III. *Le problème de la pensée sans images et sans mots;* — IV. *Le moindre effort en psychologie.*

Dans le premier chapitre, l'auteur signale dans toutes les formes de la connaissance des mouvements ou des représentations de mouvements. « Cela, dit-il, ne doit pas surprendre. L'activité motrice est la réponse que l'homme et les animaux font aux excitations qui viennent du dehors ou du dedans. C'est leur part dans l'opération qui constitue les sensations et les perceptions ; c'est parce qu'elle fait la synthèse des impressions sonores, colorées, tactiles, qu'elle en est la charpente et le soutien, le principe de permanence, l'élément résistant qui n'a pas besoin de la conscience pour durer (p. 20). »

Dans le second chapitre, M. Ribot explique son hypothèse, en montrant dans la portion kinesthétique des états de conscience, c'est-à-dire dans les représentations motrices, ce qui persiste, quand la conscience, de plus en plus affaiblie, descend dans une obscurité toujours croissante, ce qui constitue la nature psychologique de l'inconscient. C'est un fait d'observation, fait-il remarquer, que les phénomènes moteurs ont plus que tous les autres, une tendance à s'organiser, à se solidifier. « *L'inconscient est un accumulateur d'énergie ;* il amasse pour que la conscience puisse dépenser (p. 77). »

La conclusion du chapitre III est que l'hypothèse d'une pensée sans images « n'est pas complètement inacceptable, si on la considère comme posant une limite idéale dont la pensée peut se rapprocher par des raréfactions successives (p. 115) ». Mais il ajoute qu'à la limite l'idéal disparaît et que la pensée cesse d'être possible. Il tient, somme toute, que « l'hypothèse d'une pensée pure, sans images et sans mots, est très peu probable et, en tout cas, n'est pas prouvée ».

Dans le chapitre IV, M. Ribot examine la question de la tendance au moindre effort. Il pense que, naturellement et spontanément, l'humanité, prise en masse, répugne à l'effort ; que, dans la psychologie humaine, c'est la règle et non l'accident. « La répugnance à l'effort, dit-il, est primitive, instinctive, spontanée. Plus tard, par le fait de l'expérience, elle devient réfléchie ; l'effort est évité, parce qu'il est pénible et douloureux. La réflexion est allée plus loin ; elle s'est élevée à *une philosophie du repos.* On en trouve la preuve dans les systèmes métaphysiques et dans les croyances religieuses qui ont placé dans le repos *l'idéal* de cette vie et de la vie future (p. 155). »

RIGNANO (Eugénio). — **Qu'est-ce que le raisonnement ? — L'évolution du raisonnement : du raisonnement concret au raisonnement abstrait. — L'évolution du raisonnement : de l'intuition à la déduction** (3 broch., in-8°, Félix Alcan ; 156 p.).

Cette étude sur la nature et l'évolution du raisonnement est psychologiquement très suggestive. L'auteur y montre, par un petit nombre d'exemples choisis parmi les plus variés qu'il était possible de trouver, quelle idée on doit se faire de ce processus de l'esprit que nous appelons raisonnement. « Il nous apparaît, dit-il, n'être pas autre chose *qu'une suite d'opérations ou d'expériences simplement pensées*, c'est-à-dire d'opérations ou d'expériences que nous nous imaginons accomplir sur un ou plusieurs objets donnés ayant pour nous un intérêt particulier, et que nous n'accomplissons pas matériellement, parce que, par suite d'expériences semblables qui ont été réellement accomplies dans le passé, nous connaissons déjà par avance les résultats respectifs de ces nouvelles expériences. Et le résultat expérimental final, observé ou constaté mentalement, auquel on doit aussi une semblable suite liée d'expériences simplement pensées, constitue précisément le résultat de la démonstration, la conclusion du raisonnement (p. 15). »

M. E. Rignano fait remarquer le rôle que joue l'attention, par conséquent l'affectivité dans ces opérations et expériences pensées qui constituent le raisonnement.

« C'est l'affectivité, visant à une fin donnée ou recherchant le sort d'un objet donné, qui constitue, en somme, le phénomène psychique, qui, seul et unique, reste *invariant* durant tout le cours du raisonnement. C'est par suite elle qui *associe*, lie, enchaîne les unes aux autres les diverses péripéties expérimentales, auxquelles on suppose soumis l'objet de notre désir; et c'est par suite elle qui constitue de cette façon ce qu'on appelle le fil du raisonnement.

« Le simple associationisme mécanique des idées, en effet, s'il peut expliquer parfaitement l'évocation et la succession tumultueuse des idées les plus décousues, ainsi que cela se vérifie, par exemple, dans les songes, ne suffit pas au contraire à rendre même le moindre compte de cette association guidée et canalisée qui constitue le raisonnement. Il faut quelque chose de plus, pour que, au chaos associatif, à l'incohérence spontanée et naturelle der idées, se substituent l'ordre, la connexion, la cohérence. Et ce quelque chose de plus n'est précisément que cet invariant affectif avec sa triple action d'exclusion, d'évocation et de choix. James Mill lui-même, dans le passage cité plus haut, s'est vu contraint, pour expliquer la cohérence d'un processus de la pensée, de recourir à la prédominance et au contrôle, durant tout le processus même, de l'idée *de fin*, — l'unique idée sans variation parmi toutes les autres idées qui varient, — laquelle n'est pas autre chose, en substance, que l'*affectivité pour la fin* (p. 26). »

Nous devons signaler, comme particulièrement intéressantes, les pages de la troisième brochure, où l'auteur recherche « ce qu'est à proprement parler l'intuition, cette fameuse intuition qui fait tant parler d'elle dans le camp psychologique comme dans le camp philosophique (p. 129-139) ». Voici la définition que donne M. E. Rignano de l'intuition :

« L'intuition n'est rien d'autre qu'une *vision ou constatation* nouvelle entièrement improvisée et spontanée, qui arrive, soit directement et effectivement, par suite de la coïncidence fortuite de phénomènes

habituels donnés avec une préoccupation insolite de nature affective,
soit directement et mentalement, à la suite d'une combinaison mentale nouvelle, plus ou moins fortuite elle aussi, et dont le résultat est
pour ainsi dire pris au vol et maintenu dans l'esprit, grâce, ici encore,
à un intérêt intense de nature utilitaire ou scientifique (p. 137). »

On voit que l'intuition, telle que l'entend et l'explique M. R. Rignano
n'a rien d'anti-intellectuel et qu'elle est assez différente de ce que,
sous ce nom d'*intuition*, les bergsonistes croient pouvoir opposer aux
concepts de l'entendement.

TARDIEU (Dr EMILE). — **L'Ennui**, 2e édit. revue et corrigée
(in-8°, F. Alcan, Bibliothèque de philosophie contemporaine; II-283 p.).

Je ne sais s'il faut beaucoup encourager les études de ce genre malgré le plaisir dont elles sont l'occasion, pour le lecteur d'abord, je me
trompe : pour l'auteur d'abord, pour le lecteur ensuite. On passe donc
des heures agréables à réfléchir, à méditer, à se comparer aux personnages que l'écrivain nous présente, et dont malheureusement il ne
nous montre qu'un insuffisant aspect. La question est de savoir si
une fois le livre fini on en sait plus long sur le sujet.

En voulez-vous la preuve? J'ai une assez bonne mémoire et j'ai
déjà rendu compte ici même du présent livre dans sa première édition. Et je vous assure que j'avais lu ce livre d'un bout à l'autre
avant d'en écrire. Hé bien ! Je ne me souviens que d'avoir écrit sans
me rappeler ce que j'ai écrit.

Je constate donc que le sujet est étudié et détaillé avec le plus
grand soin, que ses causes en sont assez vraisemblablement dégagées.
On s'ennuie par épuisement, on s'ennuie par le défaut de ressources
en soi-même, et parce que l'on est à bien des égards resté enfant. Et
donc on a besoin du semblable pour qu'il nous amuse. On s'ennuie
parce que l'existence nous paraît monotone. Ici je me demande à
quel point cette cause d'ennui diffère de la précédente. Car si l'on est
pauvre de ressources intérieures, c'est comme si l'on ne savait jouer
qu'un seul morceau sur son instrument de prédilection. Ce n'est peut-
être pas toujours ainsi, cela finit par le devenir. Autre cause d'ennui :
la satiété. Je me demande en quoi elle diffère au juste de la mono-
tonie. M. Tardieu me le dit bien, et je l'écoute, mais il ne me prouve
pas comme je le souhaiterais la nécessité de la distinction. Pareillement « le sentiment du néant de la vie » que l'auteur considère
comme une source *sui generis* de l'ennui pourrait résulter de notre
médiocrité psychologique. On ne trouve rien en soi et l'on projette
hors de soi son propre néant.

Je ne cherche pas chicane à M. Tardieu en discutant ses thèses, et à
parler franc, je ne vois pas grand mal à ses distinctions. Un sujet ne
peut être traité sans être « divisé ». Et comme on ne saurait sans

péril parler de tout à la fois, on divise, on catalogue, on classe artificiellement. Cela vaut mieux que de ne point classer du tout. Mais on
fait croire aux autres que l'on a classé artificiellement. Et c'est peut-
être un inconvénient grave. Voilà pourquoi je fais bon accueil à des
livres agréables et finement pensés tels que l'*Ennui* et cependant je
n'en saurais encourager les imitateurs...

Je viens de relire mon compte rendu de 1905. Je le trouve plus
favorable que celui-ci. J'ai donc changé d'opinion ? Pas du tout. J'ai
pu changer d'impressions, c'était assez mon droit, ou plutôt le droit
de ma nature, car la nature, en chacun de nous, est assez instable.
Par où l'on voit l'inconvénient de ces sortes d'ouvrages. Ils font penser, certes. Mais les pensées qui s'éveillent sont, en quelque sorte,
recouvertes d'une couche d'impressions tout ce qu'il y a de plus mouvante et qui n'est pas plus tôt soulevée qu'une autre la remplace.

L. D.

TURRO (R.). — **Les Origines de la Connaissance**
(in-8°, F. Alcan ; 274 p.).

M. Turro est professeur au laboratoire municipal de Barcelone.
C'est donc dans les laboratoires qu'il s'est exercé à penser. On n'est
pas contraint, pour penser avec suite, à partir du *Cogito* cartésien. Les
premiers philosophes de la Grèce se posaient dans l'objet et s'ils par-
venaient à le déterminer, ils se déclaraient satisfaits. M. Turro n'a
point voulu faire de philosophie. Il s'est donné la tâche de rechercher
les origines de la connaissance. En philosophe perspicace, l'auteur se
rend compte des nécessités de son sujet et de sa méthode. Il rejette
toute idée d'antécédence logique. Celle-ci ne saurait à ses yeux, dériver que de l'antécédence chronologique. Dans ces conditions, c'est,
disait notre maître J. Lachelier, la conscience sensible qui formera la
conscience intellectuelle.

Seulement, tandis que M. Lachelier est convaincu qu'on ne peut sortir de la conscience, M. Turro estime que nous débutons par la sensation et que cette sensation est le signe d'un réel extérieur. Seulement,
au lieu de faire débuter la connaissance par la vie sensitive externe,
il la fait débuter par la vie sensitive interne, soit par les sensations
dues à l'alimentation, et c'est pourquoi le livre débute par un chapitre
dont le titre est : *L'Origine physiologique de la faim.* « La sensation
« de faim est dans la sphère psychique ce que le réflexe trophique est
« dans la sphère végétative (p. 13) ». La faim n'est pas un besoin
amorphe ; c'est un « besoin de prendre des aliments capables de four-
« nir au milieu interne les substances qui lui manquent. » Si l'animal
est guidé avec sûreté dans le choix de sa nourriture, « c'est qu'il pos-
« sède dans certains centres toute une organisation d'impressions venues
« de la trame cellulaire » (p. 32). De ces impressions résultent les premières expériences véritables. L'origine de la connaissance est donc

vraiment biologique. La sensibilité externe agit surtout comme véri-
ficatrice, car la perception trophique précède la perception externe ;
car celle-ci débute par les effets trophiques qu'elle détermine. « Il
« suffit de décomposer introspectivement les éléments intégraux de la
« perception d'une orange pour comprendre qu'il y a eu un temps où
« l'on a perçu sa couleur sans se rendre compte que ce qui impression-
« nait la rétine était la même chose que ce qui impressionnait le tact,
« et que ce qui produisait dans la sensibilité thermique une sensation
« de fraîcheur était la même chose que ce que l'odorat accusait comme
« une odeur. Toutes ces impressions de la composition desquelles
« résulte la perception simultanée de l'ensemble préexistent isolément
« dans le cerveau. *Sous cette forme élémentaire l'expérience trophique*
« *les objective*[1] ». Je ne suis pas de l'école dont est M. Turro, et, si je
n'adhère pas à l'empirisme, c'est en raison de difficultés que l'empirisme, au lieu de les résoudre, supprime. Mais je suis très frappé des
faits sur lesquels il m'invite à réfléchir. Je sais que l'enfant juge des
choses bonnes et des choses mauvaises d'après leur goût. Il déteste ce
qui, porté à ses lèvres, lui procure une impression désagréable. Je
suis donc tout prêt à restituer aux sensations trophiques l'importance
que l'on me prie de leur accorder.

Je suis également sensible à la manière dont M. Turro enchaîne ses
idées et développe les arguments favorables à l'empirisme. Son
livre est bien divisé et bien ordonné. Et il est profitable même aux
adversaires de ses tendances. Je l'ai lu, pour ma part avec plaisir et
j'y ai beaucoup appris, Que deux ou trois livres de cette valeur viennent à la suite de ce livre et l'on pourra parler de la « psychologie
espagnole ».

L. D.

II

MORALE, PHILOSOPHIE

ET

HISTOIRE RELIGIEUSES

BAYET (Albert). — La casuistique chrétienne contemporaine
(in-12°, F. Alcan ; 172 p.).

La casuistique n'est pas morte. Elle s'assoupit après le coup qui lui
fut porté par les *Provinciales*. On put même la croire morte. Il y
aura bientôt un siècle qu'on la sait ressuscitée. Ce fut en Italie que
saint Alphonse de Liguori, après avoir fondé la Congrégation du Très

1. C'est nous qui soulignons.

Saint Rédempteur, en prépara la renaissance, non pour « placer des coussins sous la tête des pécheurs, mais afin de rapprocher le ciel de la terre, non pas en essayant d'apprivoiser la justice divine, mais en tâchant de la concevoir telle que ne saurait manquer de l'exercer un Dieu créateur. Quand on a créé un être et que l'on est parfait, on sait de quoi la créature est capable et on ne lui en veut point d'être ce qu'elle est. L'œuvre d'Alphonse de Liguori date du milieu du xviiie siècle assez exactement puisqu'elle parut en 1748. Le pape Benoît XIV l'approuva en 1753. Saint Alphonse est, depuis 1871, docteur de l'Eglise, après avoir été béatifié en 1816 et canonisé en 1839. Le clergé français connaissait l'œuvre de ce saint et ne s'était pas laissé convaincre. Il a dû s'incliner devant le « liguorisme » et le livre de saint Alphonse est désormais « le code le plus accrédité des confesseurs ».

La casuistique divise les actes et les intentions en licites et illicites, et ces derniers en péchés mortels et péchés véniels. Tout péché offense Dieu sans doute et nous détourne des moyens de faire nctre salut. Il le compromet tout au moins, sans aller jusqu'à en consommer la perte. Demandez alors à saint Alphonse si un chrétien pécherait gravement « en se proposant de commettre tous les péchés véniels ». Saint Alphonse réfléchira, et, tout pesé, il inclinera vers la négative. Voilà qui promet. Et puisque celui qui promet est un saint, il tiendra, soyons-en sûrs.

Il a tenu. D'abord il établira des degrés entre les intentions et les actes. Il distinguera entre les péchés mortels et les péchés capitaux. Pour voir dans ceux-ci une aggravation de cela ! C'est assez l'opinion commune. Mais ne confondons pas rigorisme et « liguorisme ». Il peut advenir qu'un péché capital soit véniel. Dans certains cas on a recours au mot *tenemur*, dans d'autres, il s'agit d'un simple *possumus*. Ailleurs on distingue des actes « excusables » qui, par cela seul, cessent d'être péchés. N'en pas conclure, ajoute-t-on, qu'ils soient recommandables. Ainsi la question se pose : *Possunt tolerari meretrices ?* Et l'on en conclut qu'il ne faut pas, « généralement parlant », refuser l'absolution à des propriétaires qui louent leur maison à des vendeuses d'amour... Que la méthode des casuistes, en soi, mérite qu'on la condamne, il y a quand même lieu d'hésiter. Les jurys de nos cours d'assises tiennent ou sont censés tenir compte des circonstances, des intentions, des antécédents. Ils décident, eux aussi, s'il faut interpréter la loi dans le sens de la sévérité ou dans celui de la facilité. Ce sont de vrais casuistes sans le savoir, et trop souvent ils concluent à tort et à travers.

Je ne puis suivre M. Albert Bayet dans sa très curieuse revue des représentants de la casuistique contemporaine. Et je ne me ferai pas prier pour en dénoncer les dangers. Par la casuistique la morale périclite, ainsi que le disait un jour feu Nourrisson. Il n'est pas bon d'apprendre à « ouater » sa conscience. Et les disciples de Liguori, n'en déplaise à leur maître, furent d'excellents fabricants de coussins à l'usage des consciences rugueuses. Je ne dis pas qu'il y ait grand mal à rendre les péchés portatifs au pécheur, il n'est nullement défendu, en ce bas monde, d'aider les gens à porter leur croix. Seulement il y a péril à exercer le métier de directeur de conscience ; pas pour les directeurs, sans doute, mais pour les dirigés. Car le tribunal de la pénitence ne devrait jamais être moins redouté que les tribunaux laïques, et j'ai bien peur que depuis longtemps ils ne soient redoutables. Parmi les gens qui vont à confesse j'en connais de deux sortes : ceux qui vont encourir le châtiment de Dieu par humilité véritable, et dans un véritable esprit de repentance ; ceux ou celles qui vont s'agenouiller devant le messager de l'indulgence divine et qui abusent de la confession quand ils ou elles craignent d'avoir abusé de cette indulgence.

Et donc ce petit livre de M. Albert Bayet, très opportun, apprend et fait penser.   L. D.

BERNARD-LEROY (Dʳ Eugène). — Confession d'un Incroyant
(in-12, Emile Nourry ; 93 p.).

M. le Dʳ Eugène Bernard-Leroy a commencé il y a six ou sept ans une enquête sur le sentiment religieux, en vue de rassembler rapidement assez de faits pour une étude d'ensemble sur la « dissolution de la foi ». Il publie aujourd'hui, sous ce titre : *Confession d'un Incroyant*, la réponse faite à son enquête par un de ses correspondants, qu'il nomme M. Ac.

Dans cette confession de M. Ac. nous voyons tout d'abord que la religion n'a jamais été pour lui qu'une affaire intellectuelle. « Dès le début, déclare-t-il, la religion (il avait été élevé dans le catholicisme) avait été pour moi un ensemble de propositions enseignées et que l'on doit savoir ; ce concept se précisa quand je commençai à fréquenter le catéchisme ; plus que jamais tout cela m'apparut comme un enseignement au même titre que la géographie ou la physique, beaucoup plus intéressant que la géographie, mais moins que la physique (p. 27). »

Il raconte que, pendant son année de philosophie, il lut tous les ouvrages philosophiques qu'il put rencontrer. Peu à peu son attention s'éloigna des idées religieuses pour se porter sur les systèmes métaphysiques ; il ne prenait pas garde que ses pensées nouvelles étaient de plus en plus en opposition avec le catholicisme. Il ne voyait, ne voulait pas voir cette opposition. Il tenait que le panthéisme, qui l'avait séduit, n'avait rien d'inconciliable avec la religion dans laquelle il avait été élevé. « Je jugeais, dit-il, que, puisque le catholicisme était vrai, et mon système aussi, ils ne pouvaient pas ne pas se concilier ; en réalité, j'avais instinctivement évité jusque-là de penser au conflit possible (p. 67). »

Ce fut la lecture de l'*Esquisse d'une Morale sans obligation ni sanction* de Guyau qui lui ouvrit les yeux sur l'incompatibilité des théories panthéistes avec ses croyances religieuses :

« Tout le côté négatif, distinctif du livre (de Guyau) me produisit une forte impression, et surtout m'obligea à faire un inventaire général de mes croyances ; le bilan fut piteux ; il ne restait rien du tout. Mais ce fut une constatation calme et progressive : aucune crise à proprement parler ne s'ensuivit...

« Les ouvrages de Véra, puis la *Logique* de Hegel me montrèrent vite que l'hégélianisme ne pouvait être concilié avec la théologie catholique, à moins de donner à celle-ci une valeur purement symbolique, ce qui équivaut à cesser d'être chrétien autrement qu'en paroles...

« Trois mois de vacances complètes ne furent pas trop pour m'habituer à ma nouvelle position intellectuelle et me familiariser avec cette idée que je ne croyais décidément plus, non seulement à la religion catholique, mais encore et surtout à un Dieu personnel (p. 68 et suiv.). »

La *Confession* de M. Ac. nous apprend — ce qui ne nous étonne pas, que « ses goûts lui semblent en harmonie avec les cultes polythéistes, bien mieux appropriés, dit-il, que le christianisme aux besoins humains (p. 80) » ; et que « ses antipathies les plus nettes vont tout particulièrement au protestantisme, et surtout à certain protestantisme contemporain tout imprégné de moralisme kantien (p. 84) ».

Il nous paraît que dans le catholicisme de M. Ac., le christianisme évangélique et le sentiment du devoir n'avaient jamais eu grande place.

CHOLLET (Y.-A., évêque de Verdun). — **L'ascétique moderniste**
(in-12, Lethielleux ; 178 p.).

L'objet de ce livre est de combattre la morale moderniste. L'auteur n'a pas de peine à montrer que la morale moderniste est en conflit avec la morale de l'Eglise catholique.

La morale moderniste est *évolutionniste*. « Les consciences successives de l'humanité, selon les modernistes, sont toutes également bonnes, mais pour un temps seulement. La doctrine morale de l'Église fut excellente au moyen âge. Elle a fait son temps, une autre doctrine morale lui a succédé, vraie pour aujourd'hui, c'est la morale moderniste. Demain, d'autres mœurs, prématurées aujourd'hui, seront légitimes (p. 13). » Or, « l'évolutionnisme moral est en conflit avec la doctrine catholique, soit dans ses thèses sur les origines, soit dans ses ambitions (p. 23) ».

Un autre caractère de la morale moderniste est d'être *subjective*. « Je ne puis, dit le moderniste, être lié, obligé que par moi-même. Je sens en ma conscience une voix qui m'impose le respect de la propriété, comme de la personne du prochain, qui me prescrit de travailler à la sauvegarde de ma liberté propre, de mes biens personnels, en respectant la liberté et les biens du prochain. Cette voix impérative qui s'élève au fond de moi, c'est la loi ; elle est un principe *subjectif* d'obligation (p. 15). » Or, ce caractère subjectif de la morale est absolument opposé « aux définitions formelles de l'Église qui, en particulier, au Concile du Vatican, nous impose de croire que les démonstrations de Dieu *per ea quæ facta sunt*, d'après l'observation des réalités du dehors, est possible, et réelle, et certaine. Et une des raisons qu'a l'Église de maintenir cette foi, c'est qu'elle considère la connaissance certaine et objective de Dieu comme la base nécessaire de toute morale, l'obligation de conscience ne pouvant s'expliquer, d'après elle, que par la volonté et l'autorité de Dieu législateur (p. 24). »

D'après l'un des passages cités, l'auteur paraît admettre que la morale criticiste de l'impératif catégorique ne peut être considérée que comme *subjective* et que l'on doit lui opposer l'objectivité de la morale qui explique l'obligation de conscience par l'autorité de Dieu législateur. Il nous serait, croyons-nous, facile de montrer que le conflit des deux conceptions n'est pas irréductible.

FAYE (E. de). — **Gnostiques et Gnosticisme.** — **Étude critique des documents du Gnosticisme chrétien aux II⁰ et III⁰ siècles.** (in-8°, Paris, Ernest Leroux ; 480 p.).

Cet ouvrage magistral fera date dans l'histoire d'un des phénomènes les plus importants et les plus obscurs de la pensée religieuse dans les premiers siècles de notre ère. Une foule de problèmes y sont élucidés, qui paraissaient insolubles ; pour ceux qui ne le sont pas encore — et qui ne le seront peut-être jamais — les données sont rassemblées et exposées avec une précision tout à fait nouvelle. Le livre ne se présente pas comme une histoire de ce grand mouvement spirituel, mais simplement comme une étude critique des documents et des témoignages qui intéressent le gnosticisme. Et cependant c'est tout un monde que l'on y voit lentement surgir de l'ombre, un monde fort peu connu, défiguré par des légendes, tellement complexe que l'on a peine à s'y reconnaître. Nous assistons à une vraie résurrection.

L'auteur prend pour point de départ et pour base de son enquête les documents gnostiques eux-mêmes. Ils ne sont que fragmentaires et souvent minimes ; on est quelquefois tenté de les négliger à cause de leur peu d'importance apparente. C'est par eux, pourtant, qu'il faut commencer, et non point, comme on le fait trop souvent, par le dépouillement des écrits qui ont combattu le gnosticisme. La tradition ecclésiastique ne doit venir qu'en seconde ligne. Il ne faut pas mettre en question la bonne foi de ceux qui ont dénoncé à l'Église ce péril.

Ils n'ont pas sciemment altéré les faits, mais ils les ont révélés en adversaires et non en historiens : « De là, dans l'exposé qu'ils ont fait de ces idées, de graves lacunes en même temps que des points de vue exclusifs. » De plus, ils étaient médiocrement documentés et, quand ils avaient en main un écrit gnostique, ils n'en savaient en général ni la provenance ni la date (p. 7-8).

M. E. de Faye a scrupuleusement appliqué la méthode judicieuse dont il a donné les règles. Il aime mieux reconnaître une lacune et s'y résigner que de multiplier les conjectures et d'évoquer artificiellement et sans moyen de contrôle des situations historiques entièrement évanouies. Il commence par ceux des gnostiques dont on possède des écrits ou des fragments d'écrits authentiques. A cette catégorie appartiennent Basilide (p. 21-38), Valentin (p. 39-119), Marion (p. 121-166). les gnostiques de langue copte (247-255), ceux que les *Philosophu mena* d'Hippolyte ont révélés (p. 167-227). Dans cette catégorie, l'ordre chronologique n'est pas impossible à observer. Valentin et Basilide sont les grands fondateurs d'école. Ils appartiennent à la première moitié du II° siècle. Eux et leurs disciples remplissent la plus grande partie de l'ouvrage; et c'est logique puisqu'ils sont les seuls que nous connaissions, en quelque mesure, par des documents originaux.

Dans la seconde catégorie se rangent les gnostiques dont nous ne savons rien directement et que nous ne pouvons étudier qu'à travers les documents ecclésiastiques. Il y a d'abord Marcus dont Irénée, son historien, a pu avoir un écrit entre les mains (p. 315-325). Après lui vient un groupe touffu d'hérétiques parmi lesquels M. de Faye étudie successivement ceux qu'il qualifie d'antibibliques, les ophites, caïnites, etc. (p. 333-355), eeux qui, en tête de leur système, placent un principe féminin (p. 357-390) ceux qui mélangent à la spéculation et au mysticisme les pires pratiques de la sensualité (p. 391-406). Viennent enfin ceux de la légende, ceux dont on ne sait rien de certain ni même de probable (p. 407-415).

M. de Faye s'est moins préoccupé de reconstituer le gnosticisme que de retrouver les gnosticismes qui ont existé. La vérité, c'est qu'il y a eu là une floraison touffue et très variée. Sous cette multiplicité, il est cependant possible de découvrir une certaine unité : cette unité est à la fois dans un besoin de spéculation transcendante et dans un besoin mystique de rédemption. Par la spéculation, par les mystères et par les rites, ils veulent s'unir à Dieu. Ce Dieu est d'ailleurs relégué dans l'inconnaissable, au point de devenir une abstraction. Le Cosmos qui est en face de ce Dieu en est si loin qu'il faut imaginer entre eux une foule d'intermédiaires. Pratiquement, l'ascétisme s'ajoute aux rites pour opérer la rédemption. Un esprit commun s'agite sous toutes les formes que ces tendances revêtent. M. de Faye, qui n'a pas voulu le prendre *a priori* pour point de départ, le retrouve au terme de ses analyses (p. 417-466).

GOYAU (Georges). — Bismarck et l'Église. — Le Culturkampf 1870-1887, tomes III et IV (2 vol. in-12, Perrin ; xxx-323 et 350 p.).

M. Georges Goyau termine, dans ces deux volumes, son histoire de la lutte de Bismarck contre l'Église romaine. (Voir l'*Année philosophique* de 1911, p. 261). Cette histoire, tout en étant inspirée par un ultramontanisme décidé, est un effort remarquable d'impartialité. C'est un merveilleux répertoire de faits et de documents. Il y aurait danger à se laisser guider uniquement par ce livre dont l'auteur ne distingue jamais ce qu'il peut y avoir de fondé dans les méfiances que le pouvoir romain inspire à l'État civil ; mais, pour qui le lit en pleine indépendance d'esprit et sans oublier le devoir de la critique, il est riche d'informations sûres et d'aperçus instructifs.

M. Goyau insiste avec complaisance sur la coïncidence qu'il y a eu entre le développement de le politique anticléricale chez nous et l'abaissement des rigueurs du *Culturkampf* en Allemagne. Il lui paraît que le premier fait entrait dans les vues du chancelier, soit qu'il attendit de cette politique l'affaiblissement de l'unité morale de la France, soit qu'il escomptât, de la part du Pape, mécontent de notre pays, une plus grande complaisance à l'égard de l'Allemagne. Il nous présente un peu trop Gambetta comme la dupe naïve des menées du chancelier : il ne voit pas les raisons graves qui, par la faute du catholicisme, ont causé chez nous un anticléricalisme dont tous les traits ne sont pas toujours beaux, mais dont les cléricaux sont les premiers responsables. Il n'en est pas moins vrai qu'une politique qui serait étroitement sectaire à l'égard du catholicisme pourrait desservir les intérêts de la France dans le monde. Tout est ici en nuances ; et, malgré sa bonne volonté, M. Goyau n'observe pas toutes ces nuances. (Voir à cet égard l'*introduction* en tête du troisième volume).

M. Goyau relève, avec raison, que les luttes du *Culturkampf* ont paralysé, pendant quinze ans, l'activité intellectuelle chez les catholiques d'Allemagne. Pourtant ce « déficit » avait commencé bien avant 1870. La condamnation de Günther par Pie IX, les blâmes infligés en 1863 au congrès des savants catholiques de Munich, les définitions conciliaires avaient arrêté déjà le travail des esprits. M. Goyau, qui ne passe pas ces faits sous silence, attribue cependant au conflit suscité par Bismarck la plus grande responsabilité du mal. A-t-il tort ? A-t-il raison ? L'Église catholique a reconquis la liberté en Allemagne. L'avenir montrera ce que cette liberté, accordée par le pouvoir civil, fera pour la renaissance intellectuelle du catholicisme et dans quelle mesure cette renaissance sera facilitée ou empêchée par les récentes encycliques de Pie X. L'expérience mérite d'être suivie avec attention.

LEUBA (James.-H.). — **La psychologie des phénomènes religieux,**
traduit de l'anglais par Louis Cons (Bibliothèque de philosophie
contemporaine, Félix Alcan, in-8°; iv-414 p.).

Cet ouvrage considérable consiste en la réunion d'une série d'articles
relatifs à l'origine, à la fonction et à l'avenir de la religion. Ce triple
objet apparaît mieux dans le titre du livre en anglais que dans celui
de sa traduction française. L'auteur voit surtout dans la religion un
« type de conduite », dont la fin se définit par « la conservation et
l'accroissement du moi »; dès lors elle « implique les deux orienta-
tions que les instincts vitaux suivent nécessairement chez des individus vivant en société : amour de soi et amour des autres, égoïsme
et altruisme ». Dans ses manifestations objectives, elle apparaît comme
constituée par des attitudes, des rites, des credo; dans son expression
subjective, elle consiste dans les impulsions, les désirs, les intentions,
les émotions et les idées associées avec les actions et les institutions
religieuses. A ce point de vue biologique, elle est une des multiples
formes du vouloir vivre. « L'existence objective de divinités personnelles
ou de pouvoirs psychiques équivalents est une supposition nécessaire à
la religion ; mais la croyance en leur existence ne suffit nullement
pour expliquer la place importante que la religion a occupée et occupe
encore parmi les facteurs de développement de l'humanité. » Cette
place s'explique par l'action synergique de la religion, par son action
d'unification dans l'individu et d'organisation féconde dans la société.
(p. 13-19).

M. Leuba est conduit par cette définition à étudier la nature res-
pective de la magie et de la religion et leurs rapports réciproques
(p. 75-215). Il condense les résultats de son enquête dans les thèses
suivantes : « 1° La magie et la religion ont eu des origines indépendantes. Aucune des deux ne doit être nécessairement regardée comme
étant un développement de l'autre. — 2° La magie n'a contribué que
très peu à faire la religion. — 3° Les formes simples de la magie ont
probablement précédé la religion. — 4° Étant des moyens différents
d'arriver aux mêmes fins, les pratiques religieuses et les pratiques
magiques sont étroitement associées. — 5° La religion est sociale et
bienfaisante; la magie est essentiellement individuelle et souvent
malfaisante. — 6° La magie est de plus courte durée que la religion.
— 7° La science n'a de rapports étroits ni avec la magie, ni avec la
religion, mais bien avec le type mécanique de la conduite (p. 216). »
Plusieurs de ces thèses, qui sont fort ingénieusement soutenues, sont
en contradiction formelle avec quelques-unes de celles que l'école
sociologique croit définitivement établies. Si l'on était amené à soupçonner que l'essentiel du totémisme consiste en de la magie et si la
magie est autre chose que de la religion, on voit de quelles conséquences ce serait pour les théories essentielles de M. Durkheim qui

présentent le totémisme comme une manifestation des phénomènes
élémentaires de la vie religieuse.

Pour les problèmes des origines, M. Leuba s'adresse à trois sources :
les coutumes et les croyances actuelles des peuples les plus primitifs à
nous connus, la conduite et les idées des enfants, les enseignements
de la psychologie générale. Nous nous contenterons de remarquer qu'il
a de la « psychologie générale » une idée un peu courte et qu'il la fait
un peu trop exclusivement à l'aide de questionnaires et par correspondance : il n'est pas démontré que les gens qui ont les choses les plus
intéressantes à dire aient envie de répondre à des questionnaires ou
en trouvent le temps. Ce procédé d'enquête aurait besoin d'être complété par d'autres. Ajoutons que l'identification de la mentalité de
l'enfant civilisé à celle de l'homme primitif est un peu sommaire.

M. Leuba paraît préoccupé de l'avenir de la religion tout autant
que de sa nature et de ses origines. C'est une préoccupation fort légitime. Mais elle sort du domaine de la psychologie pure. Nous ne repro-
chons certes pas à l'auteur de l'avoir, mais de croire qu'il reste sur le
terrain de la psychologie et de l'observation alors qu'il s'aventure dans
la spéculation métaphysique. Nous n'excluons pas, non plus, les inductions métaphysiques, mais à la condition qu'elle se donnent pour telles
et ne se parent pas du nom de science. La psychologie religieuse
repose sur le principe de l'exclusion de la transcendance. Ce n'est là
qu'un principe de méthode ; il consiste à ne pas invoquer comme
explication les facteurs transcendants. M. Leuba lui fait dire autre
chose, à savoir la négation de ces facteurs transcendants (p. 292-
326). Ceci est de la métaphysique, et il est loisible de le contester.
M. Leuba écarte la notion du Dieu personnel ; il la remplace par celle
de la « société humaine en voie de formation », et c'est là l'objet qu'il
propose à la religion (p. 394). Si l'hypothèse Dieu est écartée parce
qu'on ne peut la vérifier expérimentalement, on ne voit pas très bien
l'avantage qu'il y aurait à la remplacer par la contemplation d'une
humanité qui, en dehors d'une affirmation mystico-morale, n'a rien
de réconfortant ; et si cette contemplation s'accompagne de cette
affirmation mystico-morale, on sort de l'expérience proprement dite
pour rentrer dans la croyance, et alors la croyance au Dieu personnel
n'est pas moins rationnelle que la croyance à une humanité qui poursuit, sans le savoir, un but supérieur à elle-même.

MÉNÉGOZ (EUGÈNE). — **Le salut par la foi indépendamment des
croyances**, extraits des publications diverses sur le fidéisme (in-12,
Fischbacher ; 198 p.).

Ces extraits sont tirés des trois volumes de M. E. Ménégoz intitulés :
Publications diverses sur le fidéisme. Ils ont été publiés, avec l'assentiment de l'auteur, par le *Comité des Publications religieuses libérales*.

Ils ont été choisis avec soin et font très bien connaître les principes que, sous le nom de fidéisme, M. Ménégoz entend distinguer et de l'orthodoxie et du rationalisme, et qu'il présente comme l'expression la plus fidèle de l'Évangile authentique. Ils sont rangés en quatre catégories, d'après les sujets auxquels ils se rapportent : I. *Le fidéisme et ses principes ;* II. *La Critique et l'Histoire ;* III. *La question du miracle ;* IV. *La Christologie.* Nous devons signaler comme particulièrement intéressants les extraits qui forment la quatrième catégorie, notamment ceux qui ont pour titre : *Le dogme de la Trinité* (p. 111) ; *La kénose* (p. 136) ; *La réforme de la christologie orthodoxe* (p. 140) ; *Le dogme de l'expiation* (p. 150).

MÉNÉGOZ (Eugène). — **Publications diverses sur le fidéisme et son application à l'enseignement chrétien traditionnel,** troisième volume (in-8°, Fischbacher ; x-505 p.).

M. E. Ménégoz a déjà publié sous ce titre deux volumes : le premier en 1900, le second en 1909. Nous avons parlé du premier dans l'*Année philosophique* de 1900, p. 209 ; et du second, dans *Année philosophique* de 1909, p. 233. Le troisième volume renferme un grand nombre d'articles qui méritent l'attention et dont quelques-uns sont d'un haut intérêt. Nous devons signaler particulièrement le n° 107, qui a pour titre : *Une évolution tronquée,* où M. Ménégoz montre que le cardinal Newman est entré dans le mouvement moderniste, mais s'est arrêté en chemin ; — les n°ˢ 118, 128, 189 et 198, où il expose les vues théologiques de M. H. Bois ; — le n° 125, sur la faiblesse de l'orthodoxie qui fléchit de plus en plus dans l'enseignement de ses doctrines spécifiques ; — le n° 143 sur l'évolution de l'ancien libéralisme avec une conception plus juste de la vie religieuse ; — le n° 203 sur la théorie de la kénose ; — le n° 222 sur la distinction qu'il importe d'établir entre le fidéisme et la théorie de la connaissance. Nous citerons le passage suivant, où M. Ménégoz explique cette distinction :

« Le fidéisme n'est pas une philosophie ; il est une religion. Il enseigne la révélation de Dieu ; il prêche l'Évangile du Christ, — le salut par la foi ; par la repentance et le don du cœur à Dieu, — et il laisse aux psychologues la tâche d'élaborer une théorie sur les opérations mentales par lesquelles nous nous approprions nos croyances et nous nous déterminons pour la vie divine. On peut avoir des opinions différentes sur le mode de ces opérations et n'en être pas moins d'accord dans les convictions religieuses. La foi en Dieu peut être vivante dans notre âme, sans que nous nous rendions exactement compte de la façon dont elle s'est produite. Tout le monde n'a pas le don de l'analyse psychologique, et les psychologues eux-mêmes ne sont pas à l'abri des erreurs. L'histoire des théories de la connaissance suffirait pour nous en convaincre. Il y a donc lieu de distinguer nettement la religion et la théorie de la connaissance.

« J'attache une grande importance à cette distinction. Autre chose
est l'Évangile du salut, et autre chose l'explication du processus psychologique par lequel cet Évangile s'empare de notre esprit et de notre
cœur. Évidemment une explication juste est de beaucoup préférable à
une explication erronée. Mais quelle que soit l'explication, c'est l'Évangile lui-même qui est la puissance à salut. Voilà pourquoi le fidéisme
est compatible avec diverses théories de la connaissance et ne se
trouve sous la dépendance d'aucune.

« Mon ami Auguste Sabatier avait la sienne ; elle me séduisait
beaucoup. La théorie de M. Henri Bois en diffère légèrement, j'en
admire certaines observations judicieuses... J'ai aussi la mienne que
j'ai esquissée à diverses reprises. Je la trouve naturellement excellente.
Mais je ne saurais me passionner pour une théorie quelconque. Ce qui
m'importe, c'est la vérité religieuse, de quelque façon qu'on en explique
l'origine et l'action dans la vie spirituelle de l'homme (p. 497). »

NICOULLAUD (Charles). — **L'initiation maçonnique**, Préface de
l'abbé *Jouin* (in-12, Perrin ; xvii-306 p.).

M. E. Jouin, curé de Saint-Augustin, a écrit pour ce livre une préface
significative. J'en extrais cette page : « Satan, chef invisible, dirige
« toujours, en dernier ressort, par ses infernales persuasions, le pouvoir
« maçonnique quel qu'il soit, et lui fait accumuler les ruines dans les
« âmes désemparées, ruines dans les familles divorcées, ruines dans
« les corps débauchés, ruines dans les sociétés déséquilibrées, jusqu'à
« ce que d'hécatombe en hécatombe, on puisse renverser l'Église
« catholique. Car c'est elle le vrai centre d'attaque de la contre-
« Église ».

Je n'insiste pas davantage, manquant des dispositions d'esprit suffisantes pour parler pertinemment de ce livre qui contient d'ailleurs
d'abondantes informations. Je suis juge de cette abondance, je le suis
moins de leur exactitude. Et c'est pourquoi je me récuse, non par anticléricalisme, mais parce que M. Nicoullaud, sous les dehors d'un savant,
pourrait bien être un apologète. Les apologètes ont le droit d'écrire
pour défendre leur religion quand on l'attaque. Et je comprends le
catholique, quand il souhaite que ses ennemis aient le sort des ennemis du peuple de Dieu. M. Nicoullaud a donc bien fait d'écrire son
livre. Mais je ne suppose pas qu'il l'ait écrit à l'adresse des philosophes : ce pour quoi je le mentionne, et ne veux, ici, que le mentionner.

L. D.

III

PHILOSOPHIE DE L'HISTOIRE
SOCIOLOGIE ET PÉDAGOGIE

AURIAC (JULES D'). — **La Nationalité française**
(in-12, Flammarion, Bibliothèque de philosophie scientifique ; 349 p.)

Ce livre, qui traite de la formation historique de la nationalité française, est divisé en cinq parties, où l'auteur étudie les révolutions sociales que la France a traversées dans le cours de son histoire. Il distingue en cette histoire cinq périodes : 1º période gauloise et gallo-romaine ; 2º période franque ; 3º période féodale ; 4º période royale ; 5º période moderne, depuis la Révolution de 1789. Les quatre chapitres dont se compose la cinquième partie et qui se rapportent à l'époque révolutionnaire et contemporaine nous paraissent appeler particulièrement l'attention des sociologues. Nous signalerons surtout le chapitre IV sur la France actuelle.

Dans les dernières pages du volume, l'auteur jette un coup d'œil fort pessimiste sur la France de l'avenir. Il nous montre les dangers qui la menacent. Nous citerons le passage suivant sur la désertion des campagnes :

« La désertion des campagnes est un mal général, elle se produit, à l'heure actuelle, chez presque toutes les nations du monde, mais elle sévit chez nous avec plus d'intensité que partout ailleurs, parce que nos villes, et principalement Paris, déploient de telles séductions de luxe, tant de confort, tant d'attraits de tout genre que non seulement le jouisseur, mais l'intellectuel et tout homme qui vit par l'intelligence y sont irrésistiblement poussés. A vrai dire, la désertion des campagnes est un mal qui résulte presque fatalement de la civilisation, qui la suit et qui la tue comme le fruit tue la fleur ; elle a fait périr le monde romain au vᵉ siècle, elle nous attaque par les mêmes coups...

« La campagne a diminué à mesure que la civilisation et le luxe se sont développés ; l'exode vers les villes est signalé dès le xvɪᵉ siècle par Bernard Palissy.

« Notre richesse croissante et la création des chemins de fer ont accéléré ce mouvement, et chacun de nos recensements en accuse la progression. Est-il possible de l'enrayer ? Je ne le crois pas, même si l'on compte sur l'immigration étrangère : l'étranger ne nous envoie que des bourgeois ou des ouvriers, jamais des cultivateurs. Si les campagnes finissaient par se déserter tout à fait, je ne vois pas qui y remplacerait les indigènes ; la France, alors, ayant perdu la moitié de son armée et sa partie la plus solide, serait une proie offerte à qui voudrait la saisir...

« La France mourra de sa centralisation, de cette centralisation qui fut sa force dans le passé. Deux fatalités pèsent sur elle, depuis le jour où nos rois se formèrent une cour qui absorba toutes les forces de la nation, et depuis le moment où les Conventionnels, pressés par l'ennemi, déclarèrent la République *une et indivisible*. Cela sauva la France alors ; mais cela la condamne pour l'avenir (p. 296). »

BLOCH (G.). — **La République romaine** (in-12, Flammarion, Bibliothèque de philosophie scientifique (à 3 fr. 50) ; 322 p.)

Il ne m'appartient pas de juger ce livre et d'en discuter les conclusions. Les historiens, au temps où nous sommes, ne sont justiciables que de leurs pairs. J'ai cru toutefois devoir signaler ce livre parce qu'il est l'œuvre d'un esprit philosophique au premier chef, d'un auteur qui sait penser et travailler. M. G. Bloch s'est fait connaître jadis par un beau livre de tout premier ordre sur les origines du sénat romain. Il était donc mieux désigné que personne, en notre pays, pour nous exposer les conflits politiques et sociaux dont les résultats se confondent avec l'histoire intérieure de la république romaine. Que cette république n'ait jamais réussi à devenir démocratique, le moindre écolier de rhétorique savait cela au temps où on lui faisait apprendre par cœur les discours du *Conciones*. Il en extrayait des formules oratoires pour en orner ses compositions latines. Et nos maîtres nous faisaient admirer l'éloquence du tribun Canuléius (pardon ! l'éloquence de Tite Live). Il nous invitaient même à reproduire, dans nos traductions orales, les mouvements de cette éloquence. L'occasion d'exercer notre sens littéraire se présentait quotidiennement, et aussi celle d'éveiller notre sens historique. Par malheur nos professeurs de rhétorique, en ce temps-là, n'étaient rien moins que professeurs d'histoire : au besoin même, ils s'en seraient défendus. En sorte que le livre de M. G. Bloch vient fort à propos réparer une grave lacune de notre instruction secondaire.

Je ne puis analyser ce livre ; cela reviendrait à tenter une « réduction » difficile et vraisemblablement dénuée d'intérêt. Je voudrais dire seulement quelle impression j'emporte de cette lecture. Elle me surprend d'ailleurs comme surprend, d'ordinaire, tout ce à quoi l'on a oublié de réfléchir. Je viens donc de m'apercevoir, non pas que le peuple romain fut un grand peuple, ce que savent ceux-là mêmes qui n'ont rien appris du tout, mais qu'il a mérité son incomparable, son unique fortune. Et il l'a méritée par l'application à peu près constante du précepte apollinien : « Connais-toi toi même. » Rien n'est malaisé comme de se connaître quand on est un individu ; quand on est un peuple, c'est infiniment plus difficile. Nous, Français, nous en savons quelque chose. Nous devrions savoir, par l'exemple d'Athènes, de quel prix cela se paie. Le peuple romain, lui, est mort, parce qu'il faut bien mourir quand on est mortel. Peut-être est-il le seul des peuples à qui puisse s'appliquer l'expression : mourir de sa belle mort. Et il a mérité de vivre longuement, parce qu'on y avait le sentiment des réalités. On savait juger une situation et y faire face. La lutte des patriciens et des plébéiens est instructive à plus d'un point de vue : on y voit les patriciens se résigner à ce qu'ils savent ne pouvoir empêcher. Et pour attester qu'ils ne l'empêcheront pas, ils consentent à voter les lois qu'on leur demande. Seulement, quand il s'agit de passer à l'application, ils font la grimace, sans aller toutefois jusqu'à retirer d'une main ce qu'ils ont donné de l'autre, simplement pour parer aux effets d'un changement trop brusque. Les sénateurs romains savaient noblement mourir devant l'ennemi, s'il est vrai qu'ils se soient comportés, au moment de l'invasion gauloise, ainsi que le rapporte Tite Live, mais ils s'épargnaient les nuits du 4 août. Ils cédaient non sans résister, mais presque sans combattre. Et ils cédaient aux circonstances beaucoup moins qu'à leurs adversaires. Ils avaient, chose rare entre toutes, l'intelligence de l'histoire contemporaine.

Et c'est pourquoi le livre de mon collègue Gustave Bloch pourrait bien être le plus « actuel » de tous les livres.					L. D.

CELLÉRIER (L.) et DUGAS (L.). — **L'Année Pédagogique**, Deuxième année, 1913 (in-8°, F. Alcan, Bibliothèque de philosophie contemporaine ; VII-524 p.).

Ce volume comprend cinq mémoires : 1° *L'École et la nation en France* par Ferdinand Buisson ; 2° *L'Éducation de la Volonté* ; 3° la *Littérature criminelle* par Cellérier ; 4° *L'enseignement et en particulier l'enseignement moral en France comme service d'état* ; 5° *Un type d'éducation intellectuelle (J. Stuart Mill)* par M. L. Dugas.

Le mémoire de M. Buisson est un véritable rapport. On y trouve tout ce qu'il est essentiel de savoir sur les rapports de la nation et de l'école, tels qu'ils ont été conçus en France, par la Troisième République. Ils l'ont été dans l'esprit de la Révolution de 1789, qui a été la véritable émancipatrice des esprits, en qui l'œuvre de la France, après 1870, se distingue de l'œuvre de l'Allemagne après 1816. L'esprit laïque est une des conquêtes de notre grande révolution et cette conquête a singulièrement contribué à sa grandeur. Et cette conquête fut durable. Car en dépit du retour offensif de l'esprit clérical sous tous les gouvernements, oui tous, on peut le dire, qui succédèrent à la Révolution, dès que la Troisième République entreprit d'organiser l'enseignement primaire, elle fit accepter sans peine l'idée d'une morale à base exclusivement laïque, indépendante de toute confession. Une remarque curieuse de M. Buisson et dont la portée n'est pas médiocre est assurément celle-ci : l'établissement de la morale laïque était nécessaire pour qu'il devînt possible de séparer l'Église de l'état, ou tout au moins pour permettre le vote d'une loi de séparation, telle que cette loi fut conçue et rédigée. On retrouve dans ce mémoire les qualités ordinaires de M. Buisson. Très ferme sur les principes, l'ancien directeur de notre Enseignement primaire demeure au sens strict du terme tolérant et libéral. Cet avis ne sera point celui de tout le monde à commencer par nos hommes d'Église. C'est que M. Buisson ne craint pas de voir dans l'Église une puissance envahissante, ambitieuse, dominatrice et dont les représentants affectent de se croire persécutés là où ils ne sont pas les maîtres. Je ne suis pas sûr que l'Église catholique n'ait eu, en ces dernières années, quelques raisons d'en vouloir à nos hommes d'État. Elle en a vu de dures, inutilement peut-être ; de moins dures certainement qu'elle ne nous en ferait voir si elle parvenait à ressaisir la domination sur les consciences. M. Buisson a le malheur d'être né sous le ministère Guizot, d'avoir vu le second empire et d'avoir été gouverné par les ministres de l'ordre moral. Plus d'un parmi nos jeunes néo-catholiques y regarderait à deux fois pour se jeter dans les bras du catholicisme, s'il savait combien le catholicisme excelle à se rendre odieux quand il s'y résigne. Et il s'y résigne un peu plus souvent qu'à son tour. Jamais il ne se résoudra à n'exercer qu'un pouvoir tout spirituel, un pouvoir qui consisterait à éclairer les consciences, sans les diriger, en leur prescrivant ou en leur interdissant des actes définis, étrangers d'ailleurs à ce qui est prescrit, ou défendu par la morale naturelle.

La place nous manque, et je le regrette, pour entretenir nos lecteurs des autres mémoires. Je relève seulement ces lignes dans le travail de M. Dugas sur l'Enseignement moral en France. L'auteur ne paraît vouloir à aucun titre d'un enseignement confessionnel. L'État doit veiller sur la façon dont la morale est enseignée dans nos écoles et dans nos lycées, ne pas non plus, sans doute, se désintéresser des recherches faites sur la morale dans notre Enseignement supérieur, mais il ne doit estampiller aucune doctrine. C'est bien ainsi que j'inclinerais à conclure. Seulement les doctrines ne sont pas tout dans l'enseignement de la morale. Il y a aussi la façon d'enseigner, l'accent personnel. Certains maîtres qui prendraient plaisir à insister sur certaines idées soi-disant mortes, sous prétexte qu'il convient de les enterrer par précaution hygiénique, ceux à qui la foi en Dieu causerait les mêmes terreurs que l'athéisme librement professé inspirait à nos pères, ceux-là feraient bien de se demander si la meilleure façon de respecter la liberté de l'enfant consiste à ne pas attendre qu'il soit assez mûr pour saisir dans sa véritable portée la parole du maître. La question est donc des plus délicates. Le malheur veut que tout insoluble qu'on soit tenté de la dire, on ne saurait attendre avant de la résoudre. Le plus tôt sera le mieux.

Bref les intentions des directeurs de ce recueil sont dignes de tout éloge.

Comme l'an dernier, il se termine par un « catalogue expliqué » de tous les livres et articles publiés en Europe et en Amérique sur les questions d'éducation. Ce catalogue ne contient pas moins de 2729 numéros. Il y a là une vaste donnée dont le dépouillement mérite toute notre reconnaissance.   L. D.

COURNOT (A.). — **Souvenirs** (1760-1860), précédés d'une Introduction par E.-P. Bottinelli (xxxvii-266 p.).

La publication de ces *Souvenirs* de Cournot n'ajoute rien à ce que nous connaissons de son œuvre philosophique. Mais les renseignements qu'elle nous donne sur les événements et les hommes de son temps, et les jugements portés par le philosophe sur ces événements et ces hommes sont d'un grand intérêt. Il faut lire les pages 143-146, consacrées à la Révolution de juillet et à Louis-Philippe. Nous citerons le passage suivant :

« Il me semblait que le duc d'Orléans, dont on voulait faire un Guillaume III, était plus propre, vu les circonstances à imiter ce prince dans son rôle de Stathouder de Hollande que dans celui de roi constitutionnel d'Angleterre. Il me semblait que sa situation serait fausse, tant qu'il ne paraîtrait pas clairement, pour des raisons d'une vulgarité bourgeoise, qu'il rendrait à la nation, dans les conjonctures où on l'avait mise et où elle s'était mise, un service gratuit et désintéressé. J'aurais donc voulu qu'il restât au Palais-Royal, vivant en prince comme auparavant, gardant ses armoiries, ses biens, son apanage, laissant la nation subvenir, comme elle le jugerait bon, à l'entretien des palais, des musées, à tout ce que l'on regarde comme la décoration et le luxe d'un grand État monarchique. Ainsi l'a compris à peu près son gendre, le roi des Belges, qui s'est maintenu sur un trône de convention, uniquement parce qu'il a toujours déclaré qu'il le quitterait, dès qu'on croirait n'avoir plus besoin de lui. Cela éloignait toute comparaison entre la branche aînée et la branche cadette, et, à vrai dire, tout reproche sérieux d'usurpation. Le gouvernement de Louis-Philippe ne pouvait avoir d'autre appui que celui de la bourgeoisie, et l'esprit bourgeois compte, souvent d'une manière mesquine et peu intelligente, ce que coûte un gouvernement. D'ailleurs, à supposer que le peuple de Paris tienne beaucoup au faste de la royauté, dont il a le spectacle, le peuple des provinces n'a aucun motif de s'en soucier. Ce n'est pas cet appareil qui, de notre temps et dans un pays comme le nôtre, peut faire la force du pouvoir monarchique (p. 144). »

Nous signalerons encore à l'attention du lecteur les pages 169-173 sur Villemain et Cousin.

DANEL (Joseph). — **Les idées sociales de Ruskin,**
avec Préface de Georges Goyau (in-12, Bloud ; xv-334 p.).

Cet ouvrage est divisé en deux parties : I. *L'homme et le milieu* ;
II. *Les idées sociales et économiques.*

Nous devons signaler, comme particulièrement intéressant, le chapitre II de la deuxième partie : *La conception de l'économie politique
chez Ruskin.* M. Danel y fait connaître en quoi les vues de Ruskin
diffèrent de la notion que les maîtres classiques s'étaient faite de
l'économie politique.

« Toute l'école anglaise, dit-il, d'Adam Smith à Stuart Mill, avait
vu dans l'économie politique une science de pure observation. Sa
méthode consistait à regarder, à classifier, à découvrir des rapports
d'où l'on essayait de conclure à des lois. Son objet s'était limité à la
richesse ; elle se proposait de veiller à ce que les États et les particuliers fussent riches en or et en objets de consommation.

« Ruskin renverse d'un coup cette manière de voir, non pas en
niant la portée et l'intérêt de l'observation, mais en introduisant
parmi les données du problème un élément nouveau : la vie humaine.
Avec lui, l'économie politique ne bornera pas ses constatations au
monde matériel, elle devient une science psychologique, et parce
qu'elle n'a d'intérêt que par la réalisation, il en fait un art.

« Et ainsi Ruskin est bien dans la ligne de l'évolution que suivra
l'économie politique durant tout le cours du XIXe siècle, où elle s'est
peu à peu dépouillée de ce qu'elle avait eu d'indifférence hautaine vis-
à-vis des hommes : de l'observation limitée à l'examen de rapports
que l'on croyait spontanés et imperfectibles, elle a passé à la réalisation, à la recherche d'un progrès obtenu à la fois, — car elle n'a
rien perdu de sa valeur scientifique, — par une meilleure connaissance
des répercussions et des solidarités, et par un appel à la volonté
active de l'homme...

« Il ne nous appartient pas de rendre compte de cette évolution, il
nous suffit d'en avoir indiqué les termes et de marquer la place qu'y
occupe Ruskin.

« Pour les économistes classiques, l'économie politique est une
science qui constate des lois. Pour Ruskin, elle est tout d'abord un
art qui pourvoit à l'utilisation intelligente et efficace du travail.

« C'est l'idée qu'il s'en fait au moment où il en aborde pour la première fois l'étude : il y voit surtout une science ménagère, et il confond en un même principe économie politique et économie familiale.
Dans un cas comme dans l'autre, elle est l'art de mettre en valeur
les ressources du sol au mieux des intérêts de tous les membres d'une
communauté (p. 104 et suiv.) ».

Nous avons eu, en 1902, l'occasion d'exposer et d'apprécier les idées
sociales de Ruskin, dans la notice consacrée à l'un de ses plus impor-

tants ouvrages d'économie politique : *Unto tho last* (Voyez l'*Annee philosophique* de 1902, p. 245). Aujourd'hui comme alors, nous pensons que Ruskin confondait des questions essentiellement différentes, ce qui le conduisait à une politique interventionniste semblable à celle des socialistes chrétiens et dont il ne voyait certainement pas toutes les conséquences.

DURKHEIM (ÉMILE). — **L'année sociologique, tome XII (1909-1912)** (in-8, F. Alcan, Bibliothèque de philosophie contemporaine ; 889 p.).

Ce volume, le second de la nouvelle série de l'*Année sociologique* comprend toute la littérature sociologique parue de 1909 à 1912 [1]. Plus de treize cents ouvrages ou articles y sont étudiés ou signalés. Groupées systématiquement d'après la nature des problèmes auxquels elles se rapportent, ces analyses bibliographiques forment, comme dans les volumes précédents, sept sections : I. *Sociologie générale ;* II. *Sociologie religieuse ;* III. *Sociologie morale et juridique ;* IV *Sociologie criminelle et statistique morale ;* V. *Sociologie économique ;* VI. *Morphologie sociale ;* VII. *Sociologie esthétique.* Ces notices bibliographiques sont toutes fort instructives. Celles dont MM. Durkheim, Bouglé, Maus, Davy, Fauconnet, Simiand sont les auteurs nous ont semblé particulièrement intéressantes.

GARNIER (ÉMILE). — **Le problème social, éléments de science économique et sociale** (in-12, Bloud ; 108 p.).

M. E. Garnier expose, dans ce petit livre, les vues que lui a inspirées sur le problème social l'Encyclique *Rerum novarum* du pape Léon XIII. Il commence par établir une distinction nécessaire entre la misère et la pauvreté. « La misère est la privation de ce qui est absolument nécessaire pour vivre... Dans la pauvreté, l'homme n'est pas absolument dénué de tout ; il peut toujours, par son travail, se procurer le nécessaire de la vie. Rechercher les moyens de diminuer sinon d'anéantir la misère, est un devoir social qui s'impose à tous ; vouloir supprimer la pauvreté dans l'humanité déchue serait une entreprise vaine, insensée, chimérique (p. 13). »

Il montre ensuite que l'idée socialiste de l'universalité de la richesse, la formule socialiste : *La richesse indéfinie, la richesse pour chacun et pour tous* est une dangereuse chimère et doit être considérée, si paradoxal que cela puisse paraître, comme la cause la plus puissante qui engendre la misère.

1. Nous avons parlé du tome XI de l'*Année sociologique* dans l'*Année philosophique* de 1910, p. 242.

Les pages les plus intéressantes du volume sont consacrées à la critique des moyens imaginés pour supprimer la misère : accroissement indéfini de la production ; progrès du luxe ; diminution de la race ; augmentation des salaires ; organisation du travail ; charité imposée au nom de la loi. Il faut lire cette critique qui nous paraît conforme aux principes de la science économique fondée sur l'observation des faits.

JANET (PAUL). — **Histoire de la science politique dans ses rapports avec la morale** (2 vol. in-8°, F. Alcan, Bibliothèque de philosophie contemporaine ; ci-608 et 770 p.).

Cette publication n'est qu'une réimpression, mais la réimpression d'un ouvrage bien fait et utile. C'est en 1859 que l'ouvrage a paru, pour la première fois, sous ce titre : *Histoire de la philosophie morale et politique.* En 1872, il reparaissait en une seconde édition, le fond en avait été profondément modifié, et un changement dans le titre indiquait celui qui s'était produit dans le point de vue ; c'était le titre actuel. En 1887, il revenait devant le public, une fois de plus corrigé et surtout considérablement augmenté. Paul Janet est mort en 1899. Depuis longtemps, son livre ne se trouvait plus en librairie. Les éditeurs ont pensé qu'il y avait lieu d'en donner une quatrième édition, et ils ont rendu service à bien des travailleurs pour qui cet ouvrage, forcément sommaire dans chacune de ses parties prises à part, constitue une véritable encyclopédie sur la matière. La présente édition a été revue d'après les notes laissées par l'auteur.

L'ouvrage a été étudié dans la *Critique philosophique*, 1887, t. II, p. 217-221). Nous y relèverons un point de doctrine qui nous paraît avoir quelque actualité. Il s'agit des « déclarations de droits ». Elles ont résumé, dit P. Janet, en principes nets, courts, lumineux, les articles de foi de la société nouvelle, et celle-ci n'en a pas désavoué un seul... « Ce syllabus laïque a donné à la Révolution la conscience d'elle-même. Toutes les fois qu'il y est porté atteinte, même de la manière la plus superficielle, ce sentiment se réveille et prend feu... La formule est un garant. Elle nous apprend que toutes ces libertés forment un tout, qu'elles tiennent les unes aux autres, qu'il faut veiller à la fois sur tout l'édifice... Ces droits de l'homme que nos lettrés dénoncent en souriant comme abstractions creuses et chimères vides ont été précisément la partie la plus vivante et la plus durable de la Révolution... Cette déclaration représente une phase ou une étape de l'esprit humain et non le travers d'un peuple... Les maux issus de la Révolution française ne pourront être guéris que par le succès définitif des principes de la Révolution. » (P. LV, LVI, LXII, LXX.)

LANDRIEUX (Maurice). — **L'Islam** (in-12, Lethielleux ;
viii-105 p.).

Ce petit volume sur l'*Islam* est divisé en deux chapitre : i. *Le trompe-
l'œil de l'Islam ;* ii. *La France, puissance musulmane.* Dans le premier
chapitre, qui est le plus intéressant, l'auteur nous dit ce qu'il faut
penser, selon lui, de la tolérance de l'Islam.

« Si l'on veut, dit-il, démêler dans le fouillis des oracles musulmans,
la pensée profonde de Mahomet, la loi directrice qu'il entend laisser
à ses disciples, il faut la chercher dans la IXᵉ Sourate, la Sourate du
Sabre, la dernière en date, qui renferme son testament politique et
religieux : la haine du *roumi*, la lutte sanglante, inexorable, la Guerre
sainte qui s'impose à tout musulman comme le plus sacré des
devoirs...

« Il y a, dans le Koran, 207 versets, qui figurent toujours dans le
texte, mais qui sont abrogés par 93 autres. Le 5ᵒ verset de la IXᵉ Sourate : *Tuez-les tous partout où vous les trouverez*, en abroge à lui
seul 124.

« Or ce sont précisément tous les versets de tolérance, toutes les
maximes pacifistes qui sont abrogées ; et, voici, formulé en termes très
clairs le principe général : *Chaque fois qu'il est dit à Mahomet :*
« *Éloigne-toi d'eux, ne leur fais pas violence !* » *Chaque foi qu'il lui est
ordonné de supporter avec patience Juifs et Chrétiens, ces versets-là sont
abrogés par la IXᵉ Sourate...*

« La guerre sainte est un devoir strict pour tout musulman valide.
Quels que soient les textes des traités, la paix n'est jamais qu'une
trêve.

« Que l'on ne croie pas qu'il s'agit ici de doctrines surannées : tout cela
est enseigné couramment dans les universités musulmanes, du Caire
à Damas, partout, même à Tunis ; et, à notre barbe, en Algérie ; cela
est écrit dans les livres musulmans qui sont réédités tous les jours...

« Non, non, qu'on ne s'y méprenne point, la tolérance n'est pas,
chez les musulmans, un principe : ce n'est qu'un procédé, une attitude
du moment, une tactique prudente en face du plus fort. L'intolérance
est un *dogme.* Le musulman n'est tolérant que quand les événements
l'y obligent (p. 48 et suiv.). »

MAURY (L.). — **La valeur sociale du sacrifice** (broch. in-8º,
Montauban, imprimerie coopérative ; 39 p.).

Dans cette brochure, d'un haut intérêt moral, M. L. Maury, professeur à la Faculté libre de théologie protestante de Montauban, soumet à son examen critique : d'abord, les diverses théories d'individualisme égoïste, depuis celles de Bentham et de Spencer, jusqu'à celles de

Stirner et de Nietzsche ; puis la théorie de la solidarité sociale de fait.
telle que la soutient et l'explique M. Durkheim. C'est surtout la
critique du solidarisme de l'École sociologique qui appelle, selon nous,
et doit retenir l'attention.

L'auteur montre très bien que la loi sociale de solidarité propage
indifféremment le bien ou le mal :

« Elle a fait le bonheur des hommes, nous dit-on. Parfaitement.
Mais elle a fait aussi leur malheur.

« Physiologiquement, c'est parce que nous sommes solidaires les
uns des autres que les maladies se propagent d'un organisme à
l'autre, aussi irrésistiblement qu'un incendie entre deux maisons
contiguës.

« Moralement, c'est parce que nous sommes solidaires les uns des
autres que l'exemple pernicieux peut séduire les âmes sans défense et
pervertir les consciences sans convictions.

« Économiquement, c'est parce la division du travail, — cette réa-
sation pratique de la solidarité, d'après M. Durkheim, — spécialise
de plus en plus rigoureusement les efforts des travailleurs, que chaque
ouvrier est désormais non seulement asservi à d'autres ouvriers dont le
labeur est indispensable pour compléter le sien, mais aussi et surtout
à la merci du patron qui seul centralise ces travaux incomplets et,
en les coordonnant, crée leur valeur commerciale.

« On l'a objecté, avec grande raison, à l'École sociologique, tout le
long de la série des phénomènes sociaux, dans la vie privée comme
dans la vie collective, à l'atelier comme derrière les comptoirs, dans
les laboratoires scientifiques comme dans les salons des Ministères,
la solidarité intervient. Dans un milieu où régnerait une moralité
élevée, elle serait un adjuvant précieux de cette moralité même ; elle
concourrait à l'entretenir et à châtier les défaillants. Au contraire,
dans une société dont la vie morale s'affaisse et s'atrophie, elle devient
une collaboratrice très active de toutes les forces mauvaises qui, en nous
et autour de nous, entraînent au mal; et Renouvier est allé jusqu'à
dire que la solidarité sociale engendre de tous côtés une injustice de
réciprocité et fait de la justice sociale une œuvre ardue et, à la rigueur,
impossible (p. 23). »

Les solidaristes se trouvent ainsi conduits et obligés, comme l'a
bien compris M. Bouglé, à distinguer radicalement entre la solidarité
de fait et la solidarité de droit, entre la solidarité fatale et la solidarité voulue. Il faut qu'ils dépassent l'observation strictement objective
du fait de la solidarité sociale. Il faut que la solidarité cesse d'être
fatale, qu'elle pénètre dans le cœur, dans la conscience, dans la
volonté, qu'elle devienne sentiment du devoir de justice et du devoir
de charité.

Nous ne voyons rien dans cette étude de M. L. Maury qui ne doive
être approuvé sans réserve.

RIOU (Gaston). — **Aux écoutes de la France qui vient**, préface d'*Émile Faguet* (in-12, Bernard Grasset, 335 p.).

Ce volume est le confession passionnée d'un jeune Français qui en représente excellemment beaucoup d'autres. On parle beaucoup d'une renaissance de patriotisme et d'une renaissance de la religion. Tout n'est pas également bon dans le renouveau qu'on exalte. Il y a bien des cas où le patriotisme dont il s'agit est exclusif de tout idéalisme et aboutit un peu trop au culte de la force ; il y en a aussi où le souci religieux se ramène surtout à la préoccupation d'utiliser la religion comme moyen de gouvernement des âmes. Ces faits fâcheux risquent de masquer un autre mouvement beaucoup plus profond et plus intéressant dont le livre de M. Riou est à la fois un symptôme et une étude.

Dans la première partie de l'ouvrage, composée de fragments d'allure particulièrement littéraire, on voit comment un jeune Français, au début du vingtième siècle, en vient à *désirer* croire ; la considération du problème national l'amène à poser le problème religieux, et, inversement, l'étude du problème religieux redouble pour lui l'intérêt du problème national. Notons ce qui fait la valeur de cette double analyse : c'est que l'auteur se prononce catégoriquement pour les principes de 89 et traite les questions à la lumière de ces principes.

La deuxième partie est un tableau de ces dix dernières années. Nous y relevons une psychologie très approfondie des tendances qui se partagent l'âme d'un catholique comme le comte Albert de Mun, et une critique très aiguisée du modernisme. La faillite du modernisme y est expliquée avec la franchise attristée d'un homme qui a cru à ce mouvement et à qui les faits n'ont pas permis de garder ses illusions.

La troisième partie, tournée vers l'avenir, montre que la France est, non pas en décadence, mais en état de crise, et qu'elle ne pourra remplir sa mission dans le monde que par un renouveau religieux qui saura réconcilier les exigences de la démocratie et de la conscience profonde. Nous retrouvons sous tout ce lyrisme certaines idées de Quinet et un rêve développé jadis par la *Critique philosophique*.

Weber (Louis). — **Le Rythme du Progrès**, étude sociologique (in-8°, F. Alcan, Bibliothèque de philosophie contemporaine; XIV-311 p.)

Je ne sais si l'auteur est ou n'est pas bergsonien. Je sais qu'il est indiscutablement philosophe. J'inclinerais à voir dans M. Louis Weber un croyant à l'esprit. Je désigne de ce nom tous ceux qui admettent le primat de la pensée, contre les défenseurs du primat de la sensation, lequel, bon gré, ou mal gré, sous-entend celui de la chose.

Je sais aussi que la doctrine de Bergson, quelle qu'en puisse être la destinée, a fait désormais dans l'histoire une brèche indestructible. Quand un adversaire de Bergson, désireux de blesser mortellement sa philosophie, en est réduit à le situer dans le voisinage de Berkeley cela équivaut à lui rendre un très grand hommage, tout en lui refusant les honneurs royaux. Si la France était sûre d'avoir son Berkeley, l'Académie française, n'en ayons doute, se l'adjoindrait, à moins que depuis un mois, ce ne soit déjà chose faite. Et donc qu'on le veuille ou non le succès des œuvres de Bergson est tel qu'il faut l'accepter coûte que coûte et, si possible, de bonne humeur.

Ce que l'on accepte de bonne humeur, on se l'explique et on l'explique aux autres, et M. Louis Weber vient d'en donner une fort jolie explication.

Au lieu de s'incliner devant « la loi des trois états » d'Auguste Comte, et d'y voir une évolution exempte de toute oscillation, soit de tout rythme, on pourrait admettre un progrès intellectuel dont la marche rencontre des obstacles, les surmonte ou les tourne. On remarquerait en outre, avec Bergson, que la fonction technique et fabricatrice d'engins matériels est ce qui, dans l'intelligence, est le plus essentiel et le plus fondamental, à savoir la production de multiplicateurs et de transformateurs d'énergie, autrement dit « l'instinct de mécanique » dont parle Voltaire. L'outillage n'est-il pas la preuve la plus indéniable de l'existence de l'homme aux temps géologiques ? Cette faculté technique, de plus, est présociale. Elle est spécifique au cerveau humain. En ce sens, il est vrai de dire, avec M. Fouillée, que l'homme est un ouvrier d'ouvriers : la métaphore, si l'on y regarde de près, en est à peine une.

Livrée à elle-même, cette faculté technique n'irait pas loin. La société vient à son aide et la transforme. La même tendance, au lieu de se frayer un chemin à travers la matière, va se développer dans le milieu social. Les mots, les idées, les croyances remplaceront les outils. Que sont en effet les religions, sinon des outils véritables à l'aide desquels l'homme étend son pouvoir sur la nature… par d'autres moyens que ceux dont dispose l'outillage matériel ordinaire. Car il y a un outillage matériel, d'un genre tout particulier dans les religions : les rites. Les rites impliquent les dogmes, dit-on, et l'on n'a pas absolument tort. Ils impliquent d'abord la croyance à leur efficacité.

De là à l'affirmation de l'origine sociale des concepts il n'y a qu'un pas. M. Louis Weber nous le fait faire, donnant ainsi raison à Durkheim, après avoir donné raison à Bergson. On peut, selon M. L. Weber, donner le nom de *réflexion* à l'activité intellectuelle détournée par le langage et les phénomènes sociaux de son point d'application primitif.

Et l'on comprend maintenant ce que l'auteur appelle : le rythme du progrès. Il y a progrès. Cela, nul ne le conteste. Pour qu'il y ait rythme, il suffit que l'intelligence humaine déploie ses virtualités d'une façon alternante, tantôt dans l'ordre de la réflexion, tantôt dans l'ordre de la technique proprement dite. Deux mondes coexistent dans le cerveau humain : celui de la matière, celui de l'esprit. Ils seront opposés comme la fonction réflexive l'est à la fonction technique. Et les deux fonctions se suppléeront et se remplaceront tour à tour dans le perpétuel besoin d'accroître le pouvoir de l'homme sur les choses. De plus, il paraîtra bientôt naturel d'admettre qu'au cours de l'évolution ce soit tantôt la technique, tantôt la réflexion qui prédo mine. Le progrès intellectuel consisterait surtout en ceci, que la fonc tion réflexive succède à la fonction technique, quand celle-ci a épuisé ses moyens, et réciproquement.

Je disais que M. L. Weber explique le bergsonisme. En effet Bergson a été frappé de l'activité technique de l'homme, d'où son explication pragmatiste de l'intelligence. Et l'on comprend qu'il en ait été frappé en un siècle comme le nôtre où les sports sont à la mode, où l'activité physique tend à prédominer sur l'activité intellectuelle, où la réflexion commence à avoir une mauvaise presse, où l'activité spéculative est une valeur en baisse — au profit d'une activité religieuse ! — J'entends. Mais la France est un pays catholique, ou l'on l'aime à croire par obéissance et, par conséquent, où l'activité religieuse se rapproche de la forme technique originelle que M. L. Weber lui a délibérément attribuée. Dès lors les idées de Bergson sont bien faites pour le temps où il leur arriva d'éclore. Ce qui explique à la fois leur actualité et l'indiscutable part de vérité qu'on aurait tort de ne leur point recon naître. — Le livre de M. L. Weber fait donc curieusement penser.

L. D.

IV

HISTOIRE DE LA PHILOSOPHIE
ESTHÉTIQUE ET CRITIQUE *

BALDENSPERGER (F.) — **La littérature. Création. Succès. Durée** (in-12, Flammarion, Bibliothèque de philosophie scientifique (à 3 fr. 50) ; 330 p.).

Cet ouvrage a le mérite assez rare d'être doublement original. Il l'est dans sa conception. Il l'est dans son exécution. Son auteur enseigne aujourd'hui les littératures comparées. Il enseigna jadis la littérature allemande à l'Université de Nancy et il eut occasion de se demander, ce que l'on est resté longtemps sans se demander en France, quels étaient les rapports de la littérature et de l'esthétique. Les Allemands savent cela mieux que nous. Et c'est pourquoi nous avons là un livre dont la littérature a fourni les exemples mais dont la portée s'étend partout où l'esprit humain fait son œuvre. Ajouterai-je que l'auteur se préoccupe des influences sociales, leur fait une part légitime, et que l'ouvrage n'en devient que plus actuel?

Je m'aperçois que M. Baldensperger en traitant au livre III de son ouvrage de la *Littérature, Expression de la Société*, paraît ignorer les *Odeurs de Paris* de Louis Veuillot. Je ne dis pas qu'il n'ait jamais lu Veuillot. Je dis qu'il n'a jamais lu les *Odeurs de Paris*, un fort beau livre, en dépit de ses outrances et d'un certain nombre d'éloquentes contre-vérités. Là Louis Veuillot soutient que « la Société est l'expression de la Littérature ». J'avais vingt ans quand j'ai lu cela. Et cela m'a frappé, et je ne suis pas sûr que, dans cette contre-vérité-là, il ne se trouve que de l'erreur. Faguet n'a-t-il pas écrit que Balzac avait créé une société de toutes pièces dont les héros se mirent à exister après l'avoir lu. Évidemment non, une société ne se juge point à ses produits littéraires et artistiques, ou du moins elle n'est pas l'expression complète de sa littérature. Et M. Baldensperger en est si persuadé qu'il nous montre la France jugeant de l'Allemagne par ses écrivains et ne soupçonnant pas que de cette Allemagne-là sortiraient nos vainqueurs de 1870. Voilà donc un excellent chapitre plein de faits et d'idées. J'ai encore lu avec plaisir une autre étude sur *le recours au passé national* M. Baldensperger, très finement, distingue entre ces réviviscences et ce que serait un véritable retour à la tradition. Je lui laisse la parole : « Il y aura toujours, pour l'esprit, une sorte de satisfaction « indéfinissable et de quiétude à se sentir plus strictement parmi les « siens, à retrouver dans une série comme les aïeux auxquels res- « sembler surtout, à s'exalter devant des vertus préférées qui sont, « par surcroît, le strict apanage des ascendants. L'enseignement de « l'école ne peut manquer tout le premier d'insister surtout sur les « écrivains nationaux qui ont trouvé l'expression parfaite et fixé pour « toujours des beautés déterminées qui furent un moment essentiel « du passé... Et il est naturel que l'art littéraire aille à son tour cher- « cher des leçons auprès de tels maîtres. L'état intellectuel où se pro- « duisit leur effort a beau être dépassé, le fonds de connaissances sur « lequel ils vivaient a beau se trouver, comme l'observait Renan, « incomplet et inexact, il n'en est pas moins vrai que c'est le *rapport* « entre leur milieu mental et leur qualité expressive qui importe tou- « jours et qui est toujours susceptible d'action. »

A cette influence s'oppose celle qui résulte de « l'appel à l'étranger ». M. Baldensperger est de ceux qui ont le courage de ne pas le décon- seiller systématiquement. Et je pense comme lui que la guerre aux métèques sous toutes ses formes risque de trahir un état d'appauvris- sement du sang national. Un sang par trop appauvri est souvent rebelle aux mélanges, de même qu'un estomac par trop délabré ne supporte aucune nourriture. N'oublions pas que « les chants popu- « laires les plus imprévus ont fini souvent par inspirer loin de chez

« eux de beaux poëmes. » *Parsifal* est un héros de notre Table Ronde, et je n'imagine pas que le Cid soit né à Rouen, pas plus que je ne me figure Racine inventant de toutes pièces des héros tels que son temps lui en offrait. Il est de mode de prétendre que ces héros-là sont les vrais héros de son théâtre et que sa sensibilité ne doit rien à la sensibilité d'Euripide. Je n'en sais véritablement rien. Mais je parierais volontiers le contraire. Enfin je me demande ce que nous aurions eu d'un Bossuet qui n'aurait jamais lu les prophètes de l'ancien testament. C'était son devoir de les lire, sans doute, mais en les lisant et en s'en inspirant, Bossuet faisait « appel à l'étranger ». de quoi sa gloire ne semble avoir nullement souffert.

J'invite les amis des idées à lire le livre de M. Baldensperger. Ils y apprendront à penser, et à penser avec largeur et tolérance.

L. D.

BERTHELOT (René). — **Un romantisme utilitaire : Étude sur le mouvement pragmatiste**. — **Le pragmatisme chez Bergson** (in-8°, F. Alcan, Bibliothèque de philosophie contemporaine ; 358 p.).

Le premier volume de cet ouvrage (première et deuxième partie) était consacré au pragmatisme de Nietzsche et à celui de H. Poincaré. Il a paru en 1911, et nous en avons parlé dans l'*Année philosophique* de 1911, p. 158.

Le second volume (troisième partie) contient une étude importante et remarquable de la philosophie de M. Bergson. Il est divisé en quatorze chapitres qui veulent tous être lus attentivement et médités. Dans le premier chapitre, l'auteur fait remarquer les éléments pragmatistes qui se trouvent dans la thèse de M. Bergson sur les *Données immédiates de la conscience* et dans son livre : *Matière et Mémoire*. Dans les chapitres II et III, il montre le pragmatisme qui caractérise la biologie et la métaphysique dans l'ouvrage intitulé : l'*Évolution créatrice*. Dans le chapitre IV, il compare le pragmatisme de M. Bergson à celui de Nietzsche et à celui de Poincaré. Les chapitres V, VI et VII traitent des origines du pragmatisme et de la philosophie de M. Bergson. Les sept derniers chapitres sont consacrés à la critique du pragmatisme bergsonien, que M. Berthelot considère successivement dans les vues de M. Bergson sur la philosophie des mathématiques, sur la logique formelle, sur la philosophie de la physique, sur la philosophie biologique, sur la psychologie animale et sur la psychologie métaphysique.

Cette critique du bergsonisme est très complète et porte sur des points précis, que nous regrettons de ne pouvoir indiquer ici, même très brièvement. Nous tenons à signaler particulièrement les deux derniers chapitres de cette critique, le chapitre XIII (*La psychologie animale, l'intelligence et l'instinct*) et le chapitre XIV (*La psychologie métaphysique, l'intelligence, l'intuition et la liberté*). Nous citerons le passage suivant sur l'intuition :

« Le mot d'*intuition*, dans la langue courante, désigne en général le fait qu'antérieurement à la connaissance discursive et réfléchie, l'esprit arrive à avoir une connaissance vraie dont la vérité ne pourra être qu'ultérieurement démontrée par voie discursive et réfléchie.

« C'est ce qui se produit dans le cas du génie. Ce qui caractérise l'intuition du génie, c'est d'apercevoir une vérité antérieurement à la démonstration qu'il pourra en donner. Entre le délire du fou ou simplement l'illusion de l'homme médiocrement intelligent et la spontanéité intuitive du génie, la différence qu'il y a, c'est que l'une de ces deux intuitions pourra être ultérieurement justifiée par le raisonnement, tandis que l'autre ne le pourra pas et que même la fausseté pourra en être démontrée. Et non seulement c'est là ce qui distingue l'intuition du penseur de génie de l'illusion de l'homme médiocre et du délire du fou, mais encore c'est la seule manière que l'homme de génie lui-même ait de distinguer entre les pressentiments qu'il a d'une vérité future et encore indémontrée. Ces pressentiments, ces intuitions ne sont pas sans l'égarer quelquefois. Lorsque, ensuite, il essaiera d'appliquer le raisonnement à ces pressentiments, il sera obligé d'abandonner une partie d'entre eux. Ce qui lui permettra de faire le départ entre les uns et les autres, ce qui lui permettra de dire que les uns sont vrais et les autres faux, ce sera justement la possibilité de réfléchir son intuition, de raisonner son intuition. Si donc nous considérons l'intuition, dans le sens où le mot est pris par le langage courant, les faits psychologiques qu'il désigne se prêtent facilement à l'interprétation que je proposais, en vertu de laquelle ce qui constitue la spontanéité intuitive du génie, c'est la faculté de saisir certains rapports rationnels, certaines harmonies idéales, antérieurement à la pensée discursive, par laquelle cette harmonie idéale pourra être ultérieurement justifiée.

« L'intuition, entendue en ce sens, ne serait pas quelque chose de primitif, d'antérieur et d'étranger à toute connaissance intellectuelle, ce serait une connaissance antérieure sans doute à la connaissance intellectuelle discursive, mais qui ne lui serait pas pour cela étrangère par sa nature ; car bien qu'elle ne soit pas encore actuellement raisonnée elle serait pourtant intrinsèquement raisonnable au point de vue d'une connaissance future ou possible.

« Nous sommes amené dès lors à conclure que la thèse psychologique sur laquelle repose le pragmatisme de Bergson n'est pas plus satisfaisante en elle-même que les applications du pragmatisme aux sciences de la nature et que cette thèse repose sur une interprétation inexacte ou équivoque de certains faits psychologiques (p. 344). »

Sur l'intuition, telle que l'entendent M. Bergson et ses disciples, nous ne pouvons que souscrire aux remarques critiques de M. Berthelot. Elles nous paraissent décisives. Nous ne saurions admettre ni

même comprendre une intuition qu'il faudrait considérer comme
étrangère par sa nature à toute connaissance intellectuelle.

BOTTINELLI (E.-P.). — **A. Cournot, métaphysicien de la connaissance**
(in-8°, Hachette ; XI-286 p.)

Cet ouvrage nous montre en Cournot un métaphysicien « qui se
laisse guider par les résultats de la science » ; dont la doctrine « se
situe à égale distance du dogmatisme et du scepticisme et se ramène
à un problème original et nouveau » ; dont la pensée « s'oppose à
l'intellectualisme scientifique et s'achemine graduellement vers un
vitalisme central (*Avertissement*, p. IX-XI) ». Il comprend six chapitres :
I. *La Probabilité et la Raison ;* — II. *L'Espace et le Temps ;* — III. *L'Idée
claire, le logique et le rationnel ;* — IV. *Le Hasard ;* — V. *La Philosophie et la Science ;* — VI. *Conclusion.* Les deux chapitres que nous
avons lus avec le plus d'intérêt et qui nous paraissent surtout mériter
l'attention sont le chapitre II (*L'Espace et le Temps*) et le chapitre IV
(*Le Hasard*).

Dans le chapitre II, l'auteur expose les vues réalistes de Cournot
sur l'espace et le temps. Il nous fait connaître les objections successives et contradictoires que le philosophe mathématicien élève contre
la critique et les antinomies de Kant. Ces objections montrent que
Cournot n'a certainement pas compris la valeur et la portée du criticisme kantiste. Et nous ne voyons pas que M. Bottinelli les ait mieux
comprises que Cournot. Nous citons :

« Les prétendues contradictions auxquelles le penseur de Kœnigs-
berg veut livrer la raison, ne sont telles, dit Cournot, que pour l'esprit humain et de fait n'atteignent pas la raison, autrement vaste
et profonde. Celle-ci ne peut se contredire sans perdre toute autorité
et toute unité, c'est entendu ; mais l'on comprend fort bien que, vu
la complexité de son organisation, l'esprit ait des rouages qui se con-
trarient ; aussi l'entendement par sa façon d'agencer les données premières, offertes par la sensation, peut avoir ses illusions comme il
s'en trouve dans les sensations et dans certains jugements spontanés,
qu'après coup la raison, maîtresse de la simple association automa-
tique, ratifie ou réforme. De plus, loin de restreindre le plus possible
les antinomies, il avait l'air de reprocher à son adversaire sa timidité.
Des antinomies, s'écrie-t-il, arrêtent à chaque pas celui qui prétend
atteindre à l'essence des choses dans la double conception de l'espace
et du temps. Mais qu'est-ce que cela en comparaison des contradictions qui nous apparaissent si nous nous examinons nous-mêmes !
Action de l'intelligence sur les organes et réciproquement ; diffusion
de la force vitale et de la pensée dans une substance étendue et frag-
mentaire ! Et on comprend qu'elles existent : l'esprit humain a un
rôle tout pratique et utilitaire. La connaissance qu'il engendre est

conforme assurément à la réalité extérieure, mais d'une façon relative et phénoménale.....

« Telle était l'argumentation de Cournot, en 1851, dans l'*Essai*. Les années cependant passent; sa pensée se dépouille lentement de ses tendances géométriques et mécanistes. Le *Traité* nous révèle cette transformation..... C'est dans le *Traité* que Cournot, au nom du dynamisme, va retirer l'imprudente concession faite à Kant.

« Les antinomies de la Critique ne sont nullement contradictoires, nous dit-il, pour la raison pure; elle ne froissent que les esprits spéculatifs et amoureux d'antithèses. Ramenons, comme il convient, le conflit philosophique à la lutte entre l'atomisme et le dynamisme, et donnons la direction à celui-ci ou à celui-là, la raison ne démentira pas le moins du monde ni l'une ni l'autre des hypothèses mises en présence par Kant..... En quoi donc la raison serait-elle choquée, si, par exemple, nous arrivons à reconnaître dans les infiniment petits un ordre semblable à celui du monde télescopique. C'est le cas de se rappeler Pascal; les deux infinis l'épouvantaient sans doute; mais il ne nous dit pas que sa raison trouvait des contradictions. De même pour Cournot développant son hypothèse à l'extrême, il estime que, sous la poussée de l'analogie, la raison pourrait, sans se nier ni se détruire, admettre un emboîtement indéfini des êtres les uns dans les autres; le bout ne serait nulle part, mais le milieu partout. En des pages fort nettes, il s'étend sur ces considérations, non sans finesse parfois, et conclut que, dans les antinomies kantiennes, la thèse et l'antithèse sont également valables aux yeux de la raison, l'expérience étant seule à même de décider en faveur de l'une ou de l'autre (p. 55 et suiv.). »

On remarquera que M. Bottinelli se prononce nettement pour la seconde des objections de Cournot aux antinomies kantiennes. Il félicite l'auteur du *Traité* d'avoir retiré l'imprudente concession qu'il avait faite à Kant, en 1851, dans l'*Essai*, c'est-à-dire d'avoir fini par se persuader qu'il n'y avait aucune raison de nier *a priori* l'infini numérique actuel comme contradictoire. Il est inutile de dire que, sur ce point, nous sommes fort éloigné des vues de M. Bottinelli et de Cournot.

BOUTARD (Abbé CHARLES). — **Lamennais, sa vie et ses doctrines :
III. L'éducation de la démocratie (1836-1854)** (in-12, Perrin ;
484 p.).

Les deux premiers volumes de cet intéressant et important ouvrage ont paru, le premier en 1905, le second en 1908. Nous avons parlé du premier dans l'*Année philosophique* de 1905, p. 258-260 ; du second dans l'*Année philosophique* de 1908, p. 266.

Le troisième volume comprend dix-sept chapitres, où l'auteur nous fait connaître la vie et les œuvres de Lamennais depuis la publication des *Paroles d'un croyant* jusqu'à sa mort. Tous ces chapitres sont d'une attrayante et captivante lecture. Tous ont été écrits avec le même esprit d'impartialité que ceux dont se composent les deux volumes précédents : Nous signalerons comme particulièrement dignes d'attention : le chapitre VI (*La défection*) ; le chapitre VIII (*Un catéchisme socialiste*) ; le chapitre XI (*Opinions philosophiques*) ; le chapitre XII (*Opinions esthétiques*) ; le chapitre XIII (*Opinions religieuses*).

Dans un passage curieux, M. l'abbé Boutard explique ce qu'il appelle la *défection* de Lamennais par l'idée qu'il s'était faite dès l'origine de l'Église et de son autorité :

« Il est nécessaire de rappeler, dit-il, que la croyance avait pris de fort bonne heure dans son esprit, une forme toute personnelle, politique plutôt que dogmatique et s'adaptant assez mal aux notions fondamentales de la théologie. Son symbole, on aurait pu le résumer presque dans ce seul article : Je crois à la mission sociale de l'Église. Rarement attentif à sa mission surnaturelle, à ce secret travail de sanctification qu'il lui faut avant tout opérer dans les âmes, il la considérait de préférence comme une institution établie pour promouvoir un certain progrès intellectuel, moral, économique, et réaliser, dès ce monde, le bonheur du genre humain. Ainsi, par une conséquence toute naturelle de ses principes théocratiques, il transférait à l'Église le rôle qui, dans une société bien ordonnée, appartient principalement à l'État. A ce point de vue, le mouvement libéral et démocratique s'offrait à son regard comme un fait providentiel, puisqu'il suffisait à l'Église d'accepter ce mouvement, de l'encourager et de le diriger pour qu'il aboutît à une république universelle dont le Pape nécessairement deviendrait le chef, c'est-à-dire, le souverain unique et le suprême arbitre de tous les peuples (p. 135). »

Cette explication nous paraît la meilleure que l'on puisse donner de la rupture définitive de Lamennais avec l'Église catholique. Il faut remarquer qu'elle s'accorde parfaitement avec la théorie philosophique de la certitude que soutenait Lamennais, En substituant la raison générale à la raison individuelle comme fondement de certitude, il devait être conduit à opposer l'*humanité* à l'*Église*, le jour où l'Église se refuserait à remplir la misssion politique et sociale qu'il croyait lui avoir été assignée par la Providence.

COCHIN (DENYS). — **Descartes** (in-8°, F. Alcan, Collection des Grands Philosophes ; 280 p.).

Il ne faut pas chercher dans cet ouvrage une étude méthodique et complète de l'œuvre philosophique de Descartes. Pour comprendre le principal objet que s'est proposé l'auteur, il faut lire le chapitre III (*Du Relativisme*), le chapitre IV (*De l'État*) et le chapitre VII (*De Dieu*).

M. D. Cochin oppose la méthode cartésienne et le spiritualisme cartésien à la Critique de Kant et à son relativisme. Il montre comment la
certitude de l'existence de Dieu et de la perfection divine assure, sans
retour possible du doute, la certitude des deux choses en soi, des deux
substances spirituelle et matérielle, et par là exclut d'avance le relativisme et le phénoménisme auquel Kant condamne la pensée humaine.

M. Cochin a très bien vu le rôle que joue dans la doctrine de Descartes l'idée de Dieu, d'un être parfait créateur du monde. Ce rôle est
de fonder l'autorité de la raison, en écartant toute hypothèse, — l'hypothèse d'un démon trompeur, par exemple, — que l'on pourrait alléguer
contre cette autorité. L'importance philosophique de ce rôle, — que
Pascal n'admettait pas, parce que sa foi religieuse le portait à abaisser
la raison, — ne saurait, à mon sens, être contestée. Descartes a pensé
avec raison que le principe de la véracité divine peut et doit être considéré comme une réelle et nécessaire garantie de nos certitudes, et
qu'il faut le joindre au principe de l'évidence rationnelle. Le principe
de la véracité divine, considéré en général, est la négation du pessimisme intellectuel radical, du scepticisme absolu; et cette négation
s'impose au commencement ou à la fin de toutes nos démarches
intellectuelles. Pas de philosophie sans un optimisme intellectuel
fondamental. Pour croire à l'autorité de la raison, il faut nécessairement admettre que, pour ce qui la constitue essentiellement. elle est
en harmonie avec la réalité. Il faut donc supposer au fond, disons
plutôt au-dessus de la nature, d'où est sortie la raison humaine, un
principe de perfection et de véracité.

L'erreur de Descartes, — et c'est celle que soutient encore aujour-
d'hui M. D. Cochin, — et d'avoir pensé que l'on peut invoquer le principe de la véracité divine pour démontrer la réalité objective de l'espace et de la substance étendue, en un mot le réalisme géométrique
et mécanique. Descartes avait admis trop facilement que la croyance
à la réalité de l'espace et de la matière, — qui n'étaient, à ses yeux,
que la même réalité, — était naturelle en ce sens et à ce point que, si
elle était fausse, on devrait la considérer comme une erreur inévitable
et invincible. En rendant compte de l'ouvrage de M. Cochin intitulé :
Le monde extérieur, j'ai fait remarquer, en 1895, que l'on ne peut
accorder aucune valeur à cette application particulière du principe de
la véracité divine. Pourquoi ? « Parce que la croyance à la réalité
objective de l'espace et de l'étendue des corps est une erreur qui peut
être corrigée par la raison, comme celle de l'objectivité de la couleur, et qu'il ne faut donc mettre pas plus l'une que l'autre sur le
compte de l'auteur de la nature (Voyez l'*Année philosophique* de 1895,
p. 203 et suiv.). »

Je tiens donc que, pour ce qui concerne l'espace et la substance
matérielle, le relativisme et le phénoménisme de Kant sont pleinement justifiés et que, pour songer à en sortir et revenir à Descartes,
il faudrait un singulier recul de la raison. En est-il de même pour ce

qui concerne le moi pensant, et cette chose en soi que l'on appelle substance spirituelle ? Il m'est impossible de répondre ici à cette question, avec les développements qui seraient nécessaires pour éviter toute équivoque par des définitions claires et précises. Je me borne à dire que je me sépare de Kant et sur la subjectivité du temps-succession, et sur l'incognoscibilité de la chose en soi, liée, dans sa doctrine à la subjectivité du temps-succession. Les divers sujets pensants sont, à mes yeux, des choses en soi, les seules choses en soi réelles, auxquelles je puis très bien conserver le nom de *substances*, si l'on ne donne à ce mot que le sens de *conscience* et de *personnalité*.

CRISENOY (Carl de). — **Le sens intime de la Tétralogie de Richard Wagner** (in-12, Perrin ; 228 p.).

Je donne raison à M. Crisenoy. Je suis même tout près de penser qu'il a plus raison qu'il ne s'en doute. La *Tétralogie* est une œuvre destinée à glorifier l'idée de rédemption ; en ce sens elle continue les drames de la première période. Elle en est l'antithèse, puisqu'à certains égards le monde païen est l'antithèse du monde chrétien. Mais on y reconnaît les mêmes états d'âme dans d'autres âmes. Le grand rédempteur de la *Tétralogie* est Wotan, le personnage principal de l'œuvre, si on l'envisage sous l'aspect épique. Si on l'envisage du point de vue dramatique, c'est Brunnhild qui joue le personnage du rédempteur en rendant l'anneau aux filles du Rhin. Or qu'est Brunnhild sinon une incarnation de Wotan. Quant à *Parsifal*, ce drame est la synthèse des deux séries qui se succèdent, la série païenne et la série chrétienne. Par la fable, *Parsifal* continue la première. Par l'idée il rappelle la seconde. On remarquera en effet que, dans la pensée de Richard Wagner, l'homme peut racheter l'homme. *Parsifal* implique un doute sur la divinité de Jésus, et même beaucoup plus qu'un simple doute. Pourquoi Gurnemauz considère-t-il comme un jour de fête ce qui devrait être un jour de deuil. Pourquoi « l'enchantement » du Vendredi Saint ? La mort d'un Dieu est une abomination que seule peut effacer la résurrection de ce Dieu. D'où *l'Alleluia* du jour de Pâques dans le christianisme orthodoxe. En ce jour, Jésus prouva qu'il était Dieu. Mais ce fut le vendredi que s'accomplit, selon Richard Wagner, le miracle essentiel, miracle moral et, par là même, vraisemblable, celui de la rédemption. Richard Wagner croyait à la possibilité du rachat de l'homme par l'homme, et à l'acquisition, par l'épreuve, des vertus rédemptrices. Et tel est le sujet de *Parsifal*.

M. Crisenoy a raison de constater la pluralité des types rédempteurs dans la *Tétralogie* : Siegmund, Siegfried délivrent et rachètent, le premier Siegelinde, le second Brunnhild. Logue, dans la *Tétralogie*, est le pendant de Klingsor dans *Parsifal*. Il éveille chez Wotan la volonté de puissance, d'où le désir de posséder l'Anneau, d'où le pro-

logue, et les trois journées du drame qui, du point de vue dramatique,
est une « trilogie ». Les Wagnériens fidèles à l'orthodoxie wagnérienne
disent toujours trilogie.

Les héros de Richard Wagner sont donc des héros rédempteurs.
Mais il est un autre rédempteur dont M. Crisenoy ne parle pas, s'il
nous entretient de son œuvre, ce qui n'est point tout à fait la même
chose. Cet autre rédempteur c'est Richard Wagner lui-même. Oui,
Richard Wagner s'est pris pour le rédempteur du Drame, et c'est
pourquoi nous écrivons avec une majuscule. Il l'a rendu à sa véritable essence qui exigeait son union avec la Musique et la Danse. Il
s'est même pris pour le libérateur des peuples opprimés. Mais le roi
de Saxe lui fit payer cette illusion de plusieurs années d'exil. L'exil
préserva le roi de Saxe des effets de l'illusion wagnérienne. Je doute
fort que Richard Wagner se soit jamais guéri de cette illusion.

L. D.

DEDIEU (Joseph). — **Montesquieu** (in-8°, F. Alcan, Collection des
Grands Philosophes ; viii-358 p.).

Cet ouvrage important se compose de six chapitres, où l'auteur fait
connaître : la formation de l'esprit de Montesquieu (i) ; les origines de
sa méthode sociologique (ii) ; ses idées politiques et morales (iii) ; ses
idées sociales (iv) ; ses idées économiques (v) ; ses idées religieuses (vi).

Le sixième chapitre où sont clairement exposées les idées religieuses
de Montesquieu est celui que nous avons lu avec le plus d'intérêt. Nous
citerons le passage suivant :

« En face d'une critique passionnée et négative, Montesquieu a véritablement inauguré le principe d'une critique supérieure qui essaie de
comprendre au lieu de railler, et qui, alors même qu'on se détache
d'une religion, permet d'en interpréter libéralement l'influence, d'en
expliquer le succès et d'en reconnaître, sinon la vérité doctrinale, au
moins le rôle historique. Montesquieu est l'un des plus grands exemples
de ce que peut un esprit sincèrement désintéressé dans l'étude objective des phénomènes religieux.

« Cette attitude, singulière au xviiiᵉ siècle, frappa d'étonnement.
Les Encyclopédistes ne cachaient point leur dépit de voir un « frère »
enseigner le respect des institutions religieuses. Montesquieu força
néanmoins leurs antipathies, et, après lui, il ne fut guère possible de
représenter le christianisme comme une imposture et une infamie. Le
portrait merveilleux qu'il en avait tracé touchait à des réalités si
profondes, révélait des caractères si méconnus et si admirables qu'on
put le perfectionner sans doute, mais le refaire, non pas. Turgot
démontrera, en 1749, la supériorité sociale du monde chrétien sur le
monde antique, avec les arguments de Montesquieu. Chose plus
curieuse : l'article *Christianisme* de l'*Encyclopédie* elle-même est
presque tout entier construit de matériaux empruntés à l'*Esprit des*

lois... Quand il proclame que Jésus, en donnant à sa religion pour premier objet la félicité de l'autre vie, voulut encore qu'elle fît notre bonheur dans celle-ci ; qu'il grava en nous le sentiment de l'humilité ; qu'il réprima le crime jusque dans la volonté même ; qu'il rappela le mariage à sa première institution, en interdisant la polygamie ; qu'il apporta un nouveau droit politique et un nouveau droit des gens, la pensée de Montesquieu gagnait une victoire. Elle faisait pénétrer la loyauté et le respect dans un domaine qu'avaient trop longtemps habité la grossièreté et le parti pris (p. 327). »

FARGES (Mgr ALBERT). — La Philosophie de M. Bergson, exposé et critique (in-8º, Paris, 5, rue Bayard ; 490 p.).

L'auteur rappelle qu'il a déjà parlé de la philosophie de M. Bergson dans son ouvrage intitulé : *Théorie fondamentale de l'acte et de la puissance ou du devenir* (Voyez l'*Année philosophique* de 1910, p. 208). « Nous avions dû mettre, dit-il, en parallèle avec les théories de l'école péripatéticienne et thomiste que nous exposions, celles de la philosophie nouvelle. Mais cette critique n'était faite que par occasion d'une manière accidentelle et très incomplète. Aujourd'hui, nous abordons de front l'œuvre du maître, pour en saisir les détails et l'ensemble, et suivre l'évolution de sa pensée à travers tous les écrits qu'il a publiés depuis sa thèse de 1889 (p. 4). »

Le volume nouveau de M. A. Farges comprend neuf chapitres fort intéressants : — I. *La notion bergsonienne du temps ;* — II. *La liberté humaine ;* — III. *L'union de l'âme et du corps ;* — IV. *La philosophie du devenir pur ;* — V. *L'évolution des mondes ;* — VI. *Théorie de la connaissance sensible ;* — VII. *Théorie de la connaissance intellectuelle ;* — VIII. *Théorie de l'intuition ;* — IX. *Le problème de la contingence et de la destinée humaine.*

Nous devons signaler surtout deux de ces chapitres qui ont, à nos yeux, une importance spéciale : le chapitre I (*La notion bergsonienne du Temps*) et le chapitre VIII (*Théorie de l'intuition*).

La critique que fait M. Farges de l'intuition bergsonienne nous paraît appeler particulièrement l'attention du lecteur. Nous citerons le passage suivant :

« L'intuition évite-t-elle ce fameux morcelage du grand Tout, si amèrement reproché à l'intelligence. Nous ne le voyons point. En se posant elle-même comme la rivale et l'antagoniste de l'intelligence, l'intuition fait déjà une brèche irrémédiable à l'unité universelle. Elle oppose comme irréductibles deux facultés ou tout au moins deux ordres de phénomènes vitaux, l'intuition et la pensée. La vie mentale est ainsi coupée en deux ; ce qu'on prétendait indivisible est divisé...

« Et ce n'est pas seulement le sujet connaissant que l'intuition morcelle, c'est encore et surtout l'objet connu. J'ai beau approfondir et scruter ma conscience, j'y cherche en vain l'intuition simultanée du grand Tout. Je n'aperçois que des fragments épars, tels que le moi et le non-moi ; quant au lien qui les unit ou au principe commun où ils entrent en fusion, je n'en vois point...

« Dans l'écoulement des choses, nous ne saisissons par l'intuition seule que des instantanés ou des tranches d'une épaisseur de temps infiniment mince. C'est la mémoire et l'intelligence qui nous permettent de coudre ensemble tous ces instants et de nous donner l'illusion cinématographique de la continuité. Il n'est donné à personne de saisir d'un seul regard intuitif la totalité de son existence ; à plus forte raison, celle de l'existence universelle...

« L'intuition évite-t-elle le reproche fait à l'intelligence de ne pas être née pour spéculer, mais uniquement pour les besoins pratiques de l'action ? On ne peut plus le prétendre, lorsqu'on a fait de l'intuition un retour à l'instinct animal primitif, lorsqu'on a assimilé sa sympathie divinatrice à ce sentiment obscur et aveugle, essentiellement pratique, par lequel le Sphex sait reconnaître les ganglions de la chenille et le point précis où il doit les blesser pour les paralyser sans les tuer.

« Bien au contraire, si quelque faculté s'est développée dans l'animal en vue des besoins pratiques de la vie à conserver, à développer, à défendre, ou à multiplier, c'est précisément l'instinct. Si la spéculation est inutile à quelque fonction animale, c'est évidemment à l'instinct...

« Ainsi donc, après avoir identifié l'intuition à l'instinct, on ne peut plus lui attribuer de connaissances spéculatives ; tout au plus, un savoir inconscient se bornant à la pratique, utile seulement aux fins de l'individu et de l'espèce (p. 401). »

Nous ne voyons pas comment il est possible de défendre contre ces critiques de M. Farges l'intuition telle que l'entendent M. Bergson et ses disciples, l'intuition, qui, selon eux, atteint directement le réel absolu, l'intuition, dont ils opposent le rôle spéculatif au rôle pratique et utilitaire de l'intelligence.

GILSON (E.). — **La liberté chez Descartes et la théologie** (in-8°
F. Alcan, Bibliothèque de philosophie contemporaine ; 452 p.)

Le grand intérêt de cet ouvrage est de mettre une théorie essentielle de Descartes en rapport avec le mouvement religieux du XVIIe siècle ; ce n'est pas diminuer l'originalité d'un esprit que de le sortir d'une solitude qui n'a jamais été réelle et de le replacer dans le milieu sur lequel il a agi et dont il a subi l'action. Il est parfaitement exact que Descartes a connu les débats de son temps, qu'il a été amené sans cesse à choisir entre tel ou tel parti, et qu'il peut lui être arrivé de se déclarer pour tel parti pour n'être pas accusé d'être de tel autre. M. Gilson s'est attaché à montrer comment cela s'est produit à propos de la question de la liberté et comment l'on peut retrouver dans le milieu théologique où la doctrine cartésienne de la liberté a pris naissance tout ce qui peut nous en expliquer la structure et le développement.

Dans la première partie de son étude, M. Gilson montre que, sur le problème de la liberté divine, « la pensée de Descartes s'est constituée en opposition avec la philosophie de l'école ». Il repousse l'opinion répandue qui parle de l'influence directe de Duns Scot sur la philosophie du xviiᵉ siècle. Le Duns Scot que l'on met en avant est souvent imaginaire ; notre penseur l'a beaucoup moins connu que le thomisme lui-même, et c'est le thomisme qu'il combat (p. 34-75). Il suit, en le faisant, le courant néo-platonicien. Pour le nouvel historien, il y a là une influence visible de l'Oratoire, notamment du P. de Bérulle et du P. Gibieuf. Les faits relevés sont curieux ; les rapprochements indiqués sont intéressants. Tout cela conduit à cette première conclusion : « La doctrine de la liberté divine ...consiste essentiellement en une justification de la physique nouvelle par les conceptions métaphysiques que Descartes trouvait dans son milieu ; elle est une adaptation de la théologie de l'Oratoire à la physique des causes efficientes (p. 210). »

La deuxième partie du livre, qui porte sur la liberté humaine, est peut-être plus neuve encore. Elle tend à établir que, sur ce sujet, Descartes a changé d'avis. La doctrine initiale de Descartes dérive des mêmes sources. Après Gibieuf, qui défend ici le thomisme contre Molina, le philosophe critique la liberté d'indifférence ; voir la quatrième méditation. « Pour tous ceux qui lurent cette critique..., il fut sans aucun doute très évident que le philosophe qui avait écrit ces pages était dans les controverses de la grâce un adversaire de Molina (p. 316). » Or cette critique disparaît dans les *Principia Philosophiæ*. Elle y est comme rétractée (p. 317-336). Pour M. Gilson, cette atténuation a été inspirée par des « motifs intéressés ». La préoccupation du penseur est l'avenir de sa doctrine. Il désire que les jésuites l'adoptent et l'enseignent dans leurs collèges; tantôt il se rapproche d'eux contre la Sorbonne, tantôt il se détourne d'eux et se rapproche de la Sorbonne. Son attitude est complexe; mais toujours inspirée, dans ses variations, par un même souci (p. 319-334). Mais à cet opportunisme autre chose s'ajoute. Le jansénisme était né et se développait. Il reposait sur une critique des idées de Pélage, c'est-à-dire de la liberté d'indifférence (p. 368). Descartes a tenu à montrer que son système n'était solidaire d'aucune doctrine théologique sur la prédestination, qu'il n'était point moliniste, ni thomiste, ni surtout janséniste, et qu'il restait étranger à ces débats (p. 335). Son effort a pour but d'assurer le succès de sa philosophie : « quant à l'Église, il la respecta et surtout la craignit profondément ; beaucoup moins soucieux

de la défendre que préoccupé de se défendre contre elle, il chercha
par-dessus tout à se la concilier (p. 439). »

Le Descartes qui ressort de ces pages fortement documentées n'est
pas toujours grandi par les constatations de l'historien. Mais il est singulièrement humain et vivant ; et sa volonté de faire triompher sa pensée a sa grandeur par la foi même en cette pensée qu'elle manifeste.

GILSON (E.). — **Index scolastico-cartésien** (1 vol. in-8°, Paris, F. Alcan, Collection historique des grands philosophes, vɪ-355 p.).

Le but de cet ouvrage est céfini de la façon suivante : « donner un
relevé aussi complet que possible des expressions et conceptions qui
sont passées de la philosophie scolastique dans le texte de Descartes »
(p. ɪɪɪ). C'est à la scolastique connue de Descartes que l'enquête s'est
réduite avec raison. C'est celle que ses maîtres lui ont enseignée au
collège de la Flèche, c'est-à-dire, pour ce que le cours comportait de
théologie, la doctrine de saint Thomas, et, pour la partie plus proprement philosophique, des commentaires dans le genre des Conim-
bricenes. Ce relevé soigneusement fait des expressions et des conceptions de l'enseignement de la Flèche n'implique aucune conclusion
sur l'influence de la scolastique sur le philosophe. Car en signalant
la présence de cette expression ou conception dans le texte de Descartes, l'auteur ne prétend pas que le terme est employé dans le sens
de l'École ni que la doctrine est adoptée. Descartes peut changer le
sens du terme ou ne citer la doctrine que pour la réfuter. Bien plus,
il peut avoir varié sur le sens à donner à ce terme et avoir modifié
son appréciation de la doctrine. De tout cela, M. Gilson ne décide pas.
Il renvoie même, tout simplement, aux passages de Descartes sans les
reproduire. Son livre n'est donc qu'un instrument de travail. Mais
c'est tout ce qu'il a voulu faire, et il nous paraît y avoir réussi.

GUYAU (Augustin). — **La philosophie et la sociologie d'Alfred
Fouillée** (in-8, F. Alcan, Bibliothèque de philosophie contemporaine ;
232 p.).

La philosophie française est reconnaissante au fils de l'inoubliable et
plus que jamais vivant. J.-M. Guyau, d'avoir fait pour Alfred Fouillée
ce que Alfred Fouillée avait fait pour son père. Augustin Guyau a
résumé on ne saurait plus diligemment l'œuvre du philosophe dont
j'aurais eu la joie d'être l'élève à l'Ecole Normale si j'avais eu deux
ou trois ans de moins. Je considère ce résumé comme indispensable.
L'œuvre de Fouillée est immense, si l'on peut ainsi dire. Il a toujours
pensé et ce qu'il pensait, il l'a quotidiennement écrit. Ses œuvres, à
ce point de vue, sont un vrai « journal ». Grâce à Augustin Guyau on
pourra s'orienter dans ses recherches : car on y fera des recherches.

Fouillée prenait, dit-on, parfois le ton du prophète. C'est qu'il savait regarder vers l'avenir, c'est qu'il ne s'intéressait aux idées d'aujourd'hui que parce qu'elles préparaient celles de demain. Aussi nos jeunes gens auront-ils le devoir de n'oublier d'Alfred Fouillée ni le nom, ni les livres, car bien des événements se produiront qu'il lui est arrivé de prévoir, de prédire, presque de décrire. Augustin Guyau a fort heureusement saisi cet aspect de la nature de Fouillée, nature « autrement » riche que celle de J. M. Guyau, mais d'une richesse d'idées et d'aspirations à laquelle, seule, est comparable celle de J.-M. Guyau.

L. D.

MAMELET (A.). — **Le relativisme philosophique chez Georg Simmel,** préface de V. Delbos (in-8°, F. Alcan, Bibliothèque de philosophie contemporaine ; ix-214 p.).

M. Mamelet est un jeune philosophe. J'ignore son âge, mais je le déclare jeune, attendu qu'il est encore à l'âge des grandes passions spéculatives. Il admire, il s'éprend, il s'attache. Avez-vous lu Baruch? Baruch, au temps où M. Mamelet étudiait à l'École Normale Supérieure n'était autre que M. Chide, un philosophe humoriste de qualité rare et que l'on ne s'empresse guère de situer à sa vraie place. M. Mamelet a cru trouver dans l'œuvre de M. Chide un chemin de Damas éventuel pour le cas où il en aurait besoin. Et il a fait une bonne action en venant dire aux abonnés de la *Revue de métaphysique et de morale* : « Mais lisez-donc M. Chide! » Cette fois c'est à Georg Simmel qu'il vient de consacrer tout un livre, un livre de pure exposition. — De pure exposition ? Pas tout à fait, à vrai dire, si l'auteur intervient, et souvent il intervient. Ce n'est point, toutefois, en vue de s'opposer au philosophe dont il s'est fait le héraut. Et il ne cherche qu'à le rendre intelligible et sympathique. Et je vous garantis que le but est atteint. Je viens de fermer ce livre et je l'ai lu avec le même entrain qu'un bon drame ou un bon roman.

Inutile d'ajouter que le sujet du livre est on ne saurait mieux choisi. L'an dernier, je rendais compte ici même des *Mélanges de philosophie relativiste* et j'essayai de faire pressentir au lecteur l'originalité d'un écrivain philosophe, tel que l'Allemagne n'est pas accoutumée d'en produire. Les Allemands ne rompent jamais en visière à la tradition. Ils partent toujours d'un maître. A ce point de vue, Georg Simmel ne fait pas exception. Il est parti de Kant. Seulement il en est parti sans espoir ni désir de retour. Il n'en est pas plutôt parti qu'il s'est attaqué à la doctrine kantienne dans un ouvrage en deux volumes de toute première importance. Ces volumes paraissaient en 1892 sous ce titre : *Einleitung in die Moralwissenschaft* (introduction à la science de la morale). L'auteur y constate ce qu'en France on appellerait l'entrée de la morale dans son « troisième état » : je parle, bien entendu, de l'état positif. C'est la sociologie qui est cause de la

promotion, car je persiste à penser, bien que ne me classant point
au nombre des positivistes, qu'ici, l'on peut parler de promotion.
Simmel rattache en effet la morale à la science sociale... et aussi à
l'histoire. — Assurément si je décide que tel est mon devoir, je le
décide sans m'inquiéter du qu'en dira-t-on de mes contemporains ; je
m'inquiéterais, un peu plus volontiers du qu'en dira-t-on de mes
ancêtres, parce qu'étant mes ancêtres ils sont morts, et que les morts
ont toujours droit d'être écoutés, bien qu'ils ne parlent point, je me
trompe, parce qu'ils ne parlent point. Je pourrais, à la rigueur rester
indifférent à cette opinion des ancêtres, — attendu que, dans ma conduite, au cas où j'eusse pris la résolution de vivre moralement, je
leur prêterais une conduite dont le type s'imposerait à la mienne. Les
concepts généraux de la morale semblent « vides ». L'impératif catégorique, au lieu d'être descendu du ciel sur la terre, comme Kant
est censé l'en avoir fait descendre, pourrait bien y être monté progressivement, jusqu'au jour où il parut opportun qu'il redescendît parmi
nous.

Ainsi, l'absence de contenu apparente dans les concepts généraux
de la morale aurait pour origine une abstraction consécutive à des
expériences constatées et vécues. L'impératif catégorique fut d'abord
une manière de concevoir nos « offices » propre à certains individus.
Elle se généralisa insensiblement et progressivement. En se généralisant, elle s'allégea et s'éleva au-dessus de tout contenu empirique.
De là à ne se présenter désormais aux esprits que sous l'aspect d'une
forme, la distance est courte.

Et c'est ainsi qu'avec de l'*a posteriori* condensé et concentré on
ferait de l'*a priori*. C'est ainsi qu'avec des exemples on fait des
maximes. L'empirisme a donc une part en morale. Entendons qu'il lui
revient une part dans les Fondements de la morale. Ne devrions-nous
point, en vertu de ce qui précède, réserver à l'empirisme la part du
lion ? Il est permis d'hésiter, car : « Toutes les particularités et les
« observations historiques ne constituent pas encore en elles-mêmes
« toute la connaissance cherchée, mais il faut encore, toujours, un
« *a priori* pour les ordonner et les interpréter... » Les *a priori* ne se
seraient, dès lors, dégagés, qu'au terme d'une longue genèse psychologique. Mais on ne saurait quand même leur assigner l'expérience
pour origine exclusive. — Il y a beau temps que cela se dit et s'écrit.
La raison est innée ; elle ne s'exerce qu'au contact de l'expérience. Le
thème est rebattu ! — Oui, le thème. Encore est-il que l'on se montre
original dès qu'on est capable d'en inventer une variation inédite. Ce
qui est immanent à l'esprit c'est la *formalité* ; c'est, pourrait-on dire
encore, le *catégorisme*. « La forme de l'être ou du non être est indé-
« pendante du contenu même de la représentation. C'est un sentiment
« (*Gefühl*) qui accompagne cette représentation [1]. » Ainsi s'exprime

---

1. Cf. p. 8-12.

M. Mamelet pour le compte de M. Simmel : et il ne faut pas que ce
nom de *Gefühl* nous fasse reculer d'effroi. Car si l'on peut parler
d'*a priori*, de nécessité, c'est qu'on se sent dominé par une impression
de contrainte en présence de certaines affirmations. Le principe de
causalité n'est-il pas, dirait-on en imitant la façon grecque de s'exprimer, une « affirmable irrésistible? » L'impératif catégorique n'en est-il
pas une autre ? — Certes. Mais il n'en fut pas toujours ainsi ! — La
question vaut la peine qu'on l'examine. Et la thèse de M. Simmel est,
tout au moins, digne du plus sérieux examen. Seulement je soutiens,
qu'en donnant raison à M. Simmel, on s'élève, d'un grand vol, au-
dessus de l'empirisme. Car sauver le rationalisme, c'est au fond,
sauver l'esprit. Et si j'ai compris la pensée de M. Georg Simmel,
il ne peut manquer de s'apparaître à lui-même comme ayant sauvé
l'esprit.

En cela, M. Mamelet a raison d'opposer M. Georg Simmel à ceux de
nos jeunes philosophes que le positivisme a touchés de sa grâce.
Auguste Comte a des disciples en France. Je veux dire, qu'il en a de
sérieux et d'originaux, ailleurs que dans le groupe des disciples ortho-
doxes. Je connais plusieurs de ces disciples d'une distinction et d'une
vigueur d'esprit peu commune. Mais les questions d'orthodoxie les
préoccupent, et ils entendent avant tout demeurer fidèles au culte du
maître en se gardant de penser autre chose que ce que ce maître, supposé vivant, les eût approuvés de penser. Ne médisons point de ces
disciples, et s'ils ne quittent guère les marches du temple, souvenons-
nous que les temples se sont toujours bien trouvés d'avoir eu de loyaux
et intransigeants gardiens. Ils sont nécessaires, ces gardiens, partout
où il y a des écoles. Ils y représentent l'élément conservateur. Ils en
forment le Sénat, pourrait-on dire. Mais partout où il y a des
écoles, elles ont besoin, pour vivre, de disciples indépendants. Ces
disciples ne manquent plus à Auguste Comte, en France. Seulement,
à les lire, on leur trouverait aisément une disposition d'esprit éventuellement fâcheuse, non point à l'égard du maître dont ils se sont
rapprochés, mais envers leurs maîtres d'autrefois. La France, pays
catholique, est un pays où l'on ne change de religion qu'à la condition d'abjurer. Nos positivistes du temps présent, ceux de notre
Université qui se sont rapprochés d'Auguste Comte, ont donc abjuré :
je veux dire qu'ils ont rompu nettement, sinon violemment, avec un
passé, dont ils regrettèrent je ne sais quel inutile et fâcheux emploi.
M. Georg Simmel, lui, ne regrette pas son séjour chez Kant. Il en a
même curieusement profité, mais il n'en a rien gardé d'intact. Aussi
s'apparaît-il sous les traits d'un hétérodoxe, passablement hérétique
même, nullement sous les traits d'un rénégat.

L'ouvrage de M. Mamelet comprend dix chapitres. Le relativisme
de Simmel y est examiné aux points de vue : 1° moral ; 2° économique ; 3° spéculatif ; 4° historique ; 5° sociologique : 6° esthétique ;
7° religieux. A ces sept chapitres s'ajoutent : un chapitre où M. Mame-

let examine l'idée que se fait Simmel de la philosophie et de la vie ; un chapitre d'introduction ; un chapitre de conclusion.

J'attire l'attention du lecteur sur la préface écrite par M. Victor Delbos. On doit goûter et même « admirer » ces pages, denses et fortes, portant loin et haut.   L. D.

MANSION (Auguste). — **Introduction à la physique aristotélicienne**
(in-8°, F. Alcan ; ix-209 p.).

M. A. Mansion nous donne, en cet ouvrage, une analyse détaillée des deux premiers livres de la *Physique* d'Aristote.

« Ces deux livres initiaux, dit-il, jouent dans l'économie du traité le même rôle que celui-ci dans l'ensemble des écrits physiques ; l'auteur y pose les principes généraux qu'il appliquera dans la suite, il établit les définitions sur lesquelles tout le reste sera appuyé.

« Dès le début d'ailleurs, nous y lisons le principe de méthode dont nous avons constaté jusqu'ici l'application continuelle dans toute la suite des ouvrages du maître : *Il faut*, dit-il, *avancer, en allant de l'universel au particulier*. Il y a donc lieu de croire que nous le verrons appliqué ici également. Notre tâche se réduira donc à analyser le plus fidèlement possible ces quelques chapitres de la *Physique*, de tenter d'en pénétrer l'esprit et la tendance, et de voir à grands traits quelles sont les concéquences des idées générales qu'Aristote y met en avant (p. xiv). »

M. ansion montre très bien les difficultés qu'Aristote avait à résoudre en physique d'après sa conception de la science :

« Partisan convaincu du principe qui exclut de la science tout ce qui n'est pas, de quelque manière, *nécessaire* ; imbu, d'autre part, du préjugé platonicien qui attribue aux objets réels, dont traite la science, la même nécessité qu'à la science elle-même, Aristote risquait de devoir borner sa connaissance du monde phénoménal à des opinions plus ou moins probables. Les fluctuations de ce qui change lui paraissaient, en effet, échapper à l'étreinte de la nécessité, dont il ne concevait dans la science d'autre expression que l'immuabilité de l'idée.

« Pour sauver la valeur scientifique de la physique, il fallait donc faire rentrer l'intelligible dans le flux phénoménal et ce dans la mesure la plus large possible, du moment qu'on ne voulait pas se contenter d'une science amoindrie. D'autre part, il n'y avait pas moyen d'assimiler la philosophie de la nature aux disciplines purement rationnelles ; le bon sens d'Aristote, uni à sa tendance empirique, s'y opposait formellement. Restait donc à faire la part du feu, pour pouvoir affirmer haut et ferme le primat de l'idée, après avoir reconnu loyalement dans quelles limites il ne pouvait s'exercer.

« On s'aperçoit très bien, en effet, que la Stagirite s'est senti incapable d'étreindre le réel phénoménal tout entier dans les cadres des concepts : son contingentisme apparent, la théorie du hasard appliquée aux productions tératologiques, l'emploi qu'il fait même de la *nécessité* pour désigner une force aveugle et mal réglée, en sont autant de preuves évidentes. Il traduit par là et essaie de classifier ce qui pour lui était l'inconnaissable dans sa conception de la science.

« Mais s'il se voyait forcé de laisser ainsi hors de ses prises une portion assez grande du réel perceptible, au moins a-t-il tenté un grand effort pour la parquer dans les limites les plus étroites possibles, en resserrant tant qu'il pouvait les mailles de la science intelligible, de manière qu'elles ne laissassent échapper qu'un minimum de réalité (p. 198). »

NAVILLE (Hélène). — **Ernest Naville, sa vie et sa pensée, t. Ier** [(in-8°, Fischbacher, 345 p.).

Il faut remercier et féliciter Mlle Hélène Naville, petite-fille d'Ernest Naville, de nous avoir donné, en ce livre, des détails fort intéressants sur la carrière de ce philosophe et sur les circonstances dans lesquelles s'est développée sa pensée.

Le premier volume de cette étude biographique très documentée comprend 16 chapitres, où l'on peut suivre la vie d'Ernest Naville depuis son enfance et ses premières études jusqu'à l'année 1858. Tous ces chapitres sont d'une lecture fort attrayante. Nous signalerons particulièrement, en raison de l'intérêt philosophique qu'elles présentent, celles qui nous font connaître les travaux d'Ernest Naville relatifs à Maine de Biran, c'est-à-dire les chapitres IX, X, XIII, XIV et XVI. Le chapitre XVI et dernier qui est intitulé : *Philosophie de Maine de Biran ; Programme d'Ernest Naville*, nous paraît mériter une attention spéciale. Nous citerons le passage suivant où l'auteur rappelle les deux lacunes graves qu'Ernest Naville voyait dans la philosophie chrétienne de Maine de Biran :

« Maine de Biran, — c'est la première lacune de sa théorie, — méconnaît quelques-uns des traits les plus caractérisques de la religion chrétienne ; la nature spécialement éthique de l'Évangile disparaît dans ses expositions. Il en aurait été autrement si la conscience morale avait obtenu dans ses études la place qui lui appartient, s'il eût bien reconnu que la volonté porte sa loi en elle-même, que le dernier fait moral est un sentiment de dépendance et de responsabilité ; il eût reconnu aussi que le mal, dans son essence, est la volonté déviée de sa direction normale, le retour au bien la volonté ramenée à sa loi ; son christianisme eût été plus complet, plus nerveux, et les tendances quiétistes, auxquelles il ne résiste pas toujours assez nettement, auraient été définitivement domptées. En outre, — et c'est la seconde lacune, — jamais il n'a envisagé le christianisme dans son ensemble ;

c'est, tout au plus s'il a posé, en passant et sans s'y arrêter, la question de sa réalité objective. Tout a été contesté et peut l'être encore dans les controverses des théologiens ; mais au-dessus de toutes ces discussions, à la hauteur où se posent les problèmes philosophiques, il y a un courant visible, d'autant plus visible peut-être qu'on le regarde à distance, qui est historiquement, c'est-à-dire véritablement, le christianisme dans son essence permanente. Or il est difficile d'entreprendre l'œuvre d'une philosophie chrétienne sans s'être demandé auparavant, et d'une manière très explicite, si le christianisme, ainsi envisagé dans ses doctrines fondamentales, est une réunion de vérités, une collection de symboles, ou un amas de supprstitions (p. 331). »

PAULHAN (F.). — L'Esthétique du Paysage
(in-12°, F. Alcan, Bibliothèque de Philosophie contemporaine ; 216 p.).

Le paysage comme portrait de la nature. — Les procédés de l'artiste et l'interprétation picturale de la nature. — L'âme des paysages. — Quelques mondes. — Diverses écoles et divers artistes. — Conclusion.

J'ai transcrit cette table des matières pour donner, dans la mesure du possible, une idée de la méthode suivie. Cette méthode est celle d'un homme qui a beaucoup regardé, beaucoup appris en regardant, et qu'une longue familiarité avec les œuvres des peintres a rendu attentif à leurs procédés. Quand j'ai connu, M. Paulhan, j'étais professeur à l'Université de Montpellier, et il était, si j'ai bonne mémoire, conservateur du Musée de Nîmes. Il a donc médité à loisir sur l'art des peintres, en évitant de penser trop à distance des œuvres. Le mérite du présent livre est dû à l'habitude de ne jamais généraliser que sur des exemples précis et, par conséquent, de ne généraliser ni de trop loin ni de trop haut. Je ne sais quelle importance l'auteur attache à ces pages brèves en les rapportant à sa production philosophique, mais j'inclinerais volontiers à les compter parmi ses meilleures et ses plus suggestives. Je les comparerais aux études de Robert de la Sizeranne, et je suis presque sûr qu'elles ne perdraient pas à la comparaison. Robert de la Sizeranne a peut-être un vocabulaire moins riche, ce qui est, croyons-nous, un avantage. Il détaille moins et formule mieux. M. Paulhan, à certains endroits de son livre, paraît se défier de la formule : il craint de fixer ses impressions, et, en les immobilisant, de les dénaturer. Le charme de ses analyses est loin d'y perdre, au contraire. Mais quand on cherche à les résumer, comme je le souhaiterais en ce moment, on y éprouve une difficulté à peu près insurmontable. Le mouvement, je devrais plutôt dire la « mouvance » des images, en est vraisemblablement la cause.

Je m'empresse d'ajouter que les idées me semblent, à peu près partout, dignes d'assentiment, non qu'elles ne soient toujours discutables, mais, en prolongeant la discussion, on se mettrait vite d'accord avec l'auteur quand bien même on ne serait point toujours de son avis.

Le chapitre le plus intéressant de l'ouvrage — d'un ouvrage, je le répète, dont la valeur surpasse de beaucoup l'étendue — est celui qui a pour titre l'*Ame des Paysages*. J'appelle l'attention du lecteur sur cette nécessité d'une longue fréquentation des œuvres pour en pénétrer... ce qui en fait l'essence. J'aurais voulu éviter ce mot. M. Paulhan le trouverait inexact. Il en critique l'abus et reproche à Taine d'en avoir fait abus. Je ne suis pas sûr que Taine mérite le reproche. C'eût été peut-être l'occasion de mettre à l'épreuve les formules de l'*Idéal dans l'Art* sur : 1° *l'importance du caractère ; 2° la bienfaisance du caractère; 3° la convergence des effets*. Je crois bien que M. Paulhan, peut-être sans y prendre assez garde, les a utilisées au cours de son livre et en a heureusement profité. Je n'en suis pas certain. Je le suis encore moins du contraire.

En tout cas, il a fait comprendre, avec Taine, encore que par d'autres raisons, ce qu'il y a de personnel, disons mieux d'individuel dans toute œuvre picturale. Le paysage n'est pas une imitation, mais une interprétation. Chaque peintre regarde avec ses yeux. — Il n'a donc pas les yeux de tout le monde ! — M. Paulhan est de cet avis. Encore lui arrive-t-il de constater chez le peintre du paysage une multiplicité de tendances qui l'aident à s'écarter de la réalité. Car beaucoup s'en écartent, les uns spontanément, les autres systématiquement. — Alors tous idéalisent ? — Oui, si l'idéalisation commence avec l'altération. — Non si l'art idéaliste et l'art réaliste sont deux manières opposées de réagir en présence d'un modèle et de le voir autre qu'il n'est.

— Qu'est-ce donc que signifie ce mot « être ? » Comme si la réalité d'un paysage était indépendante des yeux qui le regardent. Dirons nous que le paysage « réel », c'est le paysage vu avec les yeux de tout le monde ? Mais ce qu'on appelle « les yeux de tout le monde » sont souvent des yeux qui ne regardent pas...

Lisez donc M. Paulhan si vous voulez réfléchir sur tous ces problèmes avec plus de suite et de clartés !   L. D.

PICAVET (François). — **Essais sur l'histoire générale et comparée des théologies et des philosophies médiévales** (in-8°, F. Alcan ; VIII-413 p.).

Avant de donner le premier volume (achevé dans ses grandes lignes) de l'*histoire générale et comparée des philosophies médiévales*, l'auteur a voulu traiter à part diverses questions qui se rapportent à la succession et au développement des doctrines. C'est l'objet des dix-neuf chapitres dont se compose l'ouvrage qu'il publie aujourd'hui.

Dans les deux premiers chapitres, M. F. Picavet nous dit ce que fut son enseignement aux Hautes-Etudes et à la Faculté des lettres de l'Université de Paris. Il expose et explique, dans le chapitre III, la méthode générale et comparée qu'il se propose d'employer dans l'histoire des philosopihes médiévales. Voici les titres des seize chapitres suivants : — IV. *Essai de classification des mystiques;* — V. *Education hellénique de saint Paul;* — VI. *Le divin dans les premiers siècles;* — VII. *Phavorinos précurseur de Rousseau;* — VIII. *La question des universaux au XII° siècle;* — IX. *L'âme du monde et l'Esprit-Saint;* — X. *Editions faites et à faire de Roger Bacon;* — XI. *Le maître des expériences, Pierre de Maricourt;* — XII. *Jean, disciple de Roger Bacon;* — XIII. *Ceux que combat Roger Bacon;* — XIV. *Deux directions au XIII° siècle;* — XV. *Une des origines de la Réforme luthérienne;* — XVI. *Averroïstes, Libertins, Esprits forts, Petits Philosophes;* — XVII. *Descartes et les philosophies médiévales;* — XVIII. *Thomisme et modernisme dans le monde catholique;* — XIX. *Science, philosophie et théologie dans l'Islam.*

Ces seize chapitres sont tous curieux et très instructifs; ils témoignent d'une riche érudition. Ceux que nous avons lus avec le plus d'intérêt sont le chapitre V (*Education hellénique de saint Paul*), le chapitre VI (*Le divin dans le premier siècle*), le chapitre VIII (*La question des universaux au XII° siècle*), le chapitre IX (*L'âme du monde et l'Esprit-Saint*) et le chapitre XIV (*Deux directions de la théologie et de l'exégèse catholiques au XIII° siècle, saint Thomas d'Aquin et Roger Bacon*).

Nous citons le passage suivant du chapitre III, où M. Picavet résume ses vues sur l'évolution des philosophies et des théologies médiévales :

« Du Ier au VIII° siècle, les systèmes médiévaux vivent des mêmes éléments scientifiques et philosophiques, qui proviennent des recherches faites par le monde hellénico-romain et qui sont réunis, dès le III° siècle, dans la synthèse plotinienne ; ils ont des croyances dont les ressemblances sont plus grandes que les différences, puisque les défenseurs de l'antique religion en arrivent à constituer des livres révélés qu'ils opposent à l'Ancien et au Nouveau Testament des Juifs et des Chrétiens,

« Du IX° au XIII° siècle, il y a accroissement, pour le monde byzantin, juif et surtout arabe, des données positives que l'on tire de l'observation, de l'expérience et du calcul ; mais les éléments philosophiques, constitués d'une façon nouvelle qui a pour résultat, par exemple, de présenter les doctrines plotiniennes sous des formules péripatéticiennes, restent en somme les mêmes et viennent surtout de la synthèse opérée par Plotin ; les doctrines religieuses sont analogues, parce que Juifs, Chrétiens et Musulmans admettent un seul Dieu, Créateur et Providence, des livres saints et révélés qu'on interprète allégoriquement, la spiritualité et l'immortalité de l'âme.

« Du XIII° siècle au XVII°, la philosophie se développe surtout en Occident, avec un fond commun, qui est constitué par les croyances chrétiennes, dont la diversité reste cependant assez grande pour qu'on en fasse l'histoire comparée, par les doctrines philosophiques qui comprennent à peu près toutes les spéculations grecques et romaines, prises en leur sens exact, interprétées allégoriquement et combinées entre elles et avec les doctrines théologiques, de manière cependant à ce que le plotinisme fournisse presque toujours les questions et souvent les réponses ; enfin par les connaissances scientifiques qu'avaient acquises les Grecs, les Romains, les Byzantins, les Arabes et qui ne s'augmentent que fort lentement, parce qu'on ne va pas dans une direction voulue et réfléchie (p. 92). »

Ce sont, comme on le voit, les principes de Plotin qui, selon M. Picavet, dominent l'histoire de la philosophie jusqu'au xviie siècle. Il tient même et s'applique à montrer que l'influence du plotinisme sur la pensée phifosophique s'étend au xviie et même au xixe siècle. Il est inutile de dire que nous aurions de sérieuses réserves à faire sur cette extension qu'il croit pouvoir attribuer à l'influence plotinienne.

TABLE DES MATIÈRES

TABLE ALPHABÉTIQUE DES NOMS D'AUTEURS
DE LA BIBLIOGRAPHIE PHILOSOPHIQUE

I. — Métaphysique, psychologie et philosophie des sciences

II. — Morale, philosophie et histoire religieuses.

III. — Philosophie de l'histoire, sociologie et pédagogie.

IV. — Histoire de la philosophie, esthétique et critique.

COLLECTION HISTORIQUE DES GRANDS PHILOSOPHES

PHILOSOPHIE ANCIENNE

ARISTOTE. **La Poétique d'Aristote,** par A. Hatz-feld et M. Dufour. 1 vol. in-8 . . . . 6 fr.
— **Aristote et l'idéalisme platonicien,** par Ch. Werner, docteur ès lettres. 1 v. in-8. 7 fr. 50
— **La morale d'Aristote,** par Mme Jules Favre. 1 vol. in-18 . . . . 3 fr. 50
— **Ethique à Nicomaque. Livre II.** Trad. de P. d'Hérouville et H. Verne, Introd. et notes de P. d'Hérouville. 1 vol. in-8 . . . . 1 fr. 80
— **La métaphysique. Livre I.** Trad. et commentaires par G. Colle. 1 vol. gr. in-8. . 5 fr.
ÉPICURE. **La morale d'Epicure,** par M. Guyau. 5e édit. 1 vol. in-8 . . . . 7 fr. 50
MARC-AURÈLE. **Les Pensées de Marc-Aurèle.** Trad. A.-P. Lemercier, doyen de l'Univ. de Caen. 1 vol. in-16 . . . . 3 fr. 50
PLATON. **La théorie platonicienne des sciences,** par Élie Halévy. 1 vol. in-8. . . 5 fr.
— **Œuvres,** traduction Victor Cousin, revue par J. Barthélemy-Saint-Hilaire : *Socrate et Platon ou le Platonisme. Eutyphron. Apologie de Socrate. Criton, Phédon.* 1 vol. in-8 . . . . 7 fr. 50
— **La définition de l'être et la nature des idées dans le Sophiste de Platon,** par A. Diès. 1 vol. in-8 . . . . 4 fr.
SOCRATE. **Philosophie de Socrate,** par A. Fouillée, de l'Institut. 2 vol. in-8. . . . . 16 fr.
— **Le procès de Socrate,** par G. Sorel. 1 vol. in-8 . . . . 3 fr. 50
— **La morale de Socrate,** par Mme Jules Favre. 1 vol. in-18 . . . . 3 fr. 50
STRATON DE LAMPSAQUE. **La physique de Straton de Lampsaque,** par G. Rodier, professeur à la Sorbonne. 1 vol. in-8. . . 3 fr.

BÉNARD. **La philosophie ancienne,** *ses systèmes.* 1 vol. in-8 . . . . 9 fr.
DIÈS (A.), docteur ès lettres. **Le cycle mystique.** *La divinité. Origine et fin des existences individuelles dans la philosophie antésocratique.* 1 vol. in-8 . . . . 4 fr.

DUGAS (L.), agrégé de philosophie, docteur ès lettres. **L'amitié antique,** 2e édit., refondue. 1 vol. in-8 . . . . 5 fr.
FABRE (Joseph). **La pensée antique.** *De Moïse à Marc-Aurèle.* 3e édit. 1 vol. in-8. . 5 fr.
GOMPERZ. **Les penseurs de la Grèce.** Trad. Reymond. *(Cour. par l'Académie française).*
I. *La philosophie antésocratique.* 2e édit. 1 vol. gr. in-8 . . . . 10 fr.
II. *Athènes, Socrate et les Socratiques, Platon.* 3e édit. 1 vol. gr. in-8 . . . . . 12 fr.
III. *L'ancienne académie. Aristote et ses successeurs : Théophraste et Straton de Lampsaque.* 1 vol. gr. in-8 . . . . 10 fr.
GUYOT (H.), docteur ès lettres. **L'infinité divine** *depuis Philon le Juif jusqu'à Plotin.* 1 vol. in-8 . . . . 5 fr.
LAFONTAINE (A.), **Le plaisir,** *d'après Platon et Aristote.* 1 vol. in-8 . . . . 6 fr.
MILHAUD (G.), prof. à la Sorbonne. **Etudes sur la pensée scientifique chez les Grecs et chez les modernes.** 1906. 1 vol. in-16 . . . 3 fr.
— **Nouvelles études sur l'histoire de la pensée scientifique.** 1 vol. in-8. *(Couronné par l'Académie française)* . . . . 5 fr.
OUVRÉ (H.). **Les formes littéraires de la pensée grecque.** 1 vol. in-8. *(Couronné par l'Académie française)* . . . . 10 fr.
RIVAUD (A.), professeur à l'Université de Poitiers. **Le problème du devenir et la notion de la matière,** *des origines jusqu'à Théophraste.* *(Couronné par l'Académie française.)* 1 vol. in-8 . . . . 10 fr.
ROBIN (L.), maître de conférences à la Sorbonne. **La théorie platonicienne des idées et des nombres d'après Aristote.** 1 vol. in-8. 12 fr. 50
— **La théorie platonicienne de l'amour.** 1 vol. in-8 . . . . 3 fr. 75
(Ouvrages couronnés par l'Institut et par l'Association pour l'encouragement des Etudes grecques.)

PHILOSOPHIES MÉDIÉVALE ET MODERNE

DESCARTES, par L. Liard, de l'Institut. 2e édit. 1 vol. in-8 . . . . 5 fr.
— **Essai sur l'esthétique de Descartes,** par E. Krantz, prof. à l'Univ. de Nancy. 2e éd. 1 vol. in-8. *(Cour. par l'Acad. franç.).* . . 6 fr.
— **Descartes, directeur spirituel,** par V. de Swarte. 1 vol. in-16 avec planches. *(Couronné par l'Institut).* . . . . 4 fr. 50
— **Le système de Descartes,** par O. Hamelin. Publié par L. Robin. Préface de E. Durkheim. 1 vol. in-8 . . . . 7 fr. 50
— **Index scolastico-cartésien,** par Et. Gilson, docteur ès lettres, agrégé de philosophie. 1 vol. in-8 . . . . 7 fr. 50
— **La liberté chez Descartes et la théologie,** par *le même.* 1 vol. in-8 . . . . . 7 fr. 50
ERASME. **Stultitiæ laus Des. Erasmi Rot declamatio.** Publié et annoté par J.-B. Kan, avec fig. de Holbein. 1 vol. in-8 . . . . 6 fr. 75
FABRE (J.) **La pensée chrétienne.** *Des Evangiles à l'Imitation de J.-C.* 1 vol. in-8. 9 fr.
GASSENDI. **La philosophie de Gassendi,** par P.-F. Thomas. 1 vol. in-8 . . . . . . 6 fr.
LEIBNIZ. **Œuvres philosophiques,** pub. par P. Janet. 2 vol. in-8 . . . . 20 fr.
— **La logique de Leibniz,** par L. Couturat. 1 vol. in-8 . . . . 12 fr.
— **Opuscules et fragments inédits de Leibniz,** par L. Couturat. 1 vol. in-8. . . . 25 fr.
LEIBNIZ. **Leibniz et l'organisation religieuse de la Terre,** *d'après des documents inédits,*

par Jean Baruzi. 1 vol. in-8. *(Couronné par l'Académie française)* . . . . 10 fr.
— **La philosophie de Leibniz,** par B. Russell, trad. par M. Ray, préface de M. Lévy-Brühl. 1 v. in-8. *(Cour. par l'Acad. franç.)* 3 fr. 75
— **Discours de la métaphysique,** introd. et notes par H. Lestienne. 1 vol. in-8 . . 2 fr.
— **Leibniz historien,** par L. Davillé, docteur ès lettres. 1 vol. in-8 . . . . 12 fr.
MALEBRANCHE. **La philosophie de Malebranche,** par Ollé-Laprune, de l'Institut. 2 vol. in-8 . . . . 16 fr.
PASCAL. **Etude sur le scepticisme de Pascal,** par Droz, professeur à l'Université de Besançon. 1 vol. in-8 . . . . 6 fr.
ROSCELIN. **Roscelin philosophe et théologien,** par F. Picavet, chargé de cours à la Sorbonne. 1 vol. gr. in-8 . . . . 4 fr.
ROUSSEAU (J.-J.). **Sa philosophie,** par H. Hoffding. 1 vol. in-16 . . . . 2 fr. 50
— **Du Contrat social.** Introduction par E. Dreyfus-Brisac. 1 vol. in-8 . . . . . . 12 fr.
ROYER-COLLARD. **Les fragments philosophiques de Royer-Collard** réunis et publiés pour la première fois à part, avec une introd. sur *la philosophie écossaise et spiritualiste au XIXe siècle,* par A. Schimberg. 1 vol. in-8. . 6 fr.
SAINT THOMAS D'AQUIN. **Thesaurus philosophiæ thomisticæ,** publié par G. Bulliat, docteur en théologie et en droit canon. 1 vol. gr. in-8 . . . . 6 fr. 50

— L'idée de l'Etat dans Saint Thomas d'Aquin, par J. Zeiller. 1 vol. in-8 . . . . . 3 fr. 50
— Sa morale, par A. D. Sertillanges. 12 fr.
SPINOZA. Benedicti de Spinoza opera, *quotquot reperta sunt*, publ. par J. Van Vloten et J.-P.-N. Land. 3 vol. in-18, cart. . . 18 fr.
— Ethica *ordine geometrico demonstrata*, publ. par *les mêmes*. 1 vol. gr. in-8, . . 4 fr. 30
— Sa philosophie, par L. Brunschvicg, maître de conf. à la Sorbonne. 2e éd. 1 v. in-8 3 fr. 75
VOLTAIRE. Les sciences au XVIII° siècle. *Voltaire physicien*, par E. Saigey 1 v. in-8. 5 fr.
DAMIRON. Mémoires pour servir à l'Histoire de la philosophie au XVIII° siècle. 3 vol. in-18 . . . . 15 fr.
DELVAILLE (J.), docteur ès lettres. Essai sur l'histoire de l'idée de progrès jusqu'à la fin du XVIII° siècle. 1911. 1 vol. in-8. . 12 fr.

FABRE (Joseph). L'Imitation de Jésus-Christ. Trad. nouvelle. 1 vol. in-8 . . . . . . 7 fr.
— La pensée moderne. *De Luther à Leibniz.* 1908. 1 vol. in-8. . . . . 8 fr.
— Les pères de la Révolution. *De Bayle à Condorcet.* 1 vol. in-8. . . . . . 10 fr.
FIGARD (L.), docteur ès lettres. Un médecin philosophe au XVI° siècle. *La psychologie de Jean Fernel.* 1 vol. in-8 . . . . . 7 fr. 50
PICAVET, chargé de cours à la Sorbonne. Esquisse d'une histoire générale et comparée des philosophies médiévales. 2° édit. 1 vol. in-8. . . . . 7 fr. 50
— Essais sur l'histoire générale et comparée des théologies et des philosophies médicales. 1 vol. gr. in-8. . . . . 7 fr. 50
WULF (M. de). Histoire de la philosophie médiévale. 4° édit. 1 vol. in-8. . . . 10 fr.

PHILOSOPHIE ANGLAISE

BERKELEY. Œuvres choisies. *Nouvelle théorie de la vision. Dialogues d'Hylas et de Philonoüs.* Trad. par MM. Beaulavon et Parodi. 1 vol. in-8. . . . . 5 fr.
— Le Journal philosophique de Berkeley. (*Commonplace Book*). Etude et trad. par R. Gourg, docteur ès lettres. 1 v. gr. in-8. 4 fr.
DUGALD STEWART. Philosophie de l'esprit humain 3 vol. in 12. . . . . . . 9 fr.
GODWIN. William Godwin (1756-1836). *Sa vie, ses œuvres principales. La « Justice politique »*, par R. Gourg, docteur ès lettres. 1 vol. in-8. . . . . 6 fr.
HOBBES. La philosophie de Hobbes, par G. Lyon, recteur de l'Acad. de Lille. 1 v. in-16. 2 fr. 50

HUME (David). Œuvres philosophiques choisies. Trad. par M. David. Préface de L. Lévy-Bruhl. I. *Essai sur l'entendement humain. Dialogues sur la religion naturelle.* 1 v. in-8. 5 fr.
— II. *Traité de la nature humaine. De l'entendement.* 1 vol. in-8 . . . . 6 fr.
LOCKE. La philosophie générale de John Locke. par H. Ollion, doct. ès lettres. 1 v. in-8. 7 fr. 50
NEWTON. La philosophie de Newton, par L. Bloch. 1 vol. in-8. . . . . 10 fr.

LYON (G.), recteur de l'Académie de Lille. L'idéalisme en Angleterre au XVIII° siècle. 1 vol. in-8. . . . . 7 fr. 50

PHILOSOPHIE ALLEMANDE

FEUERBACH. Sa philosophie, par A. Lévy, prof. à l'Univ. de Nancy. 1 vol. in-8. 10 fr.
HEGEL. Logique. 2 vol. in-8 . . . . . 14 fr.
— Philosophie de la nature. 3 v. in-8. 25 fr.
— Philosophie de l'esprit. 2 vol. in-8. 18 fr.
— Philosophie de la religion. 2 vol. . 20 fr.
— La Poétique. 2 vol. in-8 . . . . . 12 fr.
— Esthétique. 2 vol. in-8 . . . . . . 16 fr.
— Antécédents de l'Hégélianisme dans la philosophie française, par E. Beaussire, de l'Institut. 1 vol. in-18 . . . . 2 fr. 50
— Introduction à la philosophie de Hegel, par Véra. 1 vol. in-8. . . . . 6 fr. 50
— La logique de Hegel, par Eug. Noël. 1 vol. in-8 . . . . 3 fr.
— Sa vie et ses œuvres, par P. Roques, prof. agr. au lycée de Chartres. 1 vol. in-8. 6 fr.
HERBART. Principales œuvres pédagogiques. Trad. Pinloche. 1 vol. in-8. . . . . 7 fr. 50
— La métaphysique de Herbart et la critique de Kant, par M. Mauxion, prof. à l'Université de Poitiers. 1 vol. in-8 . . . . . . 7 fr. 50
— L'éducation par l'instruction *et Herbart*, par *le même*. 2° édit. 1 vol. in-16 . 2 fr. 50
JACOBI. Sa philosophie, par L. Lévy-Bruhl, prof. à la Sorbonne. 1 vol. in-8 . . . 5 fr.
KANT. Critique de la raison pratique, trad., introd. et notes par M. Picavet. 4° édit., revue. 1 vol. in-8 . . . . 6 fr.
— Critique de la raison pure, traduction par MM. Pacaud et Tremesaygues. 3° éd. in-8. 12 fr.
— Mélanges de logique, trad. Tissot. 1 vol. in-8 . . . . 6 fr.
— La religion dans les limites de la raison. Trad., introd. et notes par A. Tremesaygues, licencié ès lettres. 1 vol. in-8. . . . 5 fr.
— Sa morale, par A. Cresson, docteur ès lettres. 2° édit. 1 vol. in-16. . . . . . . 2 fr. 50
— Traité de pédagogie. Trad. Jules Barni. Avec préf., sommaires et lexique par R. Thamin. 3° édit., revue. 1 vol. in-16. . . . 1 fr. 50
— Sa philosophie pratique, par V. Delbos,

membre de l'Institut. 1 vol. in-8 . 12 fr. 50
— L'idée ou critique du Kantisme, par C. Piat. 2° édit. 1 vol. in-8. . . . . 6 fr.
— Kant et Fichte et le problème de l'éducation, par Paul Duproix, doyen de la Faculté des lettres de Genève 1 vol. in-8. . . 5 fr.
KNUTZEN. Martin Knutzen. *La critique de l'harmonie préétablie*, par Van Biema, prof. aux lycées Condorcet et Saint-Louis, docteur ès lettres. 1 vol. in-8 . . . . 3 fr.
SCHELLING. Bruno, ou du *Principe divin*. 1 vol. in-8 . . . . 3 fr. 50
SCHILLER. Sa poétique, par V. Basch, chargé de cours à la Sorbonne. 2° édit., revue. 1 vol. in-8. . . . . 7 fr. 50
SCHLEIERMACHER. Sa philosophie religieuse, par E. Cramaussel, docteur ès lettres, agrégé de philosophie. 1 vol. in-8. . . . . . 5 fr.
SCHOPENHAUER (A.). La philosophie de Schopenhauer, par Th. Ribot, 12° édit. 1 vol. in-16. . . . . 2 fr. 50
— L'optimisme de Schopenhauer, par S. Rzewuski. 1 vol. in-16. . . . . 2 fr. 50
SIMMEL. Le relativisme philosophique chez Georg Simmel, par A. Mamelet. 1 vol. in-8. . . . . 3 fr. 75
STRAUSS (David-Frédéric). Sa vie et son œuvre, par A. Lévy, professeur à l'Université de Nancy. 1 vol. in-8 . . . . 5 fr.

DELACROIX (H.), maître de conférences à la Sorbonne. Essai sur le mysticisme spéculatif en Allemagne au XIV siècle. 1 v. in-8. 5 fr.
Philosophie allemande au XIX siècle (La), par MM. Ch. Andler, V. Basch, J. Benrubi, C. Bouglé, V. Delbos, G. Dwelshauvers, B. Groethuysen. H. Norero, 1 vol. in-8. . . . . . 5 fr.
VAN BIEMA (E.), docteur ès lettres, agrégé de philosophie, professeur aux lycées Condorcet et Saint-Louis. L'espace et le temps chez Leibniz et chez Kant. 1 vol. in-8, . . 6 fr.